W0326264

zfm

2/2023

GESELLSCHAFT FÜR MEDIENWISSENSCHAFT (HG.)

[transcript]

zfm

ZEITSCHRIFT FÜR
MEDIENWISSENSCHAFT

2/2023

29 TEST

EDITORIAL

Medienwissenschaft zu betreiben bedeutet immer auch, sich zu fragen, was die Voraussetzungen und Bedingungen der eigenen Forschung sind. Die Medialität von Dingen und Ereignissen wird häufig erst in der Beschäftigung mit ihrer Theorie und Geschichte, ihrer Technik und Ästhetik freigelegt. In diesem Sinne betreibt die *ZfM* eine kulturwissenschaftlich orientierte Medienwissenschaft, die Untersuchungen zu Einzelmedien aufgreift und durchquert, um nach politischen Kräften und epistemischen Konstellationen zu fragen.

Unter dieser Prämisse sind Verbindungen zu internationaler Forschung ebenso wichtig wie die Präsenz von Wissenschaftler*innen verschiedener disziplinärer Herkunft. Die *ZfM* bringt zudem verschiedene Schreibstile und Textformate, Bilder und Gespräche zusammen, um der Vielfalt, mit der geschrieben, nachgedacht und experimentiert werden kann, Raum zu geben.

Jedes Heft eröffnet mit einem SCHWERPUNKTTHEMA, das von einer Gastredaktion konzipiert wird. Unter EXTRA erscheinen aktuelle Aufsätze, die nicht auf das Schwerpunktthema bezogen sind. DEBATTE bietet Platz für theoretische und/oder (wissenschafts-)politische Stellungnahmen. Die Kolumne WERKZEUGE reflektiert die Soft- und Hardware, die Tools und Apps, die an unserem Forschen und Lehren mitarbeiten. In den BESPRECHUNGEN werden aktuelle Veröffentlichungen thematisch in Sammelrezensionen diskutiert. Die LABORGESPRÄCHE setzen sich mit wissenschaftlichen oder künstlerischen Forschungslaboratorien und Praxisfeldern auseinander. Von Gebrauch, Ort und Struktur visueller Archive handelt die BILDSTRECKE. Aus gegebenen Anlässen konzipiert die Redaktion ein INSERT.

Getragen wird die *ZfM* von den Mitgliedern der Gesellschaft für Medienwissenschaft, aus der sich auch die Redaktion (immer wieder neu) zusammensetzt. Es gibt verschiedene Möglichkeiten, sich an der *ZfM* zu beteiligen: (1) die Entwicklung und redaktionelle Betreuung eines Schwerpunktthemas, (2) die Einreichung von Aufsätzen und Reviewessays für das Heft und (3) von Buchrezensionen und Tagungsberichten für die Website. Alle Beiträge sind im Open Access verfügbar. Auf *www.zfmedienwissenschaft.de* befinden sich das Heftarchiv, aktuelle Besprechungen und Web-Extras, Blog-Beiträge sowie genauere Hinweise zu Einreichungen.

MAJA FIGGE, MAREN HAFFKE, TILL A. HEILMANN, KATRIN KÖPPERT, FLORIAN KRAUTKRÄMER, ELISA LINSEISEN, JANA MANGOLD, GLORIA MEYNEN, MAJA-LISA MÜLLER, BIRGIT SCHNEIDER, STEPHAN TRINKAUS, THOMAS WAITZ

INHALT

LABORGESPRÄCH

EXTRA

DEBATTE

WERKZEUGE

BESPRECHUNGEN

TEST

Teststation in Rüttenscheid (Essen), Oliver Heise: *symptom*, Folkwang Universität der Künste, September 2022

TEST

Einleitung in den Schwerpunkt

Als OpenAI am 30. November 2022 die Version 3.5 seines Sprachmodells ChatGPT freischaltet, beginnt ein nahezu beispielloser Test der neuen Künstlichen Intelligenz (KI) durch die Öffentlichkeit. Innerhalb von fünf Tagen gewinnt ChatGPT eine Million neue Nutzer*innen. Im Januar 2023 greifen bereits über 100 Millionen User*innen auf die KI-Anwendung zurück. Flankiert wird diese rasante Entwicklung von zahlreichen journalistischen Artikeln und Social-Media-Postings, die den generativen Charakter des Sprachmodells und seine repräsentationalen Möglichkeiten ausgiebig testen. Vergleichbar dynamische Nutzungspraktiken waren zwar schon typisch für Bildgeneratoren wie Dall-E und Stable Diffusion. Dennoch hat der öffentliche Test von ChatGPT eine neue Qualität. Zum einen kommt es zu Beschleunigungseffekten bei der Implementierung maschinellen Lernens, deren öffentliche und kritische Diskussion noch aussteht. Zum anderen bestätigen diese Beschleunigungseffekte soziologische Diagnosen zum Aufstieg der Testgesellschaft, in der datenintensive Praktiken und Infrastrukturen des Testens zeitlich und räumlich ubiquitär werden.[1]

Im selben Zug führt die wirtschaftliche Konkurrenz zwischen OpenAI, einem maßgeblich von Microsoft finanzierten Unternehmen, und Alphabet/Google zu einer Dynamik, in der ständig neue KIs veröffentlicht werden. Dabei werden neue Interaktionsmöglichkeiten und das Management von Bias im maschinellen Lernen nicht mehr vorsichtig ausgetestet. Wurde ChatGPT noch vorab durch menschliche Arbeit in Kenia gegen Diskriminierungseffekte trainiert,[2] gibt es mittlerweile eine Fülle neuer, auch Open-Source-basierter Sprachmodelle, bei denen die kommerziell motivierte Delegation von Arbeit vorab gleich durch öffentliches, verteiltes Testen ersetzt wird.[3] Teils reicht für deren Nutzung wie bei Metas KI-Modell namens LLaMA ein lokaler Rechner aus.

1 Vgl. Noortje Marres, David Stark: Put to the Test: For a New Sociology of Testing, in: *The British Journal of Sociology*, Bd. 71, Nr. 3, 2020, 423–443, doi.org/10.1111/1468-4446.12746.

2 Vgl. Billy Perrigo: The $2 Per Hour Workers Who Made ChatGPT Less Toxic, in: *Time*, 18.1.2023, time.com/6247678/openai-chatgpt-kenya-workers (18.5.2023).

3 Vgl. Sung Kim: List of Open Sourced Fine-Tuned Large Language Models (LLM), Beitrag im Blog *Geek Culture*, 30.3.2023, medium.com/geekculture/list-of-open-sourced-fine-tuned-large-language-models-llm-8d95a2e0dc76 (18.5.2023).

Digitale Medientechnologien wie *large language models* stellen damit den vorläufigen Höhepunkt einer Entwicklung des Testens dar, auf die die Medienwissenschaft bislang nur punktuell geantwortet hat.[4] Zwar hat Walter Benjamin den Zusammenhang von industrialisierten Testregimen, Sport und filmischer Medienkultur bereits 1936 in einer wenig rezipierten Passage seines «Kunstwerk»-Aufsatzes brillant beschrieben. Doch seine These – «*Der Film macht die Testleistung ausstellbar, indem er aus der Ausstellbarkeit der Leistung selbst einen Test macht*» – ist kaum erschlossen worden.[5] Vor der filmischen Apparatur, so Benjamin, wird die Praxis des Schauspielens zu einer Testleistung ersten Ranges. Sie testiert und ist mit der sportlichen Leistung verwandt. Die arbeitenden städtischen Massen suchen abends die Kinos auf und würdigen dort die Leistung der Filmdarsteller*innen,[6] die für sie Revanche am täglichen bürokratisierten Test ihrer Körper und Sinne nehmen. Benjamins Sensibilität für die industrielle, sportliche und administrative Formierung menschlicher Wahrnehmungsweisen diagnostizierte bereits eine Alltäglichkeit des Testens, für die die Medienästhetik des Films eine verwandte, aber nicht identische Respondenz bedeutete.

Für die Wahlverwandtschaft von körpertechnischen Medien, medizinischen, gesellschaftlichen und industriellen Testregimen interessiert sich die rezente Medienforschung erneut. Sie schließt hierfür an Medienanthropologie, Wissenschaftsgeschichte[7] und Science and Technology Studies an. So sind insbesondere in den Sound Studies wegweisende Fallstudien entstanden, darunter Jonathan Sternes Rekonstruktion der laboratorischen, teilöffentlichen Entwicklung des MP3-Formats. Bei Sterne wird das Testen von Sound-codierenden Algorithmen durch die Expertise geschulter Hörer*innen zu einer technologischen Performance, die in einer Testumgebung zu präzisen, theatralen Repräsentationen führt.[8] Ausgehend von der wissenshistorischen Genealogie von Hör- und Klangtests in der Moderne halten Alexandra Hui, Mara Mills und Viktoria Tkaczyk fest, dass es sich bei modernen Tests um materialisierte Netzwerke handelt, die Praktiken, Ideen, Werte und Institutionen umfassen.[9] Das Testen hat sich auf diese Art und Weise zu einer Kulturtechnik entwickelt, die in Herstellung, Marketing, Erhaltung, Reparatur, Sicherheit, Qualitätskontrolle und forensischer Analyse zur Geltung kommt.[10]

Mit dem vorliegenden Heft der *Zeitschrift für Medienwissenschaft* folgen wir dieser Diagnose und fragen, wie – und durch welche Mediatoren – sich Medien und Tests wechselseitig konstituieren. Besondere Aufmerksamkeit sollen dabei Politiken des Testens erfahren. Wir schlagen vor, Tests als offene Situationen zu verstehen,[11] in denen mit teils etablierten, teils sich erst während des Testens etablierenden Maßstäben soziotechnisch Entscheidungen getroffen werden. Mittels Tests wird das Neue und Unerwartbare adressiert. Manche Tests wollen es identifizieren, klassifizieren und kontrollieren. Andere wollen Möglichkeitsräume schaffen, in denen sich das Neue entfalten kann. Vorher nicht Vergleichbares oder Inkommensurables wird im Test vergleichbar oder kommensurabel gemacht. Für einen medienkulturwissenschaftlichen Begriff des Tests gilt: In

4 Vgl. den grundlegenden Entwurf von Avital Ronell: *The Test Drive*, Chicago 2005.

5 Walter Benjamin: Das Kunstwerk im Zeitalter seiner technischen Reproduzierbarkeit (zweite Fassung), in: ders.: *Gesammelte Schriften*, Bd. VII.1, hg. v. Rolf Tiedemann, Hermann Schweppenhäuser, Frankfurt/M. 1991, 350–384, hier 365. Herv. i. Orig.

6 Benjamin schreibt «Filmdarsteller» im Maskulinum.

7 Vgl. Ehler Voss (Hg.): *Mediality on Trial. Testing and Contesting Trance and other Media Techniques*, Berlin, Boston 2020; David Keller: *Person und Form. Eine Medien- und Wissensgeschichte der Persönlichkeitsdiagnostik*, Tübingen 2021.

8 Vgl. Jonathan Sterne: *MP3. The Meaning of a Format*, Durham, London 2012, 150.

9 Vgl. Alexandra Hui, Mara Mills, Victoria Tkaczyk: Testing Hearing. An Introduction, in: Victoria Tkaczyk, Mara Mills, Alexandra Hui (Hg.): *Testing Hearing. The Making of Modern Aurality*, Oxford, New York 2020, 1–19, hier 5.

10 Vgl. ebd., 3 f.

11 Vgl. Ulrike Bergermann: Test und Testosteron. Medien des Selbstversuchs, in: Julia Bee, Nicole Kandioler (Hg.): *Differenzen und Affirmationen. queer/feministische Positionen zur Medialität*, Berlin 2020, 63–89, hier 63.

den Mikroentscheidungen des verteilten und verteilenden Testens steht das Soziale selbst auf der Probe. Die wissensgenerierende Kraft des Tests beruht auf heterogenen Assemblagen von prüfenden und bewertenden Medien,[12] deren Eigensinn produktiv gemacht wird. Die in diesem Heft versammelten Beiträge verdeutlichen: Kein Test ohne Medien – kein Medium ohne Test.

Wer verfügt einen Test, wer hat Mitsprache beim Formulieren von Kriterien und Bedingungen? Ist eine Testsituation für alle Beteiligten überhaupt als solche erkennbar? Gerade im Kontext digitaler Plattformmedien ist dies meist nicht der Fall. Verfahren des datenbasierten Testens kennzeichnen technisierte und digitalisierte Lebenswelten – von spielerischen und situierten Praktiken, mit denen opake Medientechnologien angeeignet werden (*unboxing*, *YouTube as Test Society*[13]), bis hin zu großflächigen Tests, die ihrerseits vom Stresstest des Finanzsystems über die datenintensiven Sozialforschungen großer Plattformen, agile Entwicklungsstrategien (ehemals Perpetual Beta) bis zur Universalisierung von Technologien maschinellen Lernens wie ChatGPT reichen.

David Stark und Noortje Marres haben bereits vor dem Ausbruch der Covid-19-Pandemie die fortwährende Ausweitung von Testverfahren als eine Signatur von rechen- und datenintensiven *test societies* ins Auge gefasst und sich dabei aus der Perspektive der Science and Technology Studies auf das wechselseitige Verhältnis von Test und Gesellschaft(en) konzentriert. Denn Tests finden im 21. Jahrhundert nicht mehr allein in Labor und Werkstatt, Büro oder Studio statt, sondern in sämtlichen Lebens- und Arbeitsbereichen.[14] Sie sind generativ, datenintensiv und verteilt. Sie schaffen neue Umgebungen, in denen sich Gesellschaften durch Test- und Sensorpraktiken konstituieren und auf permanentes Testen ausgerichtet werden. Testgesellschaften können kontrollgesellschaftliche Elemente enthalten, zeichnen sich aber gerade in der digitalen Gegenwart durch einen offeneren Umgang mit Testsituationen aus. Anstelle direkter Überwachung dominiert in ihnen das permanente datenintensive Monitoring. Neben der Frage, wie Tests Entscheidungen treffen und Zukünfte möglich oder unmöglich machen, problematisieren die Beiträge dieses Heftes auch die beteiligten Akteur*innen und ihre Handlungsmacht.

Ausweitung der Testsituation

Der Test stellt eine Situation der Überprüfung, Bewertung oder Entscheidung dar und fordert zugleich das Verständnis von Situationen heraus.[15] Die hier versammelten Beiträge zum Testen adressieren heterogene Testsituationen, in denen Medien, Akteur*innen, Umwelten, Praktiken, aber auch unterschiedliche Temporalitäten zusammenwirken.[16] In ihrer Zusammenschau zeigen sie ein breites Spektrum, in dem der Test mal mehr, mal weniger klar konturiert als Situation erkennbar wird – und dadurch seine politische Brisanz entfaltet.

In der Objektgeschichte des Rorschachtests scheint die Testsituation zunächst begrenzt und begrenzbar zu sein: DAVID BUCHELIs Beitrag zeichnet nach,

12 Vgl. zur Relation von Rechtfertigung, Prüfen und Testen Jörg Potthast: The Sociology of Conventions and Testing, in: Claudio E. Benzecry, Monika Krause, Isaac Ariail Reed (Hg.): *Social Theory Now*, Chicago 2017, 337–360.

13 Vgl. die beiden Workshops zu *YouTube as Test Society* an der Universität Siegen: www.mediacoop.uni-siegen.de/de/veranstaltungen/workshop-youtube-as-test-society, 11.–12.12.2017 und www. mediacoop.uni-siegen.de/en/events/workshop-youtube-as-a-test-society-ii, 19.–20.4.2018 (19.5.2023).

14 Vgl. Marres, Stark: Put to the Test. Vgl. zur historischen Genealogie und zur Rolle des Testens für die Entstehung des modernen (Hör-) Subjekts: Hui u. a. (Hg.): Testing Hearing, 4 f.

15 Vgl. zum Situationsbegriff Sebastian Gießmann u. a. (Hg.): *Materiality of Cooperation*, Wiesbaden 2023.

16 Vgl. auch die klassische Unterscheidung zwischen «prospective, current, and retrospective testing of technologies» bei Trevor Pinch: «Testing – One, Two, Three ... Testing!»: Toward a Sociology of Testing, in: *Science, Technology and Human Values*, Bd. 18, Nr. 1, 1993, 25–41, hier 27 f., doi.org/10.1177/016224399301800010.

Abb. 1 **Testzentrum am Barmer Bahnhof (Wuppertal), Oliver Heise: *symptom*, Folkwang Universität der Künste, September 2022**

wie Rorschachtests als Mittel der Psychodiagnostik entwickelt und als ein etabliertes Testverfahren stabilisiert wurden, das sich durch Standards und rigorose Testbedingungen auszeichnet. Ihr Ziel ist es, ein ‹verräterisches Sprechen› zu generieren, durch das sich das zu testende Subjekt offenbart und klassifizierbar wird. Bucheli schildert den langen Prozess des Experimentierens und Stabilisierens ebenjener Standards und erläutert, dass der Rorschachtest in seinen prototypischen Stadien selbst Gegenstand zahlreicher Tests war. Zugleich erkundet er die massenmedialen und paratextuellen Nutzungen des Rorschachtests, in denen nicht nur die Bedingungen, sondern auch die Grenzen der Testsituation neu verhandelt werden.

Die Bilder von OLIVER HEISE, die die rezente Geschichte der pandemischen Testinfrastruktur dokumentieren, zeigen ein spannungsvolles Wechselspiel zwischen diskreten Testsituationen, ihren Infrastrukturen und ihrer raumzeitlichen Ausweitung. Offizielle Covid-19-Tests haben einerseits streng standardisiert abzulaufen. Andererseits fügen sie sich in Orte des Alltags wie Tankstellen, Baumärkte, Bahnhöfe oder Shoppingcenter ein (Abb. 1). Diese infrastrukturelle

Verschränkung zeigt, wie das Fortbestehen des Alltags in der Pandemie an ein Fortbestehen dauerhafter Testsituationen gekoppelt wurde, die möglichst niedrigschwellig gestaltet sein sollten. So ist die Testsituation zwar einerseits klar begrenzt, kann jedoch niemals abgeschlossen werden, da das Testergebnis lediglich als Momentaufnahme stabilisiert ist und zur weiteren Teilnahme am Alltag regelmäßig wiederholt und zertifiziert werden muss.[17]

In seinem Beitrag zum Radar erzählt CHRISTOPH BORBACH eine andere Geschichte der Ausweitung der Testsituation. Er zeigt, wie die Entwicklung und Nutzung dieser Technologie durch Kaskaden ineinandergreifender industrieller Tests gekennzeichnet ist. Diese zentrale medienhistorische Rolle des Tests ergibt sich, so Borbach, aus der Tatsache, dass menschliche Sinne die Funktionalität der Technologie nicht direkt überprüfen können. Da Störungen der Technologie sich anders als bei anderen Medien nicht direkt zeigen, wurden heterogene Tests und Simulationen notwendig, um das Funktionieren des Radars zu überprüfen und seine Nutzbarkeit zu stabilisieren. Zudem entstanden im Kontext der Radarproduktion Hochsee-Testsimulatoren, die realweltliche Bedingungen nachbauten und als Vorläufer virtueller Tests zu verstehen sind.

Die von Marres und Stark diagnostizierte Migration der Tests aus dem Labor in den Alltag demonstriert der Beitrag von GABRIELE SCHABACHER und SOPHIE SPALLINGER zu den sogenannten Zukunftsbahnhöfen der Deutschen Bahn, in denen in ausgewählten realen Bahnhöfen neue Technologien, Materialitäten und Praktiken öffentlich getestet werden. Angesiedelt an der Grenze zwischen Marketingmaßnahme und Innovationslabor *in the wild* dienen diese Testräume dazu, materielle und datenbasierte Gestaltungsoptionen von Mobilität zu explorieren, die sonst rechtlich nicht möglich sind, wie z. B. automatisierte Gesichtserkennung oder KI-basierte Gefahrenwarnung in Echtzeit. Sie tragen so dazu bei, diese Technologien zu normalisieren. Die Testsituation wird dabei nicht auf den ersten Blick als solche erkennbar. Was eigentlich getestet wird, steht im Vorfeld nicht immer fest – sind es Technologien der Gesichtserkennung, ihre soziale Akzeptanz, ihre eigene Testbarkeit? Im Zukunftsbahnhof treten zudem die umgebenden und umweltlichen Qualitäten[18] von Tests sowie ihre körperlich-affektiven Dimensionen zu Tage, die zugleich Grundlage des permanenten Testens sind.

Eine andere Entgrenzung des Tests erörtert DANIELA HOLZER in ihrem Beitrag zu den Survival-Tests der YouTube-Realityshow *7 vs. Wild*. Auch hier hat der Test das Labor verlassen. Die Serie testet die Fähigkeit der Kandidat*innen, in der Wildnis zurechtzukommen und ohne die Infrastrukturen der Zivilisation zu überleben. Zugleich versteht Holzer die Serie als soziales Experiment neoliberaler Zukunftsszenarien, das die gesellschaftlichen Fähigkeiten zur Selbstoptimierung und Selbstkontrolle auf die Probe stellt. Im Kontext der Plattform YouTube ist die Serie zudem selbst der permanenten Testung ihrer Popularität durch plattformisierte Interaktionsformen wie Likes, Kommentare und Views ausgesetzt.

17 Vgl. zur Zertifizierung Lawrence Busch: *Standards. Recipes for Reality*, Cambridge (MA), London 2011, doi.org/10.7551/mitpress/8962.001.0001.

18 Zu umgebenden Medien vgl. Florian Sprenger: *Epistemologien des Umgebens. Zur Geschichte, Ökologie und Biopolitik künstlicher environments*, Bielefeld 2019, doi.org/10.1515/9783839448397.

Dieselbe Entgrenzung entfaltet mit datenintensiven Tests in virtuellen und auf KI basierenden Umgebungen eine weitere Dimension, die es zu erkunden gilt. Durch Virtualisierung können Objekte und Umgebungen an immer neuen Testsituationen teilhaben. Zugleich sinken die Testbedingungen und damit ihre Aushandlung zunehmend in Infrastrukturen hinab, die von wenigen Akteur*innen kontrolliert werden. STEFAN RIEGER legt dar, wie virtuelle und auf Simulationen basierende Tests als Öffnung von Möglichkeitsräumen, z. B. für die ressourcenschonende Entwicklung neuer Technologien, genutzt werden können. Virtuelles Testen dient dadurch weniger einer Vergewisserung, sondern erprobt noch nicht stabilisierte Technologien und Szenarien. Derart offene virtuelle Tests stellen jedoch stets ihre eigene Virtualität zur Disposition, wenn die Leistungen des virtuellen *testbed* mit realen Umgebungen verglichen werden.

In ihrem Gespräch zu KI-Tests widmen sich NOORTJE MARRES und PHILIPPE SORMANI der feministischen Frage der «Blindheit der Maschinen gegenüber der Welt»[19] und erörtern, inwiefern Künstliche Intelligenz gegenwärtig zunehmend in der Lage ist, durch konstante Datenerfassung, u. a. mit Sensoren, kontext- und situationssensibel zu operieren. Sie problematisieren, dass fehlgeschlagene KI-Anwendungen – wie z. B. Microsofts Twitter-Chatbot Tay, dem von Nutzer*innen binnen 24 Stunden durch Interaktion eine rassistisch-sexistische Sprache antrainiert wurde – als ethisches Problem mangelnder Werte gerahmt werden statt als Ergebnis fehlender Kontextsensibilität. Ihrer These nach muss KI permanent beweisen, inwiefern der Kontextbezug glückt oder nicht. Gelingt der Situationsbezug, so verbleibt die Arbeit der KI unsichtbar in der computerisierten Infrastruktur – gelingt er nicht, wird die KI Gegenstand öffentlicher Kontroversen.

So verschiebt sich der Fokus innerhalb der Beiträge von der Analyse der Medien des Testens hin zum Testen der Medien selbst, insofern Medien samt ihrer Vermittlungsleistungen kritisch zur Disposition gestellt werden. Tests erscheinen so als grundlegender Bestandteil der kooperativen Verfasstheit digitaler, lernender Medien.

Datengesellschaft: eine potenziell permanente Testsituation

Quer durch alle Beiträge tritt die zentrale Rolle von Daten in Testpraktiken und -situationen hervor, die zugleich eine politische Dimension des Testens markiert. Tests basieren auf Daten und stellen selbst Daten her, die Teil weiterer Bewertungs- und Entscheidungspraktiken werden. Dies können Daten sein, die gezielt für die Testsituation erhoben werden, wie z. B. die Kameradaten zur Gesichts- und Gefahrenerkennung in Testbahnhöfen, die verschiedenen Messungen bei der Testung von Radartechnologien oder die sensorische Erfassung von Umgebungen durch autonom fahrende Autos. Doch es können auch solche Daten sein, auf die digitale Medien zugreifen können und mittels derer sie trainiert werden.[20]

19 Vgl. den Beitrag von Marres und Sormani in dieser Ausgabe.

20 Vgl. Kate Crawford: *Atlas of AI. Power, Politics, and the Planetary Costs of Artificial Intelligence*, New Haven, London 2021, doi.org/10.2307/j.ctv1ghv45t; Jenna Burrell: How the Machine «Thinks»: Understanding Opacity in Machine Learning Algorithms, in: *Big Data & Society*, Bd. 3, Nr. 1, 2016, 1–12. doi.org/10.1177/2053951715622512; Massimo Airoldi: *Machine Habitus. Toward a Sociology of Algorithms*, Cambridge 2022.

Die Daten- und Rechenintensität digitaler Medien schafft auf der einen Seite die Grundlage für permanentes Testen, auf der anderen Seite macht sie dieses aber auch unabdingbar, muss die Art und Weise, wie Daten verarbeitet werden, doch selbst immer wieder überprüft und angepasst werden. Daher ist das Testen und Kalibrieren der Medien des Testens ein wesentliches Element ihrer Geschichte.[21] Tests bilden ein Grundprinzip der Gestaltung analoger wie digitaler Medien, wurden als Methode zur Softwareentwicklung zentral[22] und prägten die Idee des Perpetual Beta im frühen Web 2.0. Sie entfalten ihre sozio-technischen Implikationen heute in verbreiteten Praktiken des A/B-Testing durch und auf digitalen Plattformen und sind charakteristisch für agile Entwicklungspraktiken.[23] Digital vernetzte Medien sind nicht darauf ausgerichtet, abgeschlossen zu werden, sondern werden anhand zunehmend entgrenzter Testreihen weiterentwickelt, ob als öffentliche Demonstration autonomen Fahrens,[24] als Tests generativer Sprachmodelle, in der Entwicklung neuer Apps oder dem häuslichen Testen neuer Technologien.[25] Dies beinhaltet Praktiken des öffentlichen Testens in und mit heterogenen Datenöffentlichkeiten, die sich bis zur kontroversen Aushandlung neuer Technologien maschinellen Lernens und der sensorischen Aufrüstung medialer Räume erstrecken.

Während die Bewertungs-, Valorisierungs- und Entscheidungspraktiken datenbasierter Medien zunehmend in den Fokus kritischer Medien- und Sozialforschung gerückt sind,[26] ist ihre Verschränkung mit testenden Praktiken noch nicht umfassend diskutiert. Tests, so unsere These, sind zentraler Bestandteil unserer Datengesellschaft. Sie multiplizieren die Situationen, an denen Daten teilnehmen,[27] und verlangen daher nach trans- und postsituativen Zugängen.[28]

Die Analyse von Testgesellschaften fordert das Feld der Datenkritik[29] heraus, sich noch stärker der Verschränkung von online und offline, digitalen und physisch-materiellen Umgebungen, menschlichen und technischen Sensorien zuzuwenden. Je mehr Tests in die computerisierte Infrastruktur absinken, umso mehr operieren sie dabei zwischen den Modi *in the wild* und *in the lab*. Im Einsatz digitaler Zwillinge und Simulationen in der Echtzeittestung, z. B. bei der Optimierung von Fabriken, in der autonomen Mobilität oder in generativen KI-Modellen verschränkt sich das Labor in neuer Form mit der Gesellschaft. Damit bringen daten- und rechenintensive Testsituationen sowohl menschliche als auch technische Sensorien zusammen und verknüpfen sie auf neue Weise. In der Forschung hat dies zurück zu einer grundlegenden Frage[30] der Medienwissenschaft geführt: Wie erweitern, verschränken und ko-konstituieren[31] sich menschliche Sinne durch Medien und – wie wir ergänzen wollen – durch ihre Tests? Im Gegensatz zu Instrumenten tragen Medien zu einer Denaturierung der Sinne bei und ko-konstituieren in konkreten Situationen, was Sinneswahrnehmung bedeutet. Dementsprechend trägt die Einbettung von Sensoren in Medien und Umgebungen zu einer Rekonfiguration der menschlichen Sinne bei. Der Einsatz sensorischer Medien, die Daten zu Bewegung im Raum, Temperatur, Position, Vitalfunktionen, Puls, Hautwiderstand,

21 Vgl. zur Rolle der Hochgeschwindigkeitskamera und elektrischer Sensoren im Falle des Crashtests Greg Siegel: *Forensic Media. Reconstructing Accidents in Accelerated Modernity*, Durham, London 2014, 143 f.

22 Vgl. David Gelperin, Bill Hetzel: The Growth of Software Testing, in: *Communications of the ACM*, Bd. 31, Nr. 6, 1988, 687–695, doi.org/10.1145/62959.62965; Glenford J. Myers, Corey Sandler, Tom Badgett: *The Art of Software Testing*, Hoboken, New Jersey 2012 [1979].

23 Vgl. David Stark: Testing and Being Tested in Pandemic Times, in: *Sociologica*, Bd. 14, Nr. 1, 2020 = Sonderband: *Society after COVID-19*, hg. von dems., Elena Esposito, Flaminio Squazzoni, 67–94, doi.org/10.6092/issn.1971-8853/10931.

24 Vgl. Noortje Marres: Coexistence or Displacement: Do Street Trials of Intelligent Vehicles Test Society?, in: *The British Journal of Sociology*, Bd. 71, Nr. 3, 2020, 537–555, doi.org/10.1111/1468-4446.12730.

25 Vgl. *Digital Culture & Society*, Bd. 9, Nr. 1, 2023: *Taming Digital Practices: On the Domestication of Data-Driven Technologies*, hg. v. Tim Hector, David Waldecker, Niklas Strüver, Tanja Aal.

26 Vgl. Jonathan Kropf, Stefan Laser (Hg.): *Digitale Bewertungspraktiken. Für eine Bewertungssoziologie des Digitalen*, Wiesbaden 2019.

27 Vgl. Carolin Gerlitz: What Counts? Reflections on the Multivalence of Social Media Data, in: *Digital Culture & Society*, Bd. 2, Nr. 2, 2016, S. 19–38, doi.org/10.25969/mediarep/941.

28 Vgl. zur multiplen Situiertheit Erhard Schüttpelz: Vom Werkzeug zum Behälter, vom Behälter zum Medium: Die Ausweitungen des Körpers, in: Nina Engelhardt, Johannes F. M. Schick (Hg.): *Erfinden, Schöpfen, Machen. Körper- und Imaginationstechniken*, Bielefeld 2021, 25–72, doi.org/10.14361/9783839448373-002; Michael Dieter u. a.: Multi-Situated App Studies: Methods and Propositions, in: *Social Media + Society*, Bd. 5, Nr. 2, 2019, 1–15, dx.doi.org/10.1177/2056305119846486.

Mimik oder Gestik erfassen und z.B. in der YouTube-Serie *7 vs. Wild* oder in den ‹Proxys› der Testung von Radartechnologie zum Einsatz kommen, bringt menschliche und technische Sensorien in Austausch. Tests sind in einem solchen sozio-technischen Verständnis dieses neuen «sozialen Sensoriums»[32] eingebettet und gestalten somit die Politiken des Sinnlichen.[33] Die Frage lautet also nicht nur, inwiefern ubiquitäre Tests als solche wahrnehmbar sind, sondern – im Sinne der bei Benjamin angelegten Frage – wie Tests und ihre Medien selbst unsere Wahrnehmung und Sinneskonstitution prägen.

Vermengt werden in diesem Kontext präzis-geschlossene Testergebnisse (richtig/falsch, ja/nein) mit offenen Tests, deren Ziel die Erkundung von Möglichkeitsräumen darstellt. In den Zukunftsbahnhöfen tritt diese Verschränkung besonders zu Tage – so zielen die Tests zur Gesichtserkennung einerseits auf die Präzisierung der Erkennung unter realweltlichen Bedingungen ab. Andererseits werden sie auch dann als erfolgreich angesehen, wenn sie scheitern, da sie die soziale Akzeptanz und Gewöhnung der Technologien selbst testen. Sie tragen damit im Sinne von David Stark nicht zu einer geschlossenen *predictability* zukünftiger Szenarien, sondern zu einem Klima der *preparedness* bei.[34] Oder sie stellen, wie im Beitrag von Stefan Rieger analysiert, das Verhältnis zwischen dem Realen und dem Imaginativ-Virtuellen per se in Frage.

Digitale Medien werden potenziell zu einer permanenten, multiplen Testsituation, die es im Sinne einer kritischen Medienforschung sichtbar zu machen gilt. Während Marres und Stark argumentieren, dass Tests die Labore verlassen haben und nun mitten in der Gesellschaft stattfinden und diese testen, ergibt sich aus Sicht der Medienforschung ein weiterer Befund: Tests sind fundamentaler Bestandteil digitaler, datenbasierter und lernender Medien. Lernende Medien sind im Dauertestbetrieb und verschränken dabei die involvierten Akteur*innen, Umgebungen und Artefakte auf neue Weise. Ihr Ubiquitär-Werden und ihre Entgrenzung erfolgen jedoch weder naht- noch bruchlos, sondern werden zunehmend kontrovers.

Politiken des Testens

So hat insbesondere der Verlauf der Covid-19-Pandemie gezeigt, wie ältere biopolitische Testregime wieder aufgenommen und aktualisiert werden können. Zugleich wurden Test- (Abb. 2) und Impfzentren, PCR- und Schnelltests von neuen Apps zum Tracing und Tracking, Registrieren und Identifizieren[35] flankiert, die wiederum alte biosoziale Kontrolltechniken remediatisiert haben. Nahezu jedes Detail pandemischer (Test-)Infrastrukturen unterlag in demokratischen Gesellschaften fortwährender öffentlicher Prüfung und kontroversen Aushandlungsprozessen. Diese wurden insbesondere durch divergierende Interpretationen der pandemischen Statistik noch befeuert. In diesem Sinne lässt sich die Pandemie als fortwährende Lektion hinsichtlich der Situationsbezogenheit und existenziell notwendigen Kollektivität des Testens

29 Vgl. Andrew Iliadis, Federica Russo: Critical Data Studies: An Introduction, in: *Big Data & Society*, Bd. 3, Nr. 2, 2016, doi.org/10.1177/2053951716674238.

30 Vgl. Chris Salter: *Sensing Machines: How Sensors Shape our Everyday Life*, Cambridge (MA) 2022.

31 Vgl. Marshall McLuhan: *Understanding Media: The Extensions of Man. Critical Edition*, hg. v. Terrence W. Gordon, Berkeley 2011 [1964].; Sebastian Scholz: Sensing the «Contemporary Condition»: The Chronopolitics of Sensor-Media, in: *Krisis | Journal for Contemporary Philosophy*, Bd. 41, Nr. 1, 2021, 135–156, doi.org/10.21827/krisis.41.1.36967; Joseph Vogl: Becoming-Media: Galileo's Telescope, in: *Grey Room*, Nr. 29, Herbst 2007, 14–25, doi.org/10.1162/grey.2007.1.29.14.

32 Adam Yuet Chau: The Sensorial Production of the Social, in: *Ethnos*, Bd. 73, Nr. 4, 2008, 485–504, doi.org/10.1080/00141840802563931.

33 Vgl. Jacques Rancière: *Die Aufteilung des Sinnlichen. Die Politik der Kunst und ihre Paradoxien*, hg. v. Maria Muhle, Berlin 2008.

34 Vgl. Stark: Testing and Being Tested in Pandemic Times.

35 Vgl. Sebastian Gießmann: Identifizieren, in: Heiko Christians, Nikolaus Wegmann, Matthias Bickenbach (Hg.): *Historisches Wörterbuch des Mediengebrauchs*, Bd. 3, Köln 2022, 134–162.

Abb. 2 Testzentrum am Bahnhof Steinbeck (Wuppertal), Oliver Heise: *symptom*, Folkwang Universität der Künste, September 2022, Orig. i. Farbe

auffassen. Dies umfasste die Orientierung an grafischen Verläufen («flatten the curve») und numerischen Repräsentationen (Ansteckungszahlen, R-Wert, prozentualer Anteil von Geimpften an der Bevölkerung), aber auch den Übergang der Testpraxis vom offiziellen Getestet-Werden zum eigenverantwortlich durchzuführenden Selbsttest.

Keine Ausweitung der Testzone kann Absolutheit beanspruchen. Selbst wenn Tests ubiquitär und sozial verpflichtend oder zu einem Teil von daten- und rechenintensiver Hintergrundkooperation werden, bleiben auf Basis von Tests getroffene Entscheidungen situationsbezogene Mikroentscheidungen. Diese irreduzible Verteiltheit des Testens – das selbst verteilenden Charakter hat – macht es zu einem fundamentalen Bestandteil von Gesellschaften, die biosoziales Testen kaum ohne die kontroverse Kombination von Datenpraxis und Sozialstatistik vollziehen können. Kaskadierendes Testen schafft Kontroll- und Normalisierungsinstanzen, in denen gegen einen bestehenden oder sich gerade etablierenden Standard getestet wird. Auch in miteinander verbundenen Tests wird ein Ergebnis anhand von Skalen und/oder auf wenige Elemente reduzierten Displays bewertet, um daraufhin – mittels einer Klassifikation oder Selbstklassifikation – entscheiden zu können. Diese biopolitische Dimension des Testens kreiert durch ihre verteilte Situiertheit regulative Umgebungen, mit denen die Offenheit von Testsituationen eingehegt wird.

Demgegenüber verfügen Testgesellschaften aber auch über die politische Möglichkeit, durch exploratives, erprobendes Testen neue Möglichkeitsräume entstehen zu lassen. Die Konjunktur von Simulationen, *living labs*, virtuellen und realen *testbeds* lässt sich als ein Indiz hierfür auffassen, ebenso wie die Modifikationen menschlicher Körper im Selbstversuch,[36] aber auch das spielerische Gegen-Testen und die Analyse opaker Medientechnologien.[37] Unser Umgang mit der Allgegenwart von Testsituationen, die Daten- und Rechenintensität, Sensorik und maschinelles Lernen kombinieren, erfordert nicht nur in den Wissenschaften soziale Imagination, neue Fertigkeiten und Fähigkeiten, kreative Skills und kritische *data literacies*. Mit einem kurzen Ausprobieren von ChatGPT ist es jedenfalls nicht getan. Dies ist kein Test.

Danksagung

Wir möchten der Redaktion der *ZfM* für die organisatorische Unterstützung und den engagierten Austausch über das Schwerpunkt-Thema sehr herzlich danken. Den Gutachter*innen des Peer-Review-Verfahrens verdankt dieses Heft eine Vielzahl produktiver Vorschläge zur Verbesserung, die wir besonders würdigen wollen. Ausdrücklicher Dank gilt Inga Schuppener für die interne organisatorische und redaktionelle Unterstützung. Die Arbeit an dieser Einleitung wurde gefördert durch die Deutsche Forschungsgemeinschaft (DFG) – Projektnummer 262513311 – SFB 1187 «Medien der Kooperation».

—

SEBASTIAN GIEẞMANN, CAROLIN GERLITZ

36 «Der Test ist Medium neuer Körper und Subjektivierungen», so Ulrike Bergermann (*Test und Testosteron*, hier 88).

37 Vgl. Maria Eriksson u. a.: *Spotify Teardown. Inside the Black Box of Streaming Music*, Cambridge (MA), London 2019, insb. die Kapitel zu Interventionen, 19–20, 69–70, 105–106, 139–140, 173–174, 193–194.

DAVID BUCHELI

BILDER GEBEN

Eine Objektgeschichte des Rorschachtests

Testaufnahme

Auf zehn Tafeln kommen Bilder von Tintenklecksen, erschienen 1921 im Verlag Ernst Bircher in Bern. «Die Herstellung solcher Zufallsformen ist sehr einfach».[1] Das Verfahren, der Algorithmus, ist ein Kinderspiel.

«These are pictures of inkblots. Actually, the kind you probably made yourself when you were a child. Just blots of ink in the paper folded over.» Der Filmpsychiater nimmt den Stapel mit den Tafeln beiläufig aus der Schublade und legt ihn vor sich auf den Schreibtisch.

«What's it for?», will die Frau auf dem Divan im Schein der Schreibtischlampe wissen.

«It's another way of examining personality. I'm going to hand them to you one by one. And all you have to do is telling me what you see there.»[2]

Robert Siodmaks *The Dark Mirror* von 1946 ist ein Noir-Melodrama im Verleih von Universal Pictures und gilt gemeinhin als erster Film, in dem der Rorschachtest zu sehen ist.[3] Die Szene, in der die – des Mordes verdächtigte – Terry Collins (Olivia de Havilland) von dem Psychologen Dr. Elliot (Lew Ayres) getestet wird, hält sich akkurat an die Standards aus der Fachliteratur. Der Versuchsleiter und die Versuchsperson befinden sich in einem ruhigen Zimmer, die zehn Testtafeln liegen verdeckt auf einem Stapel vor dem Versuchsleiter. Durch «einige einleitende Sätze, die genau abgewogen sein und der ganzen Situation entsprechen müssen, die aber nicht schematisch sein dürfen», wird die Versuchsperson vorbereitet.[4] «Misstrauischen Versuchspersonen muss man gelegentlich die Art der Herstellung derartiger Bilder ad oculus demonstrieren. Im ganzen wird aber das Experiment sogar von misstrauischen und gesperrten Geisteskranken nur relativ selten abgelehnt.»[5] Hatte Walter Benjamin in seinem «Kunstwerk»-Aufsatz schon auf die strukturelle Ähnlichkeit von

1 Hermann Rorschach: *Psychodiagnostik. Methode und Ergebnisse eines wahrnehmungsdiagnostischen Experiments (Deutenlassen von Zufallsformen)*, Bern, Leipzig 1947 [1921], 15. Wo nicht anders vermerkt, wird aus dieser 5., erweiterten Auflage zitiert.

2 *The Dark Mirror*, Regie: Robert Siodmak, USA 1946 (TC 00:35:16–00:35:35).

3 Vgl. Franklin Fearing: Psychology and the Films, in: *Hollywood Quarterly*, Bd. 2, Nr. 2, 1947, 118–121, hier 118. Der ebenfalls 1946 produzierte Dokumentarfilm *Let There Be Light* von John Huston, der US-amerikanische Kriegsveteranen mit posttraumatischen Belastungsstörungen bei der Durchführung von Rorschachtests zeigt, wurde vom US-Militär konfisziert und erst 1980 veröffentlicht.

4 Walter Morgenthaler: Einführung in die Technik von Rorschachs Psychodiagnostik, in: Rorschach: *Psychodiagnostik*, 217–234, hier 223.

5 Rorschach: *Psychodiagnostik*, 16.

Abb. 1/2 *The Dark Mirror* (Regie: Robert Siodmak, USA 1946), Screenshots

Testsituationen und der Aufnahmesituation im Filmstudio hingewiesen, wird hier das Testdispositiv vollends kenntlich als filmische *mise-en-scène*.[6] Sogar die Ausleuchtung der Szene orientiert sich an einschlägigen Regularien: «Wichtig ist die *Beleuchtung*. Das Licht soll von links oder schräg hinten auf die in der Hand gehaltene Tafel fallen.»[7] Es ist auf mittlere, gleichbleibende Lichtbedingungen zu achten. Die «Hauptsache» sei – schreibt Hermann Rorschach 1921 in seiner Hauptpublikation *Psychodiagnostik* –, «dass das Experiment möglichst frei von allem Zwange durchgeführt werde.»[8]

Sind die materiellen und psychologischen Vorbedingungen erfüllt, kann das Testen beginnen. Die Tintenkleckse kommen mit einer Frage, die eigentlich eine Sehanweisung ist. Die Versuchsperson ist aufgefordert, sich ein Bild zu machen.

> Die Versuchsperson erhält eine Tafel um die andere in die Hand und wird gefragt: «Was könnte dies sein?» Sie darf die Tafel nach Belieben drehen und wenden. Auch die Entfernung der Tafeln von den Augen ist dem Belieben der Versuchsperson überlassen, nur sollten die Bilder nicht aus der Ferne betrachtet werden. […]
> Es wird nach Möglichkeit, aber selbstverständlich unter Vermeidung aller suggestiven Momente, darauf gedrängt, dass zu jeder Tafel wenigstens eine Antwort gegeben wird. Im übrigen wird solange weiterprotokolliert, als eben die Antworten fliessen.[9]

Wir haben es mit einer streng geregelten Prozedur zu tun. Ein Spiel des Zeigens und Verbergens, des Beschreibens und Beschriebenwerdens. Durch ebenjenen Akt, in dem Terry die Tafeln beschreibt, wird zugleich sie selbst beschrieben und klassifiziert. Wie sie die Tafeln in den Händen zu halten und zu betrachten hat, folgt präzisen Instruktionen. Denn nur unter rigoroser Einhaltung der Testbedingungen bringen die Tafeln ein ‹verräterisches Sprechen› hervor.[10] Zur Sprache gebracht wird ein prozedurales Subjekt, das in der Exposition der Tafeln eingefangen und psychometrisch erfassbar wird. Die sogenannten ‹Zufallsformen› sind mehr als Unfälle an der Grenze zur Figuration. Sie sind Testbilder im medientechnischen Sinn: ein standardisiertes Set

6 Vgl. Walter Benjamin: Das Kunstwerk im Zeitalter seiner technischen Reproduzierbarkeit (zweite Fassung), in: ders.: *Gesammelte Schriften*, Bd. VII.1, hg. v. Rolf Tiedemann, Hermann Schweppenhäuser, Frankfurt/M. 1989, 350–384, hier 365.
7 Morgenthaler: Einführung, 220.
8 Rorschach: *Psychodiagnostik*, 16.
9 Ebd.
10 Vgl. Martina Wernli: Fledermäuse, tadellose Rindviehbären und allerlei Konfabulatorisches. Test, Experiment und Sprache im Umfeld von Hermann Rorschachs Psychodiagnostik, in: Michael Bies, Michael Gamper: *«Es ist ein Laboratorium, ein Laboratorium für Worte». Experiment und Literatur III*, Göttingen 2011, 112–136.

visueller Information, das von einem Medium (hier: Terry) prozessiert wird und dabei einem normierenden Blick, einer qualifizierenden, klassifizierenden und sanktionierenden Überwachung ausgesetzt ist. Der Blick auf die Tafeln lässt nichts sehen, was nicht auf besondere Weise auch die Sehende selbst sichtbar werden lässt. Was Versuchspersonen aus den Bildern machen, ihre Interpretation und Beschreibung, reflektiert in den Worten des Versuchsleiters im Film «the true secret patterns of their own minds and personalities».[11] Später, als Terry das Sprechzimmer verlassen hat, werden die qualitativen Antworten ausgewertet, in numerische Daten übersetzt und zum sogenannten Psychogramm verrechnet. Die Anzahl der Antworten, ihre Determination durch Form, Farben und Bewegungsempfindungen, die Lokalisation der Antworten auf den Tafeln und ihre Originalität stellen bei den Berechnungen entscheidende Faktoren dar. Das Ergebnis ist Persönlichkeitsdiagnose, psychopathologische Klassifikation und Intelligenzprüfung in einem. Und es indiziert schließlich, was im Film Noir unvermeidlich ist: Terry erweist sich als Femme fatale, «very clever, very intelligent, but insane», und ist wegen dringenden Mordverdachts zu verhaften.[12]

The Dark Mirror markiert in der Geschichte des Rorschachtests jenen Moment, in dem der Tintenklecks vom spezialisierten psychodiagnostischen Instrument zu einer populären Chiffre für das Ambige und Verborgene der Persönlichkeit wird. ‹Persönlichkeit› meint in diesem Zusammenhang jene «affective or nonintellectual aspects of behavior», die ab den 1930er Jahren von Psycholog*innen zunehmend durch projektive Testverfahren untersucht werden.[13] Der Rorschachtest kann als früher Vertreter solcher Persönlichkeitstests gelten. Doch entfaltet er seine Wirkung nicht unmittelbar nach seiner Publikation 1921 durch den Schweizer Psychiater Hermann Rorschach, sondern erst nachdem er ab 1930 im Gepäck deutscher Emigrant*innen an US-amerikanischen Universitäten Einzug hielt.

Ein psychologischer Test ist, gemäß einer klassisch gewordenen Definition von Anne Anastasi, «essentially an objective and standardized measure of a sample of behavior».[14] Rorschachs Testbegriff unterscheidet sich signifikant von dieser Begriffsbestimmung. ‹Test› bezeichnet für ihn kein Verfahren, sondern ein Objekt. Als die *Psychodiagnostik* im Verlag Ernst Bircher in Bern erscheint, umfasst die Publikation zwei sehr verschiedene Teile: einerseits einen Textband, andererseits einen «zugehörigen Test, bestehend aus zehn teils farbigen Tafeln».[15] Mit ‹Test›, ‹Tests› oder auch ‹Testapparat› bezeichnet Rorschach die Tafeln selbst als tangible Bildträger und Instrumente der Wissensproduktion. Test meint hier zunächst keine Prozedur des Examinierens und Bewertens, sondern schlicht die Hardware des Testens.

Ich möchte diesen Hinweis auf die materielle Verfasstheit des Rorschachtests aufnehmen und im Folgenden aufzeigen, wie Bilder von Tintenklecksen zu *technischen Objekten* im Sinne Hans-Jörg Rheinbergers werden[16] – und damit zur materiellen Grundlage einer klassifizierenden Testanordnung, die von der

11 *The Dark Mirror* (TC 00:42:16–00:42:20).

12 Ebd. (TC 00:42:32–00:42:36).

13 Anne Anastasi: *Psychological Testing*, 6. Aufl., New York 1990 [1954], 17.

14 Ebd., 23.

15 Hermann Rorschach: *Psychodiagnostik. Methodik und Ergebnisse eines wahrnehmungsdiagnostischen Experiments (Deutenlassen von Zufallsformen)*, Bern, Leipzig 1921, Titelblatt.

16 Vgl. Hans-Jörg Rheinberger: Experimentalsysteme, Epistemische Dinge, Experimentalkulturen. Zu einer Epistemologie des Experiments, in: *Deutsche Zeitschrift für Philosophie*, Jg. 42, Nr. 3, 1994, 405–417.

explorativen Struktur des Experiments in den empirischen Wissenschaften abgegrenzt werden kann. Die Überführung der Klecksbilder von Kontingenz in Normativität wird als medientechnisches Problem verhandelt, das die filmische Inszenierung mit Rücksicht auf (Un-)Darstellbarkeit zu ihrem eigentlichen Thema macht.

Kontrollierte Sichtbarkeit

Als *The Dark Mirror* im Oktober 1946 in die US-Kinos kommt, dürfen die Studioverantwortlichen den *inkblot test* beim Publikum als bekannt voraussetzen. «By the midforties practically every American had a son, brother, or other loved one who had been given psychological testing in the draft; an increasing number had taken such tests themselves.»[17] Wer dem Test nicht selbst beim Militär, bei der Stellensuche, beim Behördengang oder in der Klinik begegnet ist, kann wenige Wochen vor dem Filmstart in der Illustrierten *Life* nachlesen, wie Tintenkleckse für Persönlichkeitstests genutzt werden. Wie im Film wird auch in der Illustrierten auf ein spielförmiges Wissen referiert, das das bürgerliche Subjekt schon als Kind für sich entdeckt hat:

> Children play a fascinating game with paper and ink. They fold the paper over a drop of ink and try to see shapes like witches and bats and castles in the blot. Thirty-five years ago a Swiss psychiatrist named Herman [sic] Rorschach got the idea that the different things people see in ink blots might be a good index to their various personalities. Since then the Rorschach test has been increasingly used by psychologists, educators and even employers to help determine the structure of personalities.[18]

Was Terry im Film einmal als «kindergarten games» bezeichnet,[19] hat sich in den Vereinigten Staaten der Nachkriegszeit zu einem weit verbreiteten Testinstrument in der militärischen, industriellen und klinischen Persönlichkeitsprüfung entwickelt. Die Hollywood-Inszenierung ist instruktiv. Sie folgt dem psychodiagnostischen Testverfahren in all seinen akribisch recherchierten Details. Warum Dr. Elliot vor Versuchsbeginn das Ticken seiner Uhr kontrolliert und sie unauffällig vor sich auf dem Schreibtisch platziert, wird im Film nicht kommentiert. Tatsächlich stellt die Reaktionszeit einen zentralen Versuchsfaktor dar und muss neben allen Antworten oder Ausflüchten protokolliert werden, «ohne dass die Vp. [Versuchsperson] dies wahrnimmt».[20] Dass Terry während der Befragung auf einer Couch liegt – dem psychoanalytischen Möbel schlechthin –, ist eher ungewöhnlich, aber durchaus vereinbar mit den Handbuchinstruktionen. Nach Walter Morgenthalers *Einführung in die Technik von Rorschachs Psychodiagnostik* von 1940 sitzt der Versuchsleiter «entweder im rechten Winkel zu ihr mit dem Rücken gegen das Licht, oder aber rechts oder links neben ihr, etwas zurück, jedenfalls so, dass er in unauffälliger Weise sowohl Mimik und Motorik der Vp. wie die in der Hand gehaltene Tafel überblickt, ohne dass die Vp. seine Aufzeichnungen selber kontrollieren kann».[21]

17 Damion Searls: *The Inkblots. Hermann Rorschach, His Iconic Test, and the Power of Seeing*, New York 2017, 208.

18 O. A.: Personality Tests. Ink blots are used to learn how people's minds work, in: *Life*, Bd. 21, Nr. 15, 7.10.1946, 55–60, hier 55.

19 *The Dark Mirror* (TC 00:45:01–00:45:02).

20 Morgenthaler: Einführung, 222.

21 Ebd., 221 f.

Abb. 3 *The Dark Mirror* (Regie: Robert Siodmak, USA 1946), Screenshot

Die Inszenierung in *The Dark Mirror* befolgt so pedantisch jeden Standard des Rorschachverfahrens, dass eine zentrale Unstimmigkeit fast übersehen werden könnte: Die Bilder, die Terry nacheinander studiert und interpretiert, sehen nur auf den ersten Blick nach Rorschach aus. Hat das erste Testbild, abgesehen von einigen Klecksen um die Mittelachse, noch täuschende Ähnlichkeit mit Tafel III der originalen Rorschachserie, ist die zweite Tafel bereits offensichtlich frei erfunden. Auch die verkleinerten Abbildungen auf Dr. Elliots Verrechnungsschema haben höchstens entfernte Ähnlichkeit mit Rorschachs Kleckbildern. Und selbst *Life*, diese Bilddatenbank US-amerikanischer Lebensart schlechthin, verzichtet in ihrer Ausgabe vom 7. Oktober 1946 auf die Wiedergabe der Originalserie und setzt stattdessen eigens angefertigte Kleckse ein: «Because much of the effectiveness of the standard Rorschach blots depends upon their novelty, special new blots were used in this LIFE test.»[22]

Film und Illustrierte müssen sich also mit Platzhaltern anstelle von Testbildern behelfen. Das ist zunächst einmal nicht überraschend: Testbilder stehen immer schon anstelle anderer Bilder. Als *proxies* repräsentieren sie nichts, sondern stehen für Bildlichkeit an sich.[23] «[D]eprived of any semantic dimension», proben sie die Bedingungen ihrer eigenen Übertragung, Prozessierung, Darstellung oder Speicherung.[24] Im Falle des Rorschachtests geht es um die Beobachtung von individuellen Wahrnehmungsmustern, die mit den Koordinaten einer psychogrammatischen Landkarte korrespondieren: Nicht nur, was die Versuchsperson in den Tafeln sieht, sondern auch wie sie die angeblichen Zufallsbilder zu sinnvollen (d.h. bei Rorschach: konkret-figürlichen) Strukturen zusammenfasst, wie plausibel sie dabei Formen und Farben integriert und wie lange sie dafür benötigt, fließt in die Berechnungen ein, die sie am Ende als normal, neurotisch, pedantisch, depressiv, schwachsinnig, schizophren, melancholisch, dement, imbezil, weltfremd oder Künstler*in klassifizieren werden.

Zu den Vorbedingungen des Versuchs gehört, dass die Bilder das Testregime nicht verlassen dürfen. Rorschachs Methode beruht darauf, dass die Versuchsperson ebenso unvermittelt wie unvoreingenommen auf die – bis zu diesem Zeitpunkt unbekannten – Tafeln blickt. Daher dürfen die Tafeln auch nicht außerhalb der standardisierten Prozedur gezeigt werden. Selbst bei flüchtiger Vorkenntnis der Kleckse «verfälschen bewusste und unbewusste Gedächtnisleistungen das Resultat».[25] Die Zirkulation der Testbilder unterliegt also einer strengen Kontrolle. Die Tafeln können nur von ausgebildetem Fachpersonal bezogen werden, ihre unrechtmäßige Reproduktion und Verbreitung wird vom Rechteinhaber mit allen Rechtsmitteln bekämpft. Dieses faktische Bilderverbot erlangt 2009 besondere mediale Aufmerksamkeit, als die Tafeln gegen den

22 O.A.: Personality Tests, 55.
23 Vgl. Dylan Mulvin: *Proxies. The Cultural Work of Standing In*, Cambridge (MA) 2021, 83 ff.
24 Mary Ann Doane: *Bigger Than Life. The Close-Up and Scale in Cinema*, Durham, London 2021, 139.
25 Rorschach: *Psychodiagnostik*, 48.

Abb. 4 ***Gobolinks or Shadow-Pictures for Young and Old*, 1896, Umschlagrückseite (Orig. i. Farbe)**

Protest praktizierender Psychodiagnostiker*innen als JPG-Dateien in den Wikipedia-Artikel zum Rorschachtest eingepflegt werden. Die Hogrefe-Verlagsgruppe, die mittlerweile die Rechte an der *Psychodiagnostik* verwaltet und Rorschach als eingetragenes Warenzeichen konsequent mit ® schreibt, prüft in dieser Sache rechtliche Schritte gegen Wikimedia.[26] Tatsächlich ist die kontrollierte Sichtbarmachung der Tafeln schon in Rorschachs Text angelegt. Nicht nur sollen die Tafeln die Testanordnung nicht verlassen, auch die Maximaldistanz, aus der sie während des Versuchs betrachtet werden dürfen, ist vorgegeben:

> Die Versuchsperson soll die Tafel in der Hand behalten und die Länge des ausgestreckten Armes soll die höchstzulässige Entfernung sein. Es ist darauf zu achten, dass die Versuchspersonen die Tafeln nicht vorzeitig aus der Ferne erblicken, da dies die Vorbedingungen des Versuchs verfälscht. Tafel I z. B. wird aus einigen Metern Entfernung oft als «Fuchskopf» gedeutet, aus der Nähe so gut wie nie. Hat aber eine Versuchsperson einmal aus der Ferne den «Fuchskopf» erblickt, so wird es ihr auch aus der Nähe schwer, in dem Bilde etwas anderes als eben diesen Fuchskopf zu sehen.[27]

Die Tafeln stellen eine Serie dar. Ihre Abfolge ist genau festgelegt, denn die «Reihenfolge der Bilder innerhalb der Serie ruht auf empirischen Ergebnissen».[28] Für Rorschach kann jede unsachgemäße Anwendung und jeder unautorisierte Blick auf die Bilder ihre Wirkungsmacht als Wahrheitstechnologie gefährden. Die zehn Originaltafeln, möglicherweise die meistinterpretierten Bilder des 20. Jahrhunderts,[29] sind zugleich unter Verschluss und weltberühmt. Die Kleckse zirkulieren als Abwandlungen und Nachahmungen, als Klischee und Ornament. Wer sie zu kennen glaubt, hat vielleicht nie etwas anderes als Annäherungen gesehen. Auch zu Filmstoff und Freizeitlektüre werden sie nur als verfremdeter Abklatsch, als strategisch entstelltes Zitat. Ihre Herstellung soll ‹sehr einfach› sein, ihre Form zufällig. Und trotzdem dürfen die zehn Bilder auf Rorschachs Tafeln – wie manche religiösen Ikonen oder kultische Artefakte – nur unter ganz bestimmten Bedingungen sichtbar werden.

Es ist darum wichtig, die abgewandelten Tafeln in Film und Zeitschrift nicht für einen Fehler zu halten. Sie probieren Varianten von Invarianz aus und reflektieren den normativen Status einer Wahrheitstechnologie als Ergebnis von Aushandlungsprozessen, die immer auch anders aussehen könnten. Beide medialen Iterationen schaffen Bilder herbei, wo keine sein können, und gehen Wetten auf neue Konfigurationen ein. Die Frage, die Film und Illustrierte stellen, liegt auf der Hand: Warum sollen wir uns nicht eigene Kleckse ins Heft machen?

26 Vgl. Noam Cohen: A Rorschach Cheat Sheet on Wikipedia?, in: *New York Times*, 28.7.2009, nytimes.com/2009/07/29/technology/internet/29inkblot.html (18.1.2023).

27 Rorschach: *Psychodiagnostik*, 16.

28 Ebd.

29 Vgl. Peter Galison: Image of Self, in: Lorraine Daston (Hg.): *Things That Talk. Object Lessons from Art and Science*, New York 2004, 257–294, hier 257.

Kinderspiele

«Drop a little ink on a sheet of paper. Fold the sheet in the center and press the ink-spots together with the fingers. All of the pictures in this book were made in this manner – none of them having been touched with pen or brush.»[30] Bereits 1896 beflügeln Kleckse in den USA die Fantasie von Heranwachsenden. Ein populäres Bilderbuch von Ruth McEnery Stuart und Albert Bigelow Paine macht Leser*innen erstmals mit dem «Gobolink» bekannt; jenem «veritable goblin of the ink-bottle»,[31] dessen Beschwörung ganz analog zur Herstellung von Rorschachs ‹Zufallsformen› funktioniert: «Einige grosse Kleckse werden auf ein Blatt Papier geworfen, dieses wird einmal gefaltet und der Klecks zwischen den Blättern verstrichen.»[32] Ohne den Einsatz von Stift oder Pinsel lassen sich so die eigentümlichsten Erscheinungen heraufbeschwören: fantastische Tiere, Gesichter oder ganze Landschaften. «In fact the most unexpected and startling results will often occur – results grotesquely and strangely beautiful, well worthy of preservation.»[33] Auf 100 Seiten versammelt *Gobolinks or Shadow-Pictures for Young and Old* solche spielerischen Klecksbilder und macht sich einen Reim auf sie.

Dieselbe Praxis hat im deutschsprachigen Raum ein halbes Jahrhundert zuvor schon der schwäbische Arzt und Okkultist Justinus Kerner erprobt, von dem Rorschach den Begriff der ‹Kleksographie› (teilweise auch ‹Klecksographie› oder ‹Klexographie›) zeitweilig übernehmen wird. Kerner produziert unter diesem Neologismus bereits ab den 1840er Jahren systematisch Klecksbilder in gefaltetem Papier und charakterisiert sie «kraft ihrer Doppelbildung» als «der Phantasie Spielraum lassende Gebilde der verschiedensten Art»,[34] von denen er sich zu Gedichten inspirieren lässt. Kerner hebt die Symmetrie der gefalteten Kleckse als besonders förderlich für die Herstellung figürlicher Gebilde hervor. Der Kontrollverlust und das Moment der Überraschung stellen dabei einen zentralen Reiz dieses autogenerativen Verfahrens dar. «Bemerkt muß werden, dass man *nie* das, was man gern *möchte*, hervorbringen kann und oft das Gegenteil von dem entsteht, was man erwartete.»[35] Wie Friedrich Weltzien festgestellt hat, rückte Kerner die Kleksographie sprachlich in die Nähe der Fotografie, wenn er in einem Gedicht die Figur eines Totenkopfs als «klexografisch aufgenommen» beschreibt.[36] Auch die frühe Fotografietheorie umrankt nach Peter Geimer «eine Rhetorik der ‹Selbsttätigkeit›».[37] Exemplarisch dafür steht Henry Fox Talbots Begriffsprägung der Fotografie als *pencil of nature* – als Bildproduktionsverfahren also, das die Natur zur Selbsteinschreibung bringt und dem Kontingenten gegenüber offen ist.[38] Die Kleksographien als Kombination von Klecksbild und Beschreibung sind immer auch Schnappschüsse aufblitzender Bildhaftigkeit in einer Anordnung, die nur Rauschen kennt. «Tausende von Schweizer Kindern, darunter auch Hermann Rorschach, hatten ‹Klecksographie› gespielt», wenn man dem Medizinhistoriker Henri Ellenberger glauben darf.[39] Doch wie wird aus dem Kinderspiel

30 Ruth McEnery Stuart, Albert Bigelow Paine: *Gobolinks or Shadow-Pictures for Young and Old*, New York 1896, ix.

31 Ebd.

32 Rorschach: *Psychodiagnostik*, 15.

33 McEnery Stuart, Bigelow Paine: *Gobolinks*, ix.

34 Justinus Kerner: *Kleksographien. Mit Illustrationen nach den Vorlagen des Verfassers*, Stuttgart 1890, vi.

35 Ebd., vii.

36 Friedrich Weltzien: Von Cozens bis Kerner. Der Fleck als Transformator ästhetischer Erfahrung, in: Sonderforschungsbereich 626 (Hg.): *Ästhetische Erfahrung. Gegenstände, Konzepte, Geschichtlichkeit*, Berlin 2006, 1–15, hier 13.

37 Peter Geimer: Das Unvorhergesehene, in: Hans Belting (Hg.): *Bilderfragen. Die Bildwissenschaften im Aufbruch*, München 2007, 101–117, hier 114.

38 Vgl. Henry Fox Talbot: *The Pencil of Nature*, London 1844.

39 Henri Ellenberger: Leben und Werk Hermann Rorschachs (1884–1922), in: Kenowa W. Bash (Hg.): *Hermann Rorschach. Gesammelte Aufsätze*, Bern 1965, 19–69, hier 47.

ein psychometrisches Messinstrument? Wie wird Kontingenz in Normativität überführt? Und welche medialen Operationen sind an der Dienstbarmachung amorpher Klecksbilder als Wahrheitstechnologie beteiligt?

Test und Experiment

Tests wie derjenige in *The Dark Mirror* sind Entscheidungsmaschinen. Es geht darum, klare Unterscheidungen zu produzieren zwischen normal und deviant, gesund und wahnsinnig, schuldig und unschuldig. Solche Tests stehen mit Rheinberger gesprochen nicht am Anfang, sondern am Ende eines ganzen Experimentalsystems. Sie sind das Ergebnis von Stabilisierungsprozessen, die auf Bestimmtheit statt auf Mannigfaltigkeit abheben:

> Ein Einzelexperiment als der alles entscheidende Test einer deutlich umrissenen Vorstellung ist nicht die einfache, elementare Einheit der experimentierenden Wissenschaften. Das Gegenteil muß angenommen werden. Jeder einfache Fall ist die ‹Degeneration› einer grundsätzlich komplexen Situation.[40]

Rheinberger hat in diesem Zusammenhang auch von einer «Reinigungsprozedur» gesprochen, die das differierende Rauschen in Experimentalsystemen beseitigen muss, um zu stabilen *technischen* Anordnungen zu gelangen.[41] Im Gegensatz zu den epistemischen Dingen des Experimentalsystems sind technische Objekte «im Rahmen der Reinheits- und Präzisionsstandards einer Zeit und einer Disziplin von charakteristischer Bestimmtheit».[42] Experimentalsysteme sind «gebastelte Anordnungen» und ausgerichtet auf das kontinuierliche Auftreten neuer, unerwarteter Ereignisse.[43] ‹Gebastelt› meint bei Rheinberger ein spezifisches Verhältnis zwischen epistemischen Dingen und technischen Objekten, das noch keine Standardroutinen kennt und gerade dadurch unvorwegnehmbare Ereignisse hervorbringt: eine Wechselwirkung, «die ihrem Charakter nach nicht-technisch ist».[44] Unter Tests hingegen versteht Rheinberger technische Anordnungen («Technik beruht auf *Identität* in der Ausführung»[45]), sie sind auf die Repetition vertrauter Kategorien ausgelegt und machen genau das sichtbar, was innerhalb der endlichen Genauigkeit eines Testregimes und seines Klassifizierungssystems darstellbar ist. In diesem strengen Sinn produzieren Tests keine radikalen Diskontinuitäten mehr, sondern forcieren die bestehenden symbolischen Ordnungen. Daher eignen sie sich auch so gut als Machtinstrument, wie Michel Foucault am Beispiel der Prüfung gezeigt hat. In Tests «verknüpfen sich das Zeremoniell der Macht und die Formalität des Experiments, die Entfaltung der Stärke und die Ermittlung der Wahrheit».[46]

Zum Test wird ein Experimentalsystem nach Rheinberger dann, wenn es seine Ermöglichungsfunktion als «Generator von Überraschungen» aufgegeben hat.[47] «Sobald ein solches System sich auf sich selbst einschwingt, ist es nur noch zur Demonstration seiner selbst – als Test – fähig und hat seine Forschungsfunktion verloren.»[48] Als technisches Instrument ist ein Test dann

40 Rheinberger: Experimentalsysteme, 408.
41 Ebd.
42 Ebd., 409.
43 Ebd., 410.
44 Ebd., 409.
45 Hans-Jörg Rheinberger: *Experiment – Differenz – Schrift. Anmerkungen zur Geschichte epistemischer Dinge*, Marburg 1992, 71.
46 Michel Foucault: *Überwachen und Strafen. Die Geburt des Gefängnisses*, Frankfurt/M. 1977 [1975], 238.
47 Rheinberger: Experimentalsysteme, 410.
48 Hans-Jörg Rheinberger: *Spalt und Fuge. Eine Phänomenologie des Experiments*, Berlin 2021, 105.

in der Lage, Zuordnungen zwischen den detektierten Phänomenen einerseits und den etablierten Kategorien einer bestimmten Zeit und Disziplin andererseits vorzunehmen. Der Rorschachtest produziert Aufzeichnungen bestimmter Wahrnehmungs- und Auffassungsfunktionen und ordnet diese psychopathologischen Kategorien zu. Doch in seiner Einleitung zur *Psychodiagnostik* schickt Rorschach vorweg, dass sich die Tafeln gleichermaßen «als Forschungs-, wie als Prüfungstest» eignen:[49] Sie sollen also nicht nur der Repetition und Forcierung bestehender Kategorien dienen, sondern die Exploration neuer Zusammenhänge zwischen visueller Wahrnehmung und Psychopathologie ermöglichen. Rorschach nimmt damit eine erweiterte Differenzierung zwischen Experiment und Test vorweg, wie sie auch Rheinberger im Begriff des «exploratory testing» vorgeschlagen hat.[50] Test und Experiment, Demonstration und Exploration stellen demnach nur die Pole eines Spektrums voller Mischverhältnisse dar: «There is a point where experimenting and testing meet on the line between the poles.»[51]

Wenn ich nun aufzuzeigen versuche, wie aus Rorschachs Klecksen technische Objekte werden, ist dies auch eine Geschichte ihrer Verschiebung weg vom explorativen Forschungstest hin zum klassifizierenden Prüfungstest – und damit zu jener Entscheidungsmaschine, als die die Tafeln 25 Jahre nach ihrer Erstveröffentlichung in *The Dark Mirror* erscheinen. Die zunehmende Technisierung des Testapparats bedeutet jedoch kein Einrasten in der endlosen Wiederholung des Immergleichen. Sie erlaubt vielmehr die Integration des technischen Objekts in ganz neue, unvorhergesehene Prozeduren, die andere Differenzen und andere Subjektivierungsformen produzieren.

Testbilder von Testbildern

Hermann Rorschach, ab 1915 als Oberarzt in der psychiatrischen Heil- und Pflegeanstalt Herisau tätig, stößt ganz im Sinne eines Experimentalsystems «ungesucht, rein *empirisch*» auf die diagnostische Verwendung von Tintenklecksen.[52] Zwar hat er, offenbar von Kerner inspiriert, schon 1911 Versuche mit Tintenklecksen zur Fantasieprüfung bei Schulkindern angestellt. Doch erst in den Jahren 1917/18 laboriert er an jenen Klecksbildern, von denen schließlich eine Auswahl zur dauerhaften Versuchsgrundlage wird. Dutzende erhaltene Entwürfe auf unterschiedlichen Papierarten zeugen von der allmählichen Annäherung an die späteren Versionen.[53] Viele dieser ungenutzten Entwürfe sehen sich zum Verwechseln ähnlich und weisen nur geringfügige Unterschiede auf. Welche Kriterien oder Fragen Rorschachs Arbeit in dieser frühen Phase genau antreiben, ist nicht überliefert. Sicher ist nur, dass er die 1917 an der Universität Zürich vorgelegte Dissertation von Szymon Hens zur Kenntnis genommen hat, die bereits über Klecksdeutungen als Hilfsmittel zur «Feststellung einer schwierigen Diagnose» spekuliert.[54] Für Rorschach steht fest, dass sich die vermeintlichen Zufallsformen gerade aufgrund ihrer

49 Rorschach: *Psychodiagnostik*, 13.
50 Hans-Jörg Rheinberger: On Testing, in: Viktoria Tkacyk, Mara Mills, Alexandra Hui (Hg.): *Testing Hearing. The Making of Modern Aurality*, New York 2020, 341–357, hier 352.
51 Ebd.
52 Rorschach: *Psychodiagnostik*, 115.
53 Vgl. Hermann Rorschach: *Inkblots for possible use*, Universitätsbibliothek Bern, Archiv Hermann Rorschach, Rorsch HR 3:3:1.
54 Szymon Hens: *Phantasieprüfung mit formlosen Klecksen bei Schulkindern, normalen Erwachsenen und Geisteskranken*, Zürich 1917, 64.

strukturellen Bedeutungsoffenheit für die Anwendung in der Psychiatrie eignen. Versuche mit eigenen Patient*innen zeigen, dass auch misstrauische Versuchspersonen auf die Tafeln ansprechen und die Deutung nur selten verweigert wird. Mehr noch: Als scheinbar «kulturfreie Bilder»[55] versprechen die Kleckse eine universelle Anwendbarkeit unabhängig von Bildung, Repräsentationskenntnissen, kultureller Erfahrung oder Gedächtnisleistung der Versuchsperson. Die Tafeln testen keine angelernten Fertigkeiten, sondern spontane Wahrnehmungsmodi und erlauben so gleichsam einen Schnappschuss subjektiver Sinnstiftungsprozesse als Index verborgener Persönlichkeitsstrukturen. Nach Monaten der Datenerhebung ist sich Rorschach sicher, ein Problem gelöst zu haben, das zu dieser «testhungrige[n] Zeit»[56] seine ganze Zunft beschäftigt:

> Die ganze Literatur ist voll von Wünschen und Tendenzen, wie man solche Untersuchungen gestalten könnte. [...] In Deutschland u. England u. Amerika macht man mit psychotechnischen Prüfungen viel Wesens, u. man stellt bald keinen Strassenbahner mehr an, ehe man mit ihm derlei Versuche gemacht hat. Alle aber klagen darüber, dass man bei solchen Prüfungen immer dadurch irregeleitet werde, dass der Prüfling mit Hilfe seines Gedächtnisses oder gewissen Vorübungen ein ganz gutes Examen macht u. dann in Wirklichkeit doch nur seine Uebungsfähigkeit u. sein Gedächtnis geprüft worden sei, nicht aber seine eigentliche organische Begabung, die eigentliche Natur seines Könnens. Hier sollte mein Versuch neue Wege auftun.[57]

Entscheidend für den diagnostischen Erfolg der Kleckse ist die Konstruktion von Kontingenz als Voraussetzung ästhetischer Voraussetzungslosigkeit. Die simulierten Tintenkleckse müssen eine Reihe empirisch ermittelter Anforderungen erfüllen, um signifikante Ergebnisse zu produzieren, dürfen die Versuchsfaktoren aber auch nicht unnötig verkomplizieren. Ihrer Formfindung gehen unzählige Versuche mit experimentellen Testapparaten voraus, die immer wieder modifiziert und aktualisiert werden. Rorschach experimentiert mit verschiedenen Zusammensetzungen von Tinte und Papier, um eine spezifische «Struktur der Zerfliessung» zu erreichen.[58] Diese Struktur darf weder zu einfach noch zu ‹zerrissen›[59] sein, weder zu eindeutig noch zu verrauscht. Mit Richard Wollheim könnte man sagen, die Bilder besetzen «a half-way house to representation»:[60] Sie sollen zwar nicht *nichts*, zugleich aber *nichts Bestimmtes* darstellen:

> The efficacy of these simulated ink-blots as diagnostic tests depends upon the satisfaction of two conditions: that it is possible to see something in them, but that nothing, no one thing, has a stronger claim to be seen there than anything else.[61]

Für dieses Oszillieren zwischen Konkretion und Unbestimmtheit erweist sich laut Rorschach die symmetrische Gestaltung («mit ganz geringen Abweichungen zwischen den beiden Hälften») als förderlich, verleiht sie den Figuren doch «einen Teil der notwendigen Rhythmik».[62] Asymmetrische Bilder hingegen werden von einem großen Teil der Versuchspersonen als «einfache Kleckse»

55 Den Begriff verdanke ich dem Titel eines angekündigten Sammelbandes von Claus Pias (Hg.): *Kulturfreie Bilder. Erfindungen der Voraussetzungslosigkeit*, Berlin (im Erscheinen).
56 Brief von Hermann Rorschach an Georg A. Roemer, 23.5.1921, in: ders.: *Briefwechsel*, ausgew. u. hg. v. Christian Müller, Rita Signer, Bern 2004, 336.
57 Brief von Hermann Rorschach an seinen Bruder Paul, 27.9.1920, Universitätsbibliothek Bern, Rorsch HR 2:1:17.
58 Vgl. Rorschach in einem Brief an den Julius-Springer-Verlag vom 9.3.1920, Universitätsbibliothek Bern, Rorsch HR 2:1:19:6.
59 Vgl. Rorschach: *Psychodiagnostik*, 48.
60 Richard Wollheim: *Painting as an Art*, London 1987, 50.
61 Ebd.
62 Rorschach: *Psychodiagnostik*, 15.

abgelehnt.[63] Die vertikale Spiegelung schafft außerdem gleiche Bedingungen für Rechts- wie für Linkshänder*innen, wie Rorschach mit Bezug auf das Hemisphärenmodell betont. «[D]urch sie scheint ferner manchen Gehemmten und Gesperrten die Reaktion erleichtert zu werden. Schließlich befördert die Symmetrie das Deuten ganzer Szenen.»[64]

Der auf diese Weise ermittelte Testapparat liegt spätestens im Sommer 1918 als Prototyp vor und wird später zur Vorlage für die technische Reproduktion. Bis der Test 1921 in Serie geht, existieren die Tafeln jedoch nur in einer einzigen Ausführung: als Set von Originalen. Dieser Umstand beschränkt einerseits die Möglichkeit der Datenerhebung für die weitere Verfeinerung der Methode:

> Was die Gesamtzahl [der Versuchsbefunde] betrifft, so musste, bevor die Tafeln gedruckt waren, die Zahl der Versuche schon dadurch begrenzt sein, dass das Aussehen der Tafeln nach ihrem Weg durch die Hunderte von Händen zu leiden anfängt.[65]

Andererseits gestaltet sich auch die Suche nach einem Verlagshaus für die Reproduktion schwierig: Als etwa der Julius-Springer-Verlag die Tafeln für eine unverbindliche Druckkostenofferte zur Begutachtung anfordert, teilt Rorschach in seinem Antwortschreiben mit: «Ich habe Bedenken, meine Originaltafeln der Post anzuvertrauen» – und schickt stattdessen zehn Nachahmungen, die in Form und Farbigkeit ungefähr den Originalen entsprechen.[66] Bereits vor ihrer seriellen Reproduktion zirkulieren also Platzhalter anstelle der Originale gleichsam als Testbilder von Testbildern: Als repräsentative Samples testen sie die Möglichkeiten der Übertragung und Vervielfältigung von Tafeln, die wiederum die «*Funktion* der Wahrnehmung und Auffassung» ihrer Betrachter*innen testen.[67]

Die Gestaltung der Gestaltlosigkeit

Mehrere Versuche, das Testverfahren mit ersten empirischen Befunden zu seiner Anwendung in internationalen Fachzeitschriften unterzubringen, scheitern an der adäquaten Reproduktion der Tafeln. Schließlich erhält Rorschach das Angebot, die Arbeit inklusive Testapparat als Monografie in der Reihe *Arbeiten zur angewandten Psychiatrie* im Verlag Ernst Bircher zu publizieren. Schon beim Vertragsabschluss zeichnet sich ab, mit welcher Rigorosität Rorschach die Reproduktion seiner Tafeln überwachen wird. Damit sich die gedruckten Testbilder zur praktischen Anwendung eignen, fordert er die vertragliche Beschränkung des Skalierungsmaßstabs:

> Die Verkleinerung darf auf keinen Fall mehr als einen Sechstel betragen, sonst wird nicht nur eine regelrechte Nachprüfung verhindert, sondern der ganze Apparat wird in seiner Brauchbarkeit fraglich. Es handelt sich ja nicht darum, die Arbeit zu illustrieren, sondern darum, dass jeder, der die Arbeit überhaupt versteht, mit diesen Tafeln Versuche machen kann.[68]

63 Ebd.
64 Ebd.
65 Ebd., 20.
66 Rorschach in einem Brief an den Julius Springer Verlag vom 9.3.1920, Universitätsbibliothek Bern, Rorsch HR 2:1:19:6.
67 Rorschach: *Psychodiagnostik*, 19.
68 Brief von Hermann Rorschach an Ernst Bircher, 19.5.1920, Universitätsbibliothek Bern, Rorsch HR 2:1:18:11.

Abb. 5 Fahnenabzug der Tafel IV des Rorschachtests mit handschriftlichen Korrekturen von Hermann Rorschach, 1920

Hier bestätigt sich, was schon die Festlegung der maximalen Betrachtungsdistanz gezeigt hat: Die körperlich erfahrene Größe der Tafeln im Verhältnis zur Betrachter*in ist laut Rorschach für den Versuchsverlauf entscheidend. Die Tafeln sind als *immutable mobiles* im Sinne Bruno Latours zwar hochmobil, aber nur begrenzt skalierbar und erfordern ein «thinking with eyes and hands».[69]

Neben der Skalierung werden auch alle anderen Aspekte der Reproduktion genau überwacht. Im Laufe der Jahre 1920/21 prüft Rorschach wiederholt Probedrucke und gibt genaue Anweisungen zur Kräftigkeit der Farben, zur Positionierung der Kleckse auf den Tafeln, zur Ausrichtung der Symmetrieachsen und zur Detailtreue in der Wiedergabe. Dabei muss er gelegentlich präzisieren, welche Elemente als bildhafte überhaupt zu reproduzieren sind: «Auch die kleinen Farb- und Tintenspritzer, z.B. seitlich von der Figur der Tafel I […] dürfen nicht fehlen. Es gibt Versuchspersonen, die mit Vorliebe gerade diese winzigsten Bildteile deuten, eine Eigenschaft, die diagnostisch recht wichtig ist.»[70] Außerdem bemängelt er in handschriftlichen Anmerkungen auf den Testdrucken kleinste Unebenheiten im Farbauftrag und beschwert sich über «weisse Stippeln, die die Silhouette zu stark beeinflussen».[71] Als mikroskopische Spuren des Druckverfahrens gefährden diese Artefakte die Lesbarkeit der Kleckse als Zufallsformen. Die echte Kontingenz technischer Fehlleistungen bedroht die simulierte Kontingenz der Klecksbilder.

Rorschach überlässt nichts dem Zufall, um die massenhaft reproduzierten Tafeln so zufällig wie möglich aussehen zu lassen. Die Unterdrückung jeder

69 Bruno Latour: Visualisation and Cognition: Drawing Things Together, in: Henrika Kuklick (Hg.): *Knowledge and Society Studies in the Sociology of Culture Past and Present*, Bd. 6, 1986, 1–40, bruno-latour.fr/sites/default/files/21-DRAWING-THINGS-TOGETHER-GB.pdf (12.7.2023).

70 Brief von Hermann Rorschach an Ernst Bircher vom 29.5.1920, in: ders.: *Briefwechsel*, 229.

71 Galley proofs of plates I to VII and X with handwritten corrections by H. Rorschach, Universitätsbibliothek Bern, Rorsch HR 3: 3:7.

Abb. 6 Darstellung eines Gruppen-Rorschachtests aus dem *Life*-Artikel «Personality Tests. Ink blots are used to learn how people's minds work», 7.10.1946

Spur von Autorschaft oder Intentionalität macht selbst vor den äußersten Rändern der Tafeln nicht halt. So lehnt Rorschach einen gedruckten Rahmen für die Tafelblätter strikt ab, der in der Weiterverarbeitung den Zuschnitt erleichtern sollte:

> Schliesslich brauchte nur auf einzelnen Tafeln das gedruckte Rändchen nicht ganz haargenau zu sein (infolge des Schneidens der Blätter) oder beim Einfassen noch da und dort sichtbar bleiben, so wäre damit auf der Tafel schon wieder ein kleines Stücklein Absichtlichkeit zu sehen, und es gibt Schizophrene, die auf das kleinste Stücklein Absichtlichkeit schon negativ reagieren.[72]

Die Gestaltung der Gestaltlosigkeit informiert jeden Aspekt der Testbilder: von ihrer manuellen Ermittlung bis hin zu ihrer massenhaften Reproduktion, von der experimentellen Formfindung bis zur drucktechnischen Standardisierung und Vervielfältigung. Aus Rorschachs Korrespondenz im Vorfeld der Publikation wird ersichtlich, wie die Kleckse ihre endgültige Form erst im Zuge ihrer technischen Reproduktion erhalten. Die Tafeln, wie sie bis heute «under strict quality controls» vertrieben werden, «ensuring that they have precisely the same appearance as when Hermann Rorschach himself oversaw their printing»,[73] haben vor ihrer massenhaften Vervielfältigung gar nie existiert. An der mehrmonatigen Redaktion der Probedrucke zeigt sich vielmehr, was unter medientechnischen Bedingungen immer schon Sache ist: «Nicht einmal Kontingenz ist einfach da, sondern muss erst produziert werden».[74]

Veränderliche Testregimes

Rorschachs Redaktion der Probedrucke lässt sich als ‹Reinigungsprozedur› bezeichnen, wie sie nach Rheinberger für technische Objekte in Testanordnungen typisch ist.[75] Ein Objekt ist dann als technisches stabilisiert, wenn es von den Zufällen und Willkürlichkeiten seiner Konstruktionsarbeit bereinigt ist und völlig in seiner Funktionalität aufzugehen scheint. Je gründlicher diese Reinigung von seiner eigenen unentrinnbaren Historizität, je technischer also dieses Objekt, desto eher wird es paradoxerweise naturalisiert: Es erscheint in seiner Konstruktionsweise ebenso voraussetzungs- wie alternativlos und damit auch entpolitisiert. Das ‹reine› technische Objekt erscheint frei von einer Autor*innenschaft, die auf kontingente Entwürfe und ihre kulturellen Voraussetzungen verweist.

Rorschachs Tafeln sollen Bilder ohne Gedächtnis und Geschichte sein. Ohne Gedächtnis, weil sie über keine stabilen Referenten verfügen, sondern

72 Brief von Hermann Rorschach an Walter Morgenthaler, 18.4.1921, in: ders.: *Briefwechsel*, 323.

73 Ankündigung der *Rorschach® Test Centenary Edition* auf der Website des Verlags: www.hogrefe.com/de/shop/rorschach-centenary-edition.html (15.2.2023).

74 Ute Holl: Medientheorie [oder, und, trotz] Kulturtechnikforschung, in: *Texte zur Kunst. Media*, Nr. 98, Juni 2015, 81–88, hier 83.

75 Vgl. Rheinberger: Experimentalsysteme, 408.

Abb. 7 *The Dark Mirror* (Regie: Robert Siodmak, USA 1946), Screenshot

immer neue Konfigurationen eingehen; ohne Geschichte, weil sie in ihrer dynamischen Unbestimmtheit einen ahistorischen Blick adressieren und utopische Voraussetzungslosigkeit behaupten. Gleichwohl haben sie eine Geschichte und sind mit einem spezifischen Wissen ihres Gebrauchs verbunden, das im Gegensatz zur visuellen Struktur der Tafeln immer schon historischen Diskontinuitäten unterworfen ist.

The Dark Mirror hat das veränderliche Testregime auf dem Schirm, wenn er die Tintenkleckse nicht nur als Testanordnung in der Filmhandlung inszeniert. Variationen von Rorschachtafeln umrahmen die Diegese auch paratextuell: Vor- und Nachspann sind hinterlegt mit leinwandfüllenden Klecksbildern, die wir zur Musik von Dimitri Tiomkin im Einzelnen durchgehen können. Durch weiche Überblendung gehen diese Testbilder ineinander über, zerfließen mit jedem Titelwechsel und formieren sich neu. 1946 ist das in US-amerikanischen Kinos mehr als eine grafische Spielerei. Ein Jahr nach Kriegsende wecken symmetrische Tintenkleckse auf Großleinwand Erinnerungen. Das US-Publikum hat damit schon bei der großen Mobilmachung seine Erfahrungen gemacht:

> As is now common knowledge, the Group Rorschach Technique involves presentation on the Rorschach blots in the form of slides in a semidarkened room, which may accommodate, provided all seats are centrally located, as many as several hundred persons. A three-minute time interval is allotted for presentation of each slide, and the subjects write down a full description of the things they see in the blot. Following the initial presentation the slides are repeated to allow for various types of inquiries, depending on the preferences of the examiner.[76]

Die Titelgestaltung reinszeniert präzise jene *mass screenings*, die 1940 erstmals im Rekrutierungsverfahren der US Army administriert werden und unter dem Selective Training and Service Act bald zur Standardprozedur gehören. Die Rorschachtafeln werden den Wehrpflichtigen nicht mehr zur individuellen Betrachtung in die Hand gegeben, sondern als Lichtdias vor mehreren hundert Personen projiziert. Die schriftlichen Antworten müssen anfangs noch von erfahrenen Spezialist*innen verrechnet und ausgewertet werden, bis die Blanko-Antwortbögen schließlich maschinell verarbeitbaren Multiple-Choice-Formularen weichen. Abgesehen von den zehn Testbildern, die nun fotografisch reproduziert und hochskaliert an die Wand geworfen werden, ist vom ursprünglichen Formdeutversuch nicht mehr viel übrig. Aus den soliden, mit Händen zu greifenden Tafeln sind entmaterialisierte Projektionen geworden. Die Routinen des Deutens und Beschreibens weichen der Selektion vorprogrammierter Optionen.

76 M. R. Harrower: Group Techniques for the Rorschach Test, in: Lawrence E. Abt, Leopold Bellak (Hg.): *Projective psychology. Clinical approaches to the total personality*, New York 1950, 146–184, hier 146 f.

> In this new multiple-choice test we have, in a sense, departed so far from the essence of what Rorschach intended in the spontaneous description of responses that it is probably fairest to both parties to consider it as an entirely different procedure, rather than a further modification of Rorschach's method.[77]

Die Kleckse sind in eine völlig neue Prozedur eingegangen. Als Remediatisierung einer Invarianz sind sie wieder zu technischen Objekten in einer Anordnung geworden, die auf die Produktion neuer Unterscheidungen zielt: Es geht nicht mehr um die Beurteilung komplexer Persönlichkeitsstrukturen, sondern schlicht um die Differenz tauglich/untauglich. Die Testbilder mögen stabil geblieben sein, die Koordinaten ihrer Verwendung hingegen haben sich fortwährend verschoben und auf neue Anforderungen eingestellt. «Tests are generative, they stimulate further testing, not only as *experimental or test regress* in the same modality, but involving *diverse modalities* of knowing, valuing, and acting.»[78] Vom Ende des Testens wagt nur das Kino zu träumen.

77 M. R. Harrower-Erickson: A Multiple Choice Test for Screening Purposes (For Use with the Rorschach Cards or Slides), in: *Psychosomatic Medicine*, Bd. 5, Nr. 4, 1943, 331–341, hier 331.

78 Noortje Marres, David Stark: Put to the test: For a new sociology of testing, in: *The British Journal of Sociology*, Bd. 71, 423–443, hier 425.

GABRIELE SCHABACHER / SOPHIE SPALLINGER

TESTS ALS MEDIEN DER GEWÖHNUNG

Pilotversuche am Bahnhof

Bahnhöfe sind öffentliche Orte der Zirkulation und Vermischung. In den großen Personenbahnhöfen der Metropolen treffen verschiedene Verkehrsströme und Mobilitätssysteme, Menschen und Medien aufeinander. Hier werden nationale und internationale, regionale und innerstädtische Transfers organisiert, Umstiege zwischen verschiedenen Transportsystemen (Bahn, Bus, Tram, U-Bahn, Fahrrad, E-Scooter, Taxi) vermittelt, aber auch der Aufenthalt eines hinsichtlich Geschlecht, Ethnie, Schicht, Alter etc. diversen Personenensembles ermöglicht. Als derartig frequentierte Knoten- und Kreuzungspunkte erfordern Bahnhöfe Regulierungsmaßnahmen, die Praktiken der Ordnung und Kontrolle etablieren, um den reibungslosen Betrieb zu gewährleisten. «Die Verkehrsfunktion findet im Bahnhof […] auf eine weit unmittelbarere Weise ihren architektonischen Ausdruck als in den übrigen Bautypen der Eisenarchitektur», betont bereits Wolfgang Schivelbusch mit Blick auf die urbane Spezifik des historischen Bahnhofs, denn «während in Markthallen, Ausstellungshallen, Passagen, Kaufhäusern etc. der Warenverkehr sich sozusagen im Stillstand der Lagerung bzw. Präsentation befindet, findet im, nein *durch* den Bahnhof der Verkehr in actu statt, als Strom der Reisenden von und zu den Zügen».[1]

Zustände der Unreguliertheit, also der Unordnung und Unübersichtlichkeit, werden dabei als potenzielle Gefahr für den bahnbetrieblichen Funktionszusammenhang begriffen, der es in Form von Sicherheitsbemühungen zu begegnen gilt. Insofern ist es kein Zufall, wenn Bahnhöfe (neben anderen öffentlichen Orten) seit den 1990er Jahren vermehrt mit Videoüberwachung ausgestattet werden und dabei in den letzten zehn Jahren auch KI-basierte Systeme in den Fokus rücken. Da derartige Systeme aufgrund der in Deutschland geltenden Datenschutzbestimmungen im Regelbetrieb nicht eingesetzt werden dürfen, muss ihr Mehrwert für eine Regulierung und Kontrolle öffentlicher Orte in Testsituationen nachgewiesen werden. Vor diesem Hintergrund befragt der folgende Beitrag realweltliche Testsettings am Bahnhof auf

1 Wolfgang Schivelbusch: *Geschichte der Eisenbahnreise. Zur Industrialisierung von Raum und Zeit im 19. Jahrhundert*, Frankfurt/M. 2004 [1977], 153, Herv. i. Orig.

die hier zum Ausdruck kommende Relation zwischen der lokalen Örtlichkeit, der Infrastrukturierung von Tests sowie den damit verbundenen Versprechen und Gewöhnungsprozessen. Dabei gehen wir in fünf Schritten vor: Zunächst skizzieren wir leitende Konzepte, die für unser Testverständnis maßgeblich sind (*real-world testing*, *testing the user*, *problem-making prototypes*), um dann das Test-Projekt *Zukunftsbahnhof* vorzustellen, das die Deutsche Bahn seit 2013 an verschiedenen Standorten betreibt. In den nächsten beiden Schritten stehen konkrete Tests im Vordergrund, die sich einerseits mit Marktforschungs- und Werbeinteressen verbinden (Umgebungsverschönerung am S-Bahnhof Offenbach Marktplatz und digitaler ‹Mitmach-Sommer› am Hauptbahnhof Münster) und andererseits auf Sicherheitsfragen zielen (Berlin Südkreuz). Das abschließende Fazit skizziert drei medienwissenschaftlich relevante Hinsichten auf *real-world testings* am Bahnhof: erstens die Dimension infrastrukturell-environmentaler Gewöhnung an bestimmte Produkte und Services durch deren Bewerbung und probeweise Implementierung im Sinne eines umfassenden Test-Regimes, zweitens die temporale Dimension einer stetigen Anlagerung von Test-Geschichten, was in Realwelt-Settings zu einem Nebeneinander von alten und neuen Tests führt, und drittens die atmosphärisch-emotionale Ebene des Testens, die jene Versprechen generiert (etwa das erhöhte ‹Sicherheitsgefühl›), welche die Tests in der Folge wiederum einlösen sollen. Tests erweisen sich damit gleichermaßen als Materialisierungen von Versprechen und als Medien der Gewöhnung.

I. Was testen Tests? Realwelt-Setting, Nutzer*innen und Prototypen

Um zu verstehen, wie realweltliche Testsettings funktionieren, wollen wir zunächst ganz basal danach fragen, was ein Test tut. Bereits die Etymologie gibt erste Hinweise auf eine mögliche Differenzierung. Das *Oxford English Dictionary* gibt für das Verb *to test* folgende Bedeutungen an: «To subject to a test of any kind; to try, put to the proof; to ascertain the existence, genuineness, or quality of».[2] Dabei sind Prüfen, Versuchen bzw. Unter-Beweis-Stellen sowie Feststellen sehr unterschiedliche Tätigkeiten. Während beim *Prüfen* eine Sache oder eine Person einem Test unterzogen wird, also die Sache oder Person auf etwas Drittes hin *über*prüft werden, das standardisiert vorgegeben wird, geht es beim *Versuchen* um eine offenere Form des Ausprobierens; das *Feststellen* von Eigenschaften und Qualitäten wiederum hat stärker den Charakter eines Beweises. Entsprechend gibt das *Oxford English Dictionary* für das zugehörige Nomen *test* die Bedeutung «examination, trial, proof» an,[3] also Prüfung, Versuch und Beweis.

Systematisch lassen sich hier drei Formen des Testens im Hinblick darauf unterscheiden, als wie stabil der Gegenstand bzw. das Verfahren des Tests jeweils vorausgesetzt wird: Während beim Prüfen ein mehr oder minder stabiles Objekt (Sache oder Person) zum Gegenstand eines mehr oder minder stabilen

2 Test, v.2, in: *OED Online*, Online-Eintrag zuletzt bearbeitet September 2022, oed.com/view/Entry/199681 (6.3.2023).

3 Test, n.1., in: *OED Online*, Online-Eintrag zuletzt bearbeitet Dezember 2022, oed.com/view/Entry/199677 (6.3.2023).

Verfahrens wird (Leistungstest, Crashtest), wird beim Feststellen bzw. Beweisen durch ein definiertes Verfahren ein noch unklarer Gegenstand in eine stabile Form überführt (Forensik); beim Ausprobieren handelt es sich um einen mit Blick sowohl auf den Gegenstand wie auch das Verfahren offeneren Prozess (oft in realweltlichen Testsituationen). In allen drei Fällen geht es damit um Prozesse der Stabilisierung (von Entitäten): Während das Prüfen ein stabilisiertes Objekt auf die Probe stellt und das Beweisen bzw. Feststellen Objektreferenzen generiert, ist das Testen im Sinne des Ausprobierens damit beschäftigt, das Objekt des Tests zuallererst *herzustellen*.

Doch nicht nur systematisch lassen sich verschiedene Formen des Testens unterscheiden. Noortje Marres und David Stark markieren auch historische Unterschiede, wenn sie betonen, wir seien gegenwärtig mit dem Phänomen eines «continuous, ubiquitous testing» konfrontiert;[4] getestet werde nicht mehr *in* bestimmten gesellschaftlichen Settings, sondern «*real-world testings*» würden Gesellschaft selbst zum Testobjekt machen: «[T]ests are not just *in society* but are tests *of society*.»[5] Vor diesem Hintergrund fordern Marres und Stark eine «*new sociology of testing*».[6] Diese soll das technologische Testen und das soziologische Experimentieren in einen wechselseitigen Austausch bringen und insbesondere der Datafizierung dieser Prozesse Rechnung tragen.[7] Mit Blick auf die zu analysierenden Bahnhofstests scheint es uns darüber hinaus sinnvoll, auf einige Überlegungen von Trevor Pinch zurückzukommen. Pinch unterscheidet zeitliche Vektoren des Testens – *retrospektives Testen* zur Fehlersuche bei Unfällen und Fehlfunktionen, *gegenwärtiges Testen*, um die Einsatzbereitschaft von Komponenten zu überprüfen (etwa ein Soundcheck beim Konzert), sowie *prospektives Testen* im Vorfeld der Einführung eines Produkts – und behauptet, Testverfahren würden durch Projektion Ähnlichkeitsbeziehungen herstellen: zwischen Gegenwärtigem und Zukünftigem bzw. Vergangenem, zwischen Besonderem und Allgemeinem, zwischen Kleinem und Großem.[8] Ob zwischen Testfall und tatsächlicher Anwendung allerdings wirklich eine Ähnlichkeit besteht, ist Pinch zufolge strittig, weshalb ein und dasselbe Testergebnis als Beleg sowohl für den Erfolg eines Tests wie auch für seinen Misserfolg angesehen werden kann, was zeige, «how the outcome of tests can be treated as a matter of politics and social negotiation».[9] Eine derart politische Dimension ist auch für die in diesem Beitrag untersuchten Bahnhofstests von Bedeutung, da ihr Erfolg ebenfalls umstritten ist. Zwar bezeichnet die Deutsche Bahn ihre Tests regelmäßig als erfolgreich, die erzielten Ergebnisse bestätigen das jedoch eigentlich nicht. Als Erfolg gewertet wird hier vielmehr schon, dass der Test überhaupt durchgeführt wurde. Aber noch auf einen weiteren Punkt macht Pinch aufmerksam, der für die Bahnhofskonstellationen wichtig werden wird. Ein Technologietest testet nie allein Maschinen, Techniken, Systeme oder Software, sondern immer auch die potenziellen Nutzer*innen. Je wichtiger die Kooperation der Nutzer*innen für das korrekte Funktionieren einer Technologie sei, desto mehr muss sie in Realwelt-Settings – «*in vivo*» – getestet

4 Noortje Marres, David Stark: Put to the Test: For a New Sociology of Testing, in: *The British Journal of Sociology*, Jg. 71, 2020, 423–443, hier 432.

5 Ebd., 425. Eine ähnliche Position beziehen Franziska Engels u. a.: Testing Future Societies? Developing a Framework for Test Beds and Living Labs as Instruments of Innovation Governance, in: *Research Policy*, Bd. 48, Nr. 9, 2019, 3, doi.org/10.1016/j.respol.2019.103826.

6 Ebd., 428.

7 Vgl. ebd., 436.

8 Vgl. Trevor Pinch: «Testing-One, Two, Three ... Testing»!: Toward a Sociology of Testing, in: *Science, Technology, & Human Values*, Bd. 18, Nr. 1, 1993, 25–41, hier 28 f., doi.org/10.1177/016224399301800103.

9 Ebd., 33.

Abb. 1 Grafik der DB-Pressemeldung Projekt Zukunftsbahnhof, 2020 (nachgebaut)

werden.[10] Anders als beim Testen von Materialkomponenten werden etwa bei Computerprogrammen Erfolg oder Misserfolg aber nicht ausgehandelt, vielmehr bleibt das Verhalten von Nutzer*innen in den Programmierungen von Software implizit (wie die darin eingehenden kulturellen Vorannahmen), also geblackboxt.[11]

Diese Überlegungen können bezogen auf die zu diskutierenden Bahnhofstests in mehrfacher Hinsicht weiterhelfen: Erstens lässt sich mit Marres und Stark festhalten, dass es sich um *real-world testings* handelt, die einer gouvernementalen Logik folgen. Zweitens ist mit Pinch zu betonen, dass das Testen von Technologien immer auch ein *testing the user* impliziert, also dass das Aufgreifen von in bestimmten Settings, Technologien oder Softwares geblackboxten Vorannahmen dazu beiträgt, was als richtiges Verhalten zu gelten hat. Und noch ein Drittes lässt sich hinzufügen, wenn man Forschungen der Critical Security Studies einbezieht. Das Politische der von Pinch beschriebenen Aushandlung, ob ein Test als Erfolg oder Misserfolg zu gelten hat, lässt sich im Fall des *urban prototyping*, also der testweisen Materialisierung einer Idee oder eines Konzepts, auch darauf beziehen, dass bereits «design, dramaturgy and *mise en scène*» als Resultate des Tests und insofern als Erfolge zählen[12] – wie im Fall der Deutschen Bahn –, weshalb zwischen «problem-validating prototypes» und «problem-making prototypes» zu unterscheiden sei.[13] Dabei werden insbesondere digitale Technologien stets als ultimative Problemlösungen eingeführt,[14] die bestehende Sicherheitsprobleme beheben sollen, de facto allerdings zumeist scheitern und bestenfalls «learning opportunities» darstellen.[15]

Vor diesem Hintergrund sieht der vorliegende Beitrag die Einführung neuer (Digital-)Technologien am Bahnhof stets als Komplexitätszuwachs, der das *entanglement* der ohnehin schon beteiligten Entitäten (Personen, Geräte, Organisationsvorschriften, Technologien, Umgebungsvariablen) weiter verdichtet. Da die entsprechenden Tests trotz ihrer zum Teil schlechten Performance nicht als Misserfolge verstanden werden, möchten wir der Frage genauer nachgehen, was bei solchen Tests eigentlich getestet wird, mit welchen Diskursen und Bildern sie verbunden werden und welche Effekte dies auf die Umgebung und die Nutzer*innen hat. Im Sinne einer kulturwissenschaftlichen Infrastrukturanalyse verstehen wir Testsettings als «sozio-technisch-*diskursive*» Netzwerke von Entitäten.[16] Dies bedeutet, die Materialität und Operativität von Bahnhöfen sind ebenso zu berücksichtigen wie die begleitenden Diskurse in der Presse und auf den Websites der beteiligten Unternehmen.

10 Ebd., 35 f. Herv. i. Orig.
11 Vgl. ebd., 37.
12 Martín Tironi: Prototyping Public Friction: Exploring the Political Effects of Design Testing in Urban Space, in: *The British Journal of Sociology*, Jg. 71, 2020, 503–519, hier 504, doi.org/10.1111/1468-4446.12718.
13 Ebd., 516.
14 Vgl. Evgeny Morozov: *To Save Everything, Click Here. The Folly of Technological Solutionism*, New York 2013.
15 Rivke Jaffe, Francesca Pilo': Security Technology, Urban Prototyping, and the Politics of Failure, in: *Security Dialogue*, Bd. 54, Nr. 1, 2023, 76–93, hier 88, doi.org/10.1177/09670106221139770.
16 Gabriele Schabacher: *Infrastruktur-Arbeit. Kulturtechniken und Zeitlichkeit der Erhaltung*, Berlin 2022, 21, Herv. d. Verf.

Abb. 2 Willkommen-Kampagne der DB, Berlin Südkreuz, 2022 (Foto: Sophie Spallinger)

Wenn also Tests in Bahnhöfen stattfinden, dann machen sie sich stets auch eine Infrastruktur zunutze, die auf *embeddedness* und *transparency* sowie die selbstverständliche Nutzung durch Bahnreisende im Horizont alltäglicher Mobilitätszwecke ausgelegt ist. Deshalb geht es, wie wir zeigen wollen, weniger um den Beweis funktionierender Technik, auch wenn das immer wieder behauptet wird, sondern um ein Moment der Gewöhnung bzw. der *Gewöhnbarkeit*.

Wir verstehen darunter einen Effekt der Naturalisierung von Infrastrukturen, der sie durch die Selbstverständlichkeit ihrer Nutzung in den Hintergrund treten und so ihre Situiertheit in einer Art kollektivem Vergessen verschwinden lässt.[17] Bei den von uns untersuchten realweltlichen Testsettings handelt es sich um Umgebungen, die im Rahmen von Alltagspraktiken regelmäßig genutzt werden: Man sucht den Bahnhof auf, um von A nach B zu gelangen, zur Arbeit zu pendeln etc. Unsere These ist, dass die Tests dieses Moment aufgreifen und de facto prüfen, ob sich die Nutzer*innen an das Testsetting gewöhnen, ohne dass sich alltagspraktischer Widerstand regt. Die Tests vertrauen also der Anpassungswirkung von Gewöhnungsprozessen: «Die Gewohnheit deckt alle Phänomene wie eine Wattedecke zu, sie rundet alle Ecken der unter ihr gelagerten Phänomene ab, so daß ich mich nicht mehr an ihnen stoße, sondern mich ihrer blindlings bediene.»[18] Nicht ob eine bestimmte App, Videotechnik oder Baumaßnahme funktioniert, ist dann der entscheidende Punkt, sondern dass sie als Teil der Bahnhofsinfrastruktur akzeptiert wird.[19] So gesehen lassen sich realweltliche Testsettings als gouvernementale Machttechniken verstehen, als «a new form of administration and a redistricting of bodies and information into new global configurations»,[20] die mit «Strategien subtiler Verhaltenslenkung»[21] einhergehen und so Individuen zu einer Form habitueller Zustimmung bewegen, ohne eine Frage auszusprechen.

II. Zukunftsbahnhof

Für den Betrieb der rund 5.400 bundesdeutschen Bahnhöfe ist seit 1999 die DB Station&Service AG zuständig, ein Tochterunternehmen der Deutschen Bahn. Da Fragen der Kundenzufriedenheit seit den 2010er Jahren auch für Bahnhöfe zunehmend in den Blick rückten und der erwirtschaftete Umsatz maßgeblich von der Zahl der Stationshalte sowie den Einnahmen aus der Vermietung von

17 Vgl. Geoffrey C. Bowker, Susan Leigh Star: *Sorting Things Out. Classification and its Consequences*, Cambridge (MA), London 1999, 298 f.

18 Vilém Flusser: Wohnung beziehen in der Heimatlosigkeit. (Heimat und Geheimnis – Wohnung und Gewohnheit), in: ders., *Bodenlos. Eine philosophische Autobiographie*, Düsseldorf, Bensheim 1992, 247–272, hier 262.

19 Wir gehen hier von einem Verständnis von Gewohnheit aus, das sich weniger am Habitus-Begriff orientiert, sondern Materialität und umweltliche Eingebettetheit betont, vgl. James Dewey: *Human Nature and Conduct* [1922], in: *The Collected Works of John Dewey*, Bd. 14, Carbondale 2008. Zur Frage der Gewöhnung vgl. Gerhard Funke: Gewöhnung, in: Joachim Ritter u. a. (Hg.): *Historisches Wörterbuch der Philosophie*, Bd. 3, Basel 2007, 9192–9200; Tony Bennett u. a.: Habit and Habituation: Governance and the Social, in: *Body & Society*, Bd. 19, Nr. 2/3, 2013, 3–29, doi.org/10.1177/1357034X13485881.

20 Orit Halpern u. a.: Test-Bed Urbanism, in: *Public Culture*, Bd. 25, Nr. 2, 2013, 273–306, hier 275, doi.org/10.1215/08992363-2020602.

21 Ulrich Bröckling: *Gute Hirten führen sanft. Über Menschenregierungskünste*, Frankfurt/M. 2017, 8.

Flächen an Gewerbetreibende abhing,[22] lag es nahe, zur Umsatzsteigerung auf eine Erhöhung der Verweildauer in Bahnhöfen zu setzen.[23] Bereits in der Einführung der sogenannten «Zuglabore»[24] ab 2013, die eine Art mobiler Kundenbefragung darstellten, zeigte sich die Bedeutung, die man der Rolle der Nutzer*innen beimaß. Vor diesem Hintergrund ist auch das Projekt «Zukunftsbahnhof» zu sehen, das 2011 zunächst unter dem schlichteren Namen «Next Station»[25] eingeführt wurde und Bahnhöfe bis 2020, wie es hieß, ökologischer, multimodaler und digital vernetzt gestalten sollte.[26] Bahnhöfe sollten zu «Erlebnisorte[n]»[27] werden, die zum Verweilen und Bummeln einladen. Ein solcher Zukunftsbahnhof war ab 2014 zunächst Berlin Südkreuz, der drittgrößte Berliner Bahnhof mit rund 100.000 Reisenden täglich;[28] 2019 wurde das Programm dann als «Innovationsprojekt» an 15 weiteren Bahnhöfen unterschiedlicher Größe und unterschiedlichen Typs fortgeführt (Abb. 1),[29] wodurch insbesondere Start-ups die Möglichkeit erhielten, Produktideen direkt vor Ort zu testen.

Was wurde nun getestet? Am Zukunftsbahnhof Berlin Südkreuz, so hieß es 2015 in einer Veröffentlichung der DB, wolle man ein «neues Verständnis des Bahnhofs» erproben, das sich auf seine Rolle als Verkehrsknotenpunkt, seine Orientierungsfunktion (Informationssysteme) sowie seine Vorbildrolle in Sachen nachhaltiger Energieproduktion beziehe.[30] Mit der Fortführung 2019 rückten neben funktionalen Aspekten (Mobilität, Nachhaltigkeit) zunehmend atmosphärisch-affektive Qualitäten hinsichtlich der Kundenzufriedenheit in den Vordergrund, der Bahnhof müsse sich als «Gastgeber» verstehen, der jeden Gast «immer und überall» willkommen heiße (Abb. 2).[31] Bahnhöfe dienten dabei auch der Entwicklung des Quartiers, wenn sie für die umliegenden Bewohner*innen zum Ort für Alltagsbesorgungen würden.[32] Das Projekt Zukunftsbahnhof sollte also testen, so die Deutsche Bahn, was Reisenden und Besucher*innen «das Leben erleichtert und die Zeit am Bahnhof angenehmer macht».[33] Um ein solches «Wohlfühlen am Bahnhof»[34] zu stärken, wurden insbesondere ästhetische Veränderungen vorgenommen (farbliche Gestaltung, Beleuchtung, Mobiliar), neue Wegeleitsysteme, aber etwa auch smartes Fahrradparken oder ein digitaler 24/7-Lebensmittelmarkt installiert.[35] Als entscheidend für die Tests wurde das Kundenfeedback gesehen; neben Zufriedenheitsstudien setzte die Deutsche Bahn deshalb auf aktive Beteiligung der Nutzer*innen, um deren Ad-hoc-Rückmeldungen sie mit Plakaten, Umfragen und QR-Codes warb.

Auch wenn die Deutsche Bahn ihren Zukunftsbahnhof mit den Begriffen «Wohlfühlatmosphäre» und «Mobilitätserleichterung» bewarb, wurde in der öffentlichen Diskussion die Diskrepanz zwischen den kostenintensiven Testprojekten und dem generell maroden Infrastruktur-Zustand klar adressiert. «Alle wären ja schon zufrieden gewesen», kolportierte die *Frankfurter Rundschau* einen Tweet zum Offenbacher Projekt, «wenn die Rolltreppen nach zwei Wochen instand gesetzt werden.»[36] Doch genau diese Erfordernisse werden in der

22 Vgl. DB AG: Integrierter Bericht 2021, 30.3.2022, hier 127 und 131, ibir.deutschebahn.com/2021/fileadmin/pdf/DB_IB21_web_01.pdf (27.5.2023).

23 Vgl. DB AG: Geschäftsbericht 2012, 21.3.2013, hier 7, ir.deutschebahn.com/fileadmin/Deutsch/2012/Berichte/2012_gb_db konzern_de-data.pdf (27.5.2023).

24 DB AG: Geschäftsbericht 2013, 27.3.2014, hier 49, ir.deutschebahn.com/fileadmin/Deutsch/2013/Berichte/2013_dbkonzern_de.pdf (30.5.2023).

25 DB Station&Service AG: Geschäftsbericht 2011, 4.2012, hier 14, ir.deutschebahn.com/fileadmin/Deutsch/2011/Berichte/2011_gb_db station_de.pdf (30.5.2023).

26 Vgl. DB Station&Service AG: Geschäftsbericht 2013, 3.2013, hier 12, ir.deutschebahn.com/fileadmin/Deutsch/2013/Berichte/2013_gb_db station_de-data.pdf (30.5.2023).

27 DB Station&Service AG: Geschäftsbericht 2014, 3.2015, hier 3, ir.deutschebahn.com/fileadmin/Deutsch/2014/Berichte/2014_gb_db station_de.pdf (30.5.2023).

28 Vgl. DB Mobility Logistics AG: Themendienst. Zukunftsbahnhof Berlin Südkreuz, Nr. 5, 2015, 1, deutschebahn.com/resource/blob/266686/a4693bf730ca3c-84c53b015e2d828927/td-zukunfts-bahnhof-data.pdf (30.5.2023).

29 Vgl. DB-Website Zukunftsbahnhöfe, nachhaltigkeit.deutschebahn.com/de/massnahmen/zukunftsbahnhof (30.5.2023).

30 DB Mobility Logistics AG: Themendienst, 1.

31 DB Station&Service AG: Unternehmenspräsentation: Unternehmen und strategische Ausrichtung, ohne Datum, hier Folie 10, bahnhof.de/cms/downloads/unternehmens-praesentation.pdf (6.3.2023).

32 DB Station&Service AG: *StationsAnzeiger*, Nr. 27, 12.2019, hier 4 und 6.

33 DB AG: *Integrierter Bericht 2021*, 130.

34 DB Station&Service AG: *StationsAnzeiger*, 2019, 4.

35 Vgl. DB Station&Service AG: *StationsAnzeiger*, Nr. 32, 3.2021, hier 4.

36 Fabian Scheuermann: Offenbach. Sesamringe machen Platz für Brezeln, in: *Frankfurter Rundschau*, 17.3.2020, fr.de/rhein-main/offenbach/offenbach-sesamringe-machen-platz-brezeln-13603321.html (14.5.2023).

Regel durch die Deutsche Bahn wenig thematisiert und rücken erst bei größeren Ausfällen in den Blick.[37] Dass die Bahnhofstests trotzdem stattfanden, hat damit zu tun, dass sich die Zukunft des Bahnhofs deutlich einfacher in Testsettings inszenieren lässt, d.h. vor allem im Modus der Beschreibung dieser Zukünfte als angenehm, sicher und störungsfrei, als durch eine langwierige Instandsetzung der Gesamtstruktur. Ironischerweise bedeutete die Teilnahme am Programm für die jeweiligen Zukunftsbahnhöfe (und Kommunen), dass im Rahmen der Herstellung der Testkonstellation finanzielle Mittel bereitgestellt wurden (im Fall von Offenbach etwa 800.000 Euro),[38] sodass wenigstens ein gewisses Maß an Sanierung stattfinden kann.

III. Marktforschung mit Prototypen: S-Bahnhof Offenbach Marktplatz und Münster Hauptbahnhof

Am Beispiel der unterirdischen S-Bahn-Station Offenbach Marktplatz lässt sich illustrieren, welche Facetten das ‹Angenehmer-Machen› (im Sinne der emotional-atmosphärischen Komponente von Design) und die Mobilitätsverbesserung (im Sinne der funktional-pragmatischen Komponente) beinhalteten und welche Phasen das betreffende Projekt durchlief. Das von der Offenbacher Hochschule für Gestaltung (HfG) für diese Transitsituation entworfene Mobilitätsdesign hatte die «Vermeidung von physischen und kognitiven Hindernissen» für den Flow der Fortbewegung sowie die Schaffung eines Raums zum Ziel, der die oberirdische mit der unterirdischen Ebene erkennbar verbindet.[39]

In einem praxisgeleiteten Designansatz unter Einbeziehung von Kundenbefragungen und einer Vor-Ort-Begehung wurden zunächst verschiedene Aspekte (Bereiche und Elemente des Bahnsteigs, Beleuchtung, Materialien, Oberflächen, Farben) darauf hin analysiert, wo Personen sich aufhalten und entlanggehen, welche Bereiche sie meiden und welche Umgebungselemente entfernt bzw. überarbeitet werden könnten. Im Anschluss wurde eine konzeptuelle Matrix entwickelt, die vier Dimensionen («Information», «Atmosphäre», «Aufenthalt» und «Sicherheit») jeweils nach ihrer funktionalen und emotionalen Bedeutung für die Nutzer*innen differenzierte und auf dieser Basis konkrete Umsetzungen vorschlug (etwa eine übersichtlichere Wegführung, eine Zonierung des Bahnsteigs, aber auch Begrünungsmaßnahmen zur Verbesserung der Luftqualität).[40] Nach zwei Jahren Umbau begann dann die Testphase für zwei Neuerungen: einen würfelartigen Monitor, der über Anschlussverbindungen informierte (Abb. 3) sowie die Gliederung des Bahnsteigs in Transit-, Informations- und Wartebereiche mittels verschiedener Typen von Holz-Mobiliar (Steharbeitsplätze, Mobiliar zum Anlehnen sowie Sitzgelegenheiten mit flächendeckendem WLAN).[41] Neben dem als Material eingesetzten Holz sollten auch die Beleuchtung, neue Anstriche und Deckenspiegel die Atmosphäre aufwerten. Wenn, wie die Deutsche Bahn formuliert, die «Akzeptanz» des Angebots geprüft wird,[42] dann testen Zukunftsbahnhöfe also nicht nur die Nutzung

37 Zur Unsichtbarkeit von Repair und Maintenance vgl. Stephen Graham, Nigel Thrift: Out of Order: Understanding Repair and Maintenance, in: *Theory, Culture and Society*, Jg. 24, Nr. 3, 2007, 1–25, doi.org/10.1177/0263276407075954; Steven J. Jackson: Speed, Time, Infrastructure. Temporalities of Breakdown, Maintenance, and Repair, in: Judy Wajcman, Nigel Dodd (Hg.): *The Sociology of Speed. Digital, Organizational, and Social Temporalities*, Oxford 2017, 169–205.

38 Agnes Schönberg: Bahn investiert 800 000 Euro in die S-Bahn-Station Marktplatz, in: *Frankfurter Rundschau*, 22.6.2020, *fr.de/rhein-main/offenbach/offenbach-bahn-investiert-euro-s-bahn-station-marktplatz-13807324.html* (14.5.2023).

39 Anna-Lena Moeckl u. a.: Praxisgeleitete Designforschung I. Gestaltung von Transitsituationen im öffentlichen Verkehr, in: Kai Vöckler u. a. (Hg.): *Mobility-Design. Die Zukunft der Mobilität gestalten*, Bd. 2, Berlin 2023, 108–119, hier 110.

40 Project-mo: Zukunftsbahnhof Offenbach Marktplatz. Analyse und Konzepte der Hochschule für Gestaltung Offenbach am Main [Präsentation], 18.6.2020, hier Folien 26–30, *oimd.de/wp-content/uploads/2023/01/20200618_Analyse-und-Konzepte_Zukunftsbahnhof_Marktplatz_Offenbach_hfg_klein_3.pdf* (14.5.2023).

41 Vgl. Julia Katzenbach-Trosch: #zukunftsbahnhöfe. Pressegespräch zum Zukunftsbahnhof Offenbach Marktplatz [Präsentation], 17.6.2020, hier Folien 18–20, *deutschebahn.com/resource/blob/5302460/4f88ef869f8f021632ff3ededd0e8507/Pressetermin-Zukunftsbahnhof-Offenbach-Marktplatz-data.pdf* (30.5.2023).

42 DB AG: Integrierter Bericht 2014, 19.3.2015, hier 158, *deutschebahn.com/resource/blob/6845526/82d6c5e62d52049f64a132aade9a89d0/IB2014-data.pdf* (30.5.2023).

Abb. 3 Foto aus Tweet von *project-mo.de*, Mobilitätsmonitor, 15.6.2021 (© Julian Schwarze)

einer bestimmten Maßnahme, sondern de facto die Implementierbarkeit umgebungsbezogener Komponenten. Kritische Stimmen monieren dabei die mit der Maßnahme verbundene Gentrifizierung, die Geschäftsinhaber*innen mit Migrationshintergrund zugunsten von DB-Store und Bäckerei-Kette aus dem Bahnhof vertrieben hat, und verweisen auf die mit dem gewählten Mobiliar implementierte Diskriminierung, die den öffentlichen Raum für bestimmte Bevölkerungsgruppen (etwa Obdachlose, aber auch Senior*innen, Menschen mit Behinderung, Schwangere etc.) weniger zugänglich mache oder gar feindselig erscheinen lasse.[43] Optimiert wird der Bahnhof also für ein mobiles neoliberales Subjekt, das stets online vernetzt ist und auch Wartephasen optimal nutzen will, wobei es steht, sich anlehnt oder höchstens sitzt – Liegen dagegen ist nicht vorgesehen. Da kritisches Feedback allerdings bislang nicht zu einem Rückbau der für den Test etablierten Strukturen geführt hat, sondern lediglich das weitere Ausrollen der betreffenden Maßnahme an weiteren Orten aussetzt, kommt es in solchen *real-world settings* zu palimpsestartigen Überlagerungen. Die Zukunftsbahnhöfe reichern über die Jahre zunehmend Schichten bzw. Ablagerungen ihrer eigenen Test-Geschichte an und werden damit selbst zu Spuren von jeweils als zukünftig gedachten Entwicklungen, stellen also eine Art ‹Archiv nicht realisierter Zukunft› dar. So sollte in Offenbach etwa auch ein Bekleidungs-Pop-up-Store für eine atmosphärische Note sorgen. Jedoch eben nur probeweise, was dazu führte, dass nach der sechswöchigen Testphase dauerhaft nur die Wandgestaltung übrig blieb.[44]

«An unseren Pilotbahnhöfen wollen wir möglichst schnell etwas testen und herausfinden, was unsere Reisenden und Pendler zufriedener macht und was nicht»,[45] betonte der Vorstandsvorsitzende der DB Station & Service AG Bernd Koch in einem Interview 2019. Im Vordergrund stand offensichtlich weniger die Erprobung eines bestimmten Produkts als vielmehr das Ziel, möglichst schnell *überhaupt* etwas testen zu können. Im Unterschied zur gründlichen Analyse des Ist-Zustandes durch die HfG-Studie in Offenbach war deshalb der am Hauptbahnhof Münster 2020 veranstaltete «Testsommer»[46] in erster Linie eine Werbemaßnahme. Ausgerichtet vom Bahnhofsmanagement und den Plattformen *DB mindbox* sowie *DB GoBeta*, die beide Start-ups und deren ‹digitale› Ideen an den Bahnhof bringen wollten, fanden über den Zeitraum von drei Monaten verschiedene Veranstaltungen statt, bei denen Besucher*innen Apps mit Mobilitätsbezug vor Ort ausprobieren und bewerten konnten. Die DB rief mit großformatigen Werbebannern, Displays und direkter Ansprache zum Testen und Mitgestalten auf: «Ja, Du! Hast Du Lust in die Zukunft zu sehen?» (Abb. 4) Dabei sollten die Besucher*innen auch Daten sammeln,

43 Vgl. Timur Tinç: Heller und einladender, in: *Frankfurter Rundschau*, 8.4.2021, fr.de/rhein-main/offenbach/heller-und-einladender-90357775.html (14.5.2023); Erik Wenk: «Anti-Obdachlosen-Bänke» in Potsdam, in: *Tagesspiegel*, 29.3.2022, tagesspiegel.de/potsdam/landeshauptstadt/kritik-an-der-deutschen-bahn-7992457.html (14.5.2023). Zu *hostile architecture* vgl. Christoph Eggersglüß: Soziale Härten. Ontographien des Platzierens, in: Christina Lechtermann, Stefan Rieger (Hg.): *Das Wissen der Oberfläche. Epistemologie des Horizontalen und Strategien der Benachbarung*, Zürich, Berlin 2015, 211–232.

44 Vgl. Feldbeobachtung Sophie Spallinger, 23.2.2023.

45 Interview mit Bernd Koch, in: *Deine Bahn*, Nr. 6, 2019, hier 7, system-bahn.net/wp-content/themes/systembahn/includes/readpdf.php?file=26311 (6.3.2023).

46 O. A.: Testsommer im #MünsterHbf [Newsmeldung], 2020, GoBeta.de, gobeta.de/projekte/testsommer-im-hauptbahnhof-muenster-veranstaltungstipps-in-der-stadt-direkt-im-bahnhof (6.3.2023).

bestehendes Wissen ergänzen und an der Weiterentwicklung von Produkten mitwirken; etwa bei der Erstellung eines Open-Data-Datensatzes zur lokalen Fahrradparksituation.[47] Im Unterschied zu Offenbach, wo man die Umgebungsveränderung (Informationsanzeige, Mobiliar etc.) mittels einer Top-down-Methode etablierte, waren Projekte wie das Fahrradparken auf die direkte Mitwirkung von Nutzer*innen angewiesen, um überhaupt zu funktionieren. Andere als innovativ beworbene Produkte des Testsommers waren unausgereift (etwa eine Augmented-Reality-App für Zug-Informationen) oder bereits bekannt (wie etwa der Mobilitätsmonitor, der schon 2014 am Berliner Südkreuz und 2019 in Halle getestet worden war), sodass sich der Eindruck aufdrängt, dass keine Innovationen getestet, sondern vielmehr proprietäre Abwandlungen ausgelotet wurden. Kritisiert wurde insbesondere die kostspielige Zusammenarbeit der Deutschen Bahn mit Start-ups. Dies betraf nicht nur den Testsommer, sondern generell die Ausgaben für die sogenannten «Neuen Mobilitätsangebote».[48] Der Bundesrechnungshof zeichnet dabei das düstere Bild einer sich kontinuierlich verschärfenden Dauerkrise der Deutschen Bahn (Abb. 5), die in starkem Kontrast zu dem vom Marketing geprägten optimistisch-digitalen Bild des Zukunftsbahnhofs steht.

Abb. 4 **Anrufung durch DB-Werbebanner, Fotografie Bahnhof Münster, aus Newsmeldung auf *GoBeta.de*, 24.9.2020**

Insgesamt zeigen die Maßnahmen in Offenbach und Münster, dass die Tests ein Instrument der Marktforschung darstellen, das sich im Unterschied zu einer situationsunabhängigen Befragung von Nutzer*innen auf deren Umgang mit konkreten Prototypen bezieht, die in ein *real-world setting* hineingegeben werden. Die Aufmerksamkeit für atmosphärische Aspekte lässt sich dabei als eine Form der Environmentalisierung[49] verstehen, die Zufriedenheit nicht allein auf funktionaler Ebene verortet, sondern – wie es in der Offenbacher Design-Studie heißt – (auch) emotional zu erreichen sucht. Ganz im Sinne Marshall McLuhans werden Atmosphäre und Umgebung hier also als Medien verstanden,[50] die auf die Subjekte vor Ort einzuwirken vermögen. In dieser «Verschränkung von technologischen und ästhetischen Programmen» öffnet sich der Bahnhof Fragen des Verhaltensdesigns, das durch die Gestaltung von Umgebungen auf Subjekte Einfluss zu nehmen versucht.[51] Dies betrifft allerdings nicht nur das Mobilitätsdesign im engeren Sinne, insofern die indirekte Form der Regierung, die hier durch atmosphärische und umgebungsbezogene Aspekte erreicht werden soll, als Zeichen eines weniger disziplinarischen als vielmehr kontrollorientierten Umgangs mit Regulierung am Bahnhof verstanden werden muss. Dies zeigt sich in der stetigen Stärkung des «*Unternehmens-Regime[s]*»[52], für das Gilles Deleuze bündig festgehalten hat: «Marketing heißt jetzt das Instrument der sozialen Kontrolle».[53] Exakt diese

47 Vgl. o. A.: Radparken der Zukunft [Newsmeldung], 2020, *GoBeta.de*, *gobeta.de/projekte/radparken-der-zukunft-gemeinsam-mobile-perspektiven-schaffen* (3.3.2023).

48 Bundesrechnungshof: Bericht nach § 99 BHO zur Dauerkrise der Deutschen Bahn AG. Hinweise für eine strukturelle Weiterentwicklung, 15.3.2023, hier 13, *bundesrechnungshof.de/SharedDocs/Downloads/DE/Berichte/2023/db-dauerkrise-volltext.pdf?__blob=publicationFile&v=5* (13.5.2023).

49 Vgl. Florian Sprenger: *Epistemologien des Umgebens. Zur Geschichte, Ökologie und Biopolitik künstlicher environments*, Bielefeld 2019.

50 Vgl. Marshall McLuhan, Quentin Fiore: *The Medium is the Massage*, London u. a. 1996 [1967], 26.

51 Jeannie Moser, Christina Vagt: Verhaltensdesign. Technologische und ästhetische Programme der 1960er und 1970er Jahre, in: dies. (Hg.): *Verhaltensdesign. Technologische und ästhetische Programme der 1960er und 1970er Jahre*, Bielefeld 2018, 7–21, hier 18.

52 Gilles Deleuze: Postskriptum über die Kontrollgesellschaften, in: ders.: *Unterhandlungen 1972–1990*, Frankfurt / M. 1993, 262.

53 Ebd., 260.

Abb. 5 Grafik zu Problemen der Deutschen Bahn, aus dem Bericht des Bundesrechnungshofs vom 15.3.2023 (nachgebaut)

Marketing-Dimension realisiert sich in Offenbach und Münster in der Bewerbung eines Zukunftsbahnhofs zum Wohlfühlen, der angesichts der gegenwärtigen Strukturprobleme der Deutschen Bahn, so möchte man sagen, nicht zufällig in der Zukunft liegt.

IV. «Sicherheitslabor»: Berlin Südkreuz

Neben der indirekten Form der Regulierung im ökonomischen Register kommen beim Zukunftsbahnhof jedoch noch weitere Agenden ins Spiel. Am Bahnhof Berlin Südkreuz fanden ebenso Tests statt, in deren Zentrum Fragen der Sicherheit standen. 2013 wurde zwischen Deutscher Bahn und Bundesinnenministerium ein grundsätzlicher Ausbau der Videotechnik an Bahnhöfen beschlossen;[54] ab 2017 wurde Berlin Südkreuz offiziell zum «Sicherheitsbahnhof»,[55] da er mit Blick auf Größe, örtliche Gegebenheiten (u. a. die Ausstattung mit HD-Kameras) und Anzahl der Reisenden als «geeignetes Testumfeld» galt,[56] um KI-basierte Videoanalysesysteme zu erproben. In zwei Tests 2017/2018 sowie 2019 wurden entsprechende Systeme erprobt, die von einer kritischen Berichterstattung begleitet wurden. Da automatisierte Überwachung im öffentlichen Raum in der BRD aus datenschutzrechtlichen Gründen grundsätzlich verboten ist,[57] kann sie nur unter Testbedingungen stattfinden. Wie der ehemalige Präsident der Bundespolizeidirektion Berlin, Thomas Striethörster, formulierte: «Südkreuz ist ein Test. Also wir haben keine Rechtsgrundlage für das, was wir dort zurzeit testen».[58] Dies rückt Überwachungstests noch einmal in ein anderes Licht. Wenn solche Technologien normalerweise nicht zum Einsatz kommen könnten, geht es hier nicht um ein prospektives Testen im Vorfeld der späteren Einführung, die Tests haben

54 Vgl. Deutscher Bundestag: Drucksache 17/14721, 6.9.2013, hier 1, *dserver.bundestag.de/btd/17/147/1714721.pdf* (30.5.2023).

55 Die Pressemeldung ist nicht mehr abrufbar, sie findet sich aber im originalen Wortlaut auf Tagesanzeiger Kommunalwirtschaft.eu: Projekt Sicherheitsbahnhof Berlin Südkreuz geht an den Start [Pressemitteilung], *kommunalwirtschaft.eu/tagesanzeiger/detail/i19854/c000* (30.5.2023).

56 Deutscher Bundestag: Drucksache 18/13350, 18.8.2017, hier 7, *dserver.bundestag.de/btd/18/133/1813350.pdf* (6.3.2023).

57 Vgl. Koalitionsvertrag 2021–2025 zwischen SPD, Bündnis 90/Die Grünen und FDP, 10.12.2021, hier 109, *bundesregierung.de/breg-de/service/gesetzesvorhaben/koalitionsvertrag-2021-1990800* (8.3.2023).

58 Brinkmann & König: *tv Berlin zu Gast bei der Bundespolizei*, Reportage von TV Berlin – Der Hauptstadtsender, Erstausstrahlung und YouTube-Upload 26.7.2018, *youtu.be/voTLw-DWCoY*, hier TC 00:10:11–00:10:18 (8.3.2023).

vielmehr den Status einer probeweisen Implementierung, womit erneut Fragen der Akzeptanz entscheidend sind.

Beim ersten Südkreuz-Test 2017/18 – der auch offiziell als erstes Teilprojekt bezeichnet wurde – standen proprietäre Softwaresysteme zur biometrischen Gesichtserkennung im Mittelpunkt, wobei das Ziel war, die Performance unter Realbedingungen zu erproben, weshalb man auf eine Verbesserung von Beleuchtungsverhältnissen verzichtete.[59] Einen vergleichbaren Test (Forschungsprojekt «Foto-Fahndung») hatte man bereits am Mainzer Hauptbahnhof 2006/07 durchgeführt, allerdings mit nur sehr geringen Trefferraten.[60] Der erneut als «Pilotprojekt»[61] bezeichnete Test in Berlin Südkreuz ist nun vor dem Hintergrund des Mainzer Misserfolgs zu sehen, der ihn einem gewissen Erfolgsdruck aussetzte. Erneut arbeitete man mit drei proprietären Systemen, die Testpersonen nahmen freiwillig teil und trugen Transponder zur Referenzierung bei sich. Ihre Bilder waren in einer Datenbank gespeichert; während die hinterlegten Gesichtsbilder in einer ersten Phase Biometriestandards entsprachen und hochwertig aufgenommen worden waren, wurden in einer zweiten Phase mehrere Bilder derselben Person in geringerer Qualität zum Abgleich genutzt. Der Erkennungsbereich war als solcher gekennzeichnet, gleichwohl betont etwa Constanze Kurz von *netzpolitik.org*, dass allein der Umstand, dass Menschen sich nicht explizit gegen die Maßnahmen wehrten, nicht mit ihrem Einverständnis gleichzusetzen sei.[62] Auch wenn die Erkennungsraten sich gegenüber denen von Mainz verbesserten, gab es auch in Berlin noch viele Falscherkennungen, sodass der Test vonseiten des Chaos Computer Clubs ebenfalls als Misserfolg angesehen wurde.[63] Der Abschlussbericht des Bundespolizeipräsidiums dagegen spricht von «ausgezeichnete[n] Ergebnisse[n]» und hält fest, derartige Systeme seien ein wertvolles «Unterstützungsinstrument» der polizeilichen Fahndungsarbeit.[64] Wie von Pinch generell beobachtet, werden hier also offenbar die Testergebnisse von verschiedenen Parteien unterschiedlich bewertet. Während die kritische Öffentlichkeit betonte, dass die Falscherkennungsraten viel zu hoch seien, konstatierte die Bundesregierung in ihrer Antwort auf eine parlamentarische Anfrage: «Ein erfolgreiches Erprobungsergebnis ist nicht abhängig von konkreten Erkennungsraten.»[65] Das heißt letztlich, dass der Test anderes erproben sollte als die technische Funktionalität der Systeme.

Noch deutlicher wird dies 2019 im Fall eines zweiten Südkreuz-Tests, bei dem es nicht mehr um Gesichtserkennungssoftware ging, sondern vielmehr um ‹intelligente› Systeme zur Verhaltens- und Situationserkennung.[66] Getestet wurden die automatisierte Erkennung von Gefahrensituationen (liegende Personen, Betreten von definierten Bereichen, Personenströme und -ansammlungen, abgestellte Gegenstände), Möglichkeiten der Personenzählung sowie zwei als polizeilich ausgewiesene Funktionalitäten, nämlich das Tracking von Personen bzw. Gegenständen sowie die nachträgliche Auswertung von Videomaterial.[67] Bereits die Frage, was überhaupt als Muster von Gefahr

59 Vgl. Bundespolizei: Teilprojekt 1 «Biometrische Gesichtserkennung» [...] am Bahnhof Berlin Südkreuz im Zeitraum vom 1.8.2017–31.7.2018 [Abschlussbericht], 18.9.2018, bundespolizei.de/Web/DE/04Aktuelles/01Meldungen/2018/10/181011_abschlussbericht_gesichtserkennung_down.pdf?__blob=publicationFile (4.3.2023).

60 Vgl. BKA: Forschungsprojekt «Gesichtserkennung als Fahndungshilfsmittel. Foto-Fahndung» [Abschlussbericht], Februar 2007, bka.de/SharedDocs/Downloads/DE/UnsereAufgaben/Ermittlungsunterstuetzung/Forschung/FotoFahndung/fotofahndungAbschlussbericht.pdf?__blob=publicationFile&v=2 (4.3.2023).

61 Tagesanzeiger Kommunalwirtschaft.eu: Projekt Sicherheitsbahnhof Berlin Südkreuz geht an den Start [Pressemitteilung].

62 Constanze Kurz: Automatische Gesichtsscanner am Südkreuz: Pilotbetrieb rechtlich so nicht zulässig, *netzpolitik.org*, 2.8.2017, netzpolitik.org/2017/automatische-gesichtsscanner-am-suedkreuz-pilotbetrieb-rechtlich-so-nicht-zulaessig/ (13.5.2023). Vgl. auch die Kampagne des Bündnisses ‹Gesichtserkennung stoppen›, digitale-freiheit.jetzt/pressemittilung-des-bundnisses-gesichtserkennung-stoppen (13.5.2023).

63 Vgl. Chaos Computer Club: Biometrische Videoüberwachung: Der Südkreuz-Versuch war kein Erfolg, 13.10.2018, ccc.de/en/updates/2018/debakel-am-suedkreuz (9.3.2023).

64 Bundespolizei: Abschlussbericht 2018, hier 8, 7.

65 Deutscher Bundestag, Drucksache 18/13350, 8.

66 Zum Verfahren der Bewegungserkennung vgl. Thomas Golda u. a.: Intelligente Bild- und Videoauswertung für die Sicherheit, in: Dieter Wehe, Helmut Siller (Hg.): *Handbuch Polizeimanagement*, Wiesbaden 2022.

67 Die Pressemeldung ist nicht mehr abrufbar, sie findet sich aber im originalen Wortlaut in der Tempelhof-Schöneberg Zeitung: Bahnhof Südkreuz wird Testfeld, 9.6.2019, tempelhof-schoeneberg-zeitung.de/bahnhof-suedkreuz-wird-testfeld-fuer-videoanalyse-technik/ (8.3.2023).

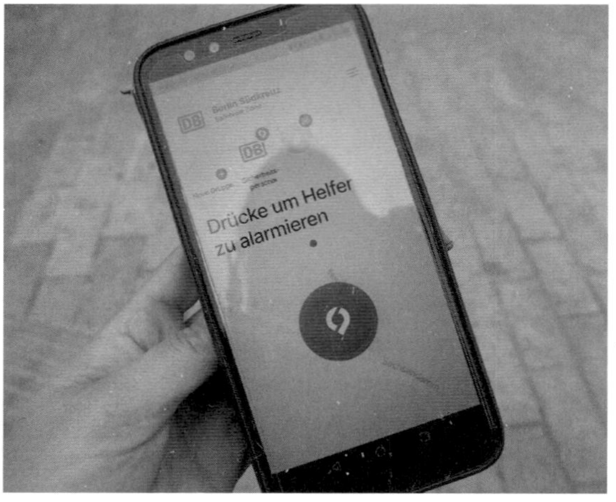

Abb. 6 SafeNow-App, Berlin Südkreuz 2022 (Foto: Sophie Spallinger)

zu gelten hat, ist keineswegs einfach zu beantworten, sondern hochgradig kulturell geprägt. Ähnlich wie beim ersten Test waren erneut sehr viel «Konstruktionsarbeit»[68] und Aushandlung nötig, um die Testsituation herzustellen und zu stabilisieren. Das ist insofern von besonderem Interesse, als die betreffenden Videoüberwachungssysteme den Umgang mit kritischen Situationen durch die Automatisierung von Erkennungs- und Entscheidungsprozessen erleichtern sollen, de facto aber stets zu einem komplexeren *entanglement* der beteiligten infrastrukturellen Entitäten führen. Dies zeigt sich etwa, wenn das Datenmaterial für die zu testenden Szenarien erst aufwendig erzeugt werden muss, damit die den Systemen zugrunde liegenden KIs mit ihnen instruiert werden können. Schließlich müssen die Algorithmen darauf trainiert werden, zu erkennen, was eine gefährliche Situation am Bahnhof ist. Aus diesem Grund wurden am Südkreuz die verschiedenen Gefahrenszenarien im Sinne von *cases* (Testfällen) mit einer Gruppe von Darsteller*innen performt und aufgezeichnet – das «Drehbuch» umfasste insgesamt 1.600 Situationen einschließlich der «Abgrenzung der relevanten von nicht relevanten Situationen».[69] An zwei Tagen pro Woche wurden zu verschiedenen Tageszeiten eine Reihe von Szenen wiederholt aufgezeichnet, um die Leistungsfähigkeit der drei Mustererkennungssysteme zu testen. Allein die Kalibrierung der Systeme erwies sich jedoch als sehr kompliziert; erneut verursachten dabei die Lichtverhältnisse große Schwierigkeiten. Die technische Auswertung des Tests fand nicht vor Ort statt, sondern an der Universität der Bundeswehr München, wobei eine offizielle Bekanntgabe bislang nicht erfolgt ist. Allerdings wird im Bericht des Bundesdatenschutzbeauftragten, dem der Testbericht vorlag, von einem schlechten Ergebnis gesprochen, das nicht die «Grundlage weiterer, ähnlich aufwendiger Tests» sein könne; Sicherheit an Bahnhöfen müsse durch «andere Maßnahmen» gesteigert werden.[70]

Als 2020 Bundesinnenministerium und Deutsche Bahn in einer gemeinsamen Presseerklärung ankündigten, Berlin Südkreuz werde für weitere drei Jahre als «Sicherheitsbahnhof» eingerichtet,[71] und im Juli 2022 (verzögert durch die Corona-Pandemie) die Verlängerung ihrer Kooperation und die Einrichtung eines «Sicherheitslabor[s]» im Bahnhof bekanntgaben,[72] lag der Zusammenhang mit dem Test von 2019 nahe: Statt eines Testergebnisses folgt ein weiterer Test; er soll erneut erproben, welche Innovationen Bahnhöfe sicherer machen können. Wurden für die früheren Südkreuz-Tests zusätzliche Videoarbeitsplätze in den Räumen des Bundespolizeireviers eingerichtet,[73] wird nun ein eigener Kontrollraum geschaffen, von dem aus die Tests koordiniert werden und in dem die Ergebnisse zusammenlaufen.

68 Gabriele Schabacher: Infrastrukturen und Verfahren der Humandifferenzierung, in: Dilek Dizdar u. a. (Hg.): *Humandifferenzierung. Disziplinäre Perspektiven und empirische Sondierungen*, Weilerswist 2021, 287–313, hier 304.

69 Bundespolizei: FAQs zur intelligenten Videoanalyse-Technik [Website-Eintrag], *bundespolizei.de/Web/DE/04Aktuelles/01Meldungen/Nohomepage/190607_videoanalyse-faq.html* (7.3.2023).

70 BfDI: Tätigkeitsbericht 2021, 2022, hier 74, *bfdi.bund.de/SharedDocs/Downloads/DE/Taetigkeitsberichte/30TB_21.pdf?__blob=publicationFile&v=13* (9.3.2023).

71 BMI, DB: Bundesregierung und Deutsche Bahn beschließen weitere Maßnahmen für mehr Sicherheit an Bahnhöfen [Pressemitteilung], 13.12.2020, *www.bmi.bund.de/SharedDocs/pressemitteilungen/DE/2020/12/sicherheit-bahnhoefe.html* (7.3.2023).

72 DB, BMI, BMVD: DB und Bundespolizei entwickeln Innovationen für mehr Sicherheit im Bahnhof. [Pressemitteilung], 21.7.2022, hier 2, *deutschebahn.com/resource/blob/8199756/04e4a356c74edoc905f7a34f52326a75/20220721_PI_Sicherheitsbahnhof-data.pdf* (7.3.2023).

73 Bundespolizei: Abschlussbericht 2018, 16.

Die Pressekonferenz im Juli 2022 kündigte dann drei Sicherheitsprojekte öffentlichkeitswirksam an: die «leuchtende Bahnsteigkante», die «App SafeNow» sowie den «Ausbau der Videotechnik».[74] Die Projekte nehmen damit die drei Achsen wieder auf, die aus den dargestellten Bahnhofstests in Offenbach, Münster und Berlin bekannt sind, nämlich die Modifikation von environmentalen Elementen, die Einführung neuer Produkte (Apps) sowie die Frage der Überwachung. Bei der leuchtenden Bahnsteigkante wurden Lichtfaserbetonplatten am Bahnsteig eingebaut, um zu testen, ob deren LED-Farbsignale die Sicherheit erhöhen bzw. ob sie der Lenkung von Personenströmen dienen können, um ein rascheres Einsteigen und pünktlichere Züge zu ermöglichen: Rotes Blinken steht für ein- bzw. abfahrende Züge, weißes Licht soll Haltebereiche markieren, verschiedene Farben sollen der Anzeige der Zugauslastung dienen (dieser Test steht noch aus).[75] Auch in diesem Fall hatte bereits 2018–2020 in Stuttgart-Bad Cannstatt ein ähnlicher Test mit wenig befriedigendem Ergebnis stattgefunden.[76] Die dem Test zugrunde liegenden Annahmen erwiesen sich als unzutreffend: Weder ist die Bedeutung von Farben so intuitiv und international wie angenommen,[77] noch ergibt die Anzeige von Türpositionen bei den kleinen Türabständen von S-Bahnen Sinn, wie man bereits in Bad Cannstatt festgestellt hatte.[78] Auch die Tatsache, dass die Deutsche Bahn mit der Maßnahme letztlich unterstellt, dass die Fahrgäste selbst durch ihr zu zögerliches Einsteigen für Verspätungen verantwortlich seien, sorgte für Unmut, denn «[w]enn erst gar kein Zug in den Bahnhof einfährt, dann helfen auch die schönsten Lämpchen an der Kante nicht».[79] Und schließlich verkehren die blinkenden Lichter den intendierten Sicherheitseffekt in sein Gegenteil: Insbesondere Kinder fühlen sich zum Spielen an der Bahnsteigkante angeregt.[80]

Der dreimonatige Test der Bluetooth-basierten SafeNow-App wiederum zielte auf die Erhöhung des subjektiven Sicherheitsempfindens von Personen, die im Bahnhof Hilfe herbeirufen wollen (Abb. 6). Damit überhaupt die notwendige Zahl an App-Nutzer*innen erreicht werden konnte, mussten neben Bahnreisenden auch Mitarbeitende der DB und Gewerbetreibende für eine Teilnahme am Test gewonnen werden, die dann auch die Mehrzahl der Alarme auslösten.[81] Dies ist erstaunlich, da es angeblich um die Sicherheit der Bahnkund*innen geht. Entsprechend betont der Abschlussbericht des Forschungsinstituts Camino GmbH, die positiven Bewertungen (insbesondere durch die Sicherheitskräfte selbst) könnten nicht direkt der getesteten App zugeschrieben werden, sondern gingen auf die «Rahmenbedingungen zurück, die die Sicherheitspartner Deutsche Bahn und Bundespolizei vor Ort geschaffen haben, um den Test zu ermöglichen».[82] Ganz im Sinne von Marres und Stark wird hier also das realweltliche Setting den Notwendigkeiten der Testung angepasst, in diesem Fall durch die Schaffung von 22 (!) zusätzlichen Stellen für den Testzeitraum.[83] Wenn die Deutsche Bahn den Test als «erfolgreich» verbucht,[84] so interpretiert sie die infrastrukturelle

74 DB, BMI, BMDV: DB und Bundespolizei entwickeln Innovationen, 2.

75 DB: Leuchtende Bahnsteigkante [Website-Eintrag], ohne Datum, sicherheitsbahnhof.bahnhof.de/suedkreuz/Leuchtende-Bahnsteigkante/Leuchtende-Bahnsteigkante-9642190 (5.3.2023); SIUT: Leuchtende Bahnsteigkante [Broschüre], siut.eu/wp-content/uploads/2023/03/Broschuere_DE_DIGITAL-1.pdf (7.3.2023).

76 Vgl. Edgar Rehberger: Der leuchtende Bahnsteig, in: *Cannstatter Zeitung*, 7.7.2019, cannstatter-zeitung.de/inhalt.erkenntnisse-zur-dynamischen-wegeleitung-am-cannstatter-bahnhof-der-leuchtende-bahnsteig.69ced5cb-3946-4ff8-9f3d-6537794bf6bd.html (7.3.2023).

77 Vgl. Peter Neumann: Was steckt hinter der leuchtenden Bahnsteigkante im Bahnhof Südkreuz?, in: *Berliner Zeitung*, 21.7.2022, berliner-zeitung.de/mensch-metropole/was-steckt-hinter-der-leuchtenden-bahnsteigkante-im-bahnhof-suedkreuz-li.248980 (14.5.2023).

78 Vgl. Rehberger: Der leuchtende Bahnsteig.

79 Vanessa Fonth: Bahn testet LED-Lampen an der Bahnsteigkante, in: *Münchner Merkur*, merkur.de/lokales/muenchen/bahn-testet-led-lampen-an-bahnsteigkante-auch-fuer-muenchner-s-bahn-zr-9653946.html (13.5.2023).

80 Vgl. Feldbeobachtung Sophie Spallinger, 14.9.2022.

81 Vgl. Moritz Konradi u. a. (Camino GmbH): Evaluation der Maßnahme «Hilferuf-App» im Rahmen des Projekts «Sicherheitsbahnhof» [Abschlussbericht], Dezember 2022, hier 4, sicherheitsbahnhof.bahnhof.de/resource/blob/10404272/32c06889294b785fd61f5978b38464af/SafeNow_Abschlussbericht-data.pdf (7.3.2023).

82 Ebd., 5.

83 Vgl. Thomas Rautenberg: Bund und Bahn testen neue Hilferuf-App am Südkreuz, in: RBB24, 21.7.2022, rbb24.de/panorama/beitrag/2022/07/bahn-sicherheit-hifleruf-app-suedkreuz-bahnhof-konzept.html (8.3.2023).

84 DB: SafeNow-App [Website-Eintrag], sicherheitsbahnhof.bahnhof.de/suedkreuz/SafeNow-App/SafeNow-App-9643062 (7.3.2023).

Verdichtung des Sicherheitsgefüges am Bahnhof durch das zusätzlich eingestellte Personal als Leistung der betreffenden Hilferuf-App. Kritisiert wurde die App insbesondere mit Blick auf den Datenschutz. Denn das Münchener Start-up hatte die App ursprünglich dazu entwickelt, Menschen aus dem eigenen Umfeld in Gruppen zusammenzufügen, um sie im Notfall benachrichtigen und den eigenen Standort teilen zu können. Den eingestellten Gruppen fügte der Test am Südkreuz schlicht die Gruppe Sicherheitspersonal hinzu, wobei die Standortdaten unabhängig von Notsituationen permanent nach München übermittelt wurden.[85] Obwohl die Bundespolizei die App massiv bewarb, zeigen wissenschaftliche Studien, dass die Wirksamkeit von Smartphones zur Erhöhung des subjektiven Sicherheitsempfindens eher gering ist;[86] hinzu kommt, dass grundsätzlich in Frage steht, «ob das Konzept der gefühlten Sicherheit überhaupt eine Grundlage für sicherheitspolitische Entscheidungen sein sollte».[87]

Erst an dritter Stelle, und auch nur dezent, wird bei der Pressekonferenz 2022 genannt, wofür Berlin Südkreuz in den Jahren zuvor gestanden hatte, nämlich die Erprobung von Mustererkennungssystemen auf der Basis künstlicher Intelligenz. Auf der Website des Sicherheitsbahnhofs findet sich nur der schlichte Reiter «Videotechnik», erst die Unterseite spricht von «polizeiliche[n] KI-Strategien» und verweist auf theoretische Bemühungen unter Laborbedingungen, durch die man erforschen wolle, «auf welche Weise eine KI-unterstützte Software bei der Analyse von Videobildern zum Einsatz kommen könnte».[88] Anstelle eines konkreten Tests wird nur unspezifisch auf die Zusammenarbeit mit dem KI-Campus verwiesen, eine vom BMI geförderte Initiative im Rahmen der KI-Strategie der Bundesregierung, in der u. a. Deutsche Bahn und Polizeibehörden mögliche KI-Anwendungsfälle im Personennahverkehr prüfen.[89]

Gegenüber Offenbach und Münster steht in Berlin zwar Sicherheit mehr im Fokus, über die damit verbundenen Systeme der Überwachung, Automatisierung und KI wird aber kaum gesprochen. Dies lässt sich zum einen auf den geringen Erfolg der bisherigen Tests zurückführen, zum anderen aber auf die in Offenbach oder Münster deutlich ‹erfolgreicher› erprobte Verbesserung atmosphärischer Qualitäten bzw. des Sicherheitsgefühls.

V. Fazit

Der Einsatz von KI-basierten Mustererkennungssystemen für die Gesichts- oder Situationserkennung ist in Deutschland aufgrund der geltenden Datenschutzbestimmungen im öffentlichen Raum nur als Test möglich. Eingebettet in ein solches Test-Regime, wie man im Anschluss an Deleuze sagen könnte, wird es allerdings möglich, nicht nur die Funktionalität von Programmen, sondern vielmehr auch ihre Implementierung zu testen, d. h. die Gewöhnbarkeit von Subjekten. Wenn in Umgebungen, an die wir gewöhnt sind – und

85 Vgl. Lilith Wittmann: Safe Now: Mit Überwachungsapps zu mehr «gefühlter» Sicherheit, Medium.com, 26.7.2022, lilithwittmann.medium.com/safenow-mit-überwachungsapps-zu-mehr-gefühlter-sicherheit-cc9726e1a9f1 (13.5.2023).

86 Vgl. Dennis Reichow, Thomas N. Friemel: Sicherheitskommunikation im öffentlichen Personenverkehr, in: Lars Gerhold (Hg.): *Sicherheitsempfinden, Sicherheitskommunikation und Sicherheitsmaßnahmen. Ergebnisse aus dem Forschungsverbund WiSima*, Berlin 2020, 59–86, hier 69.

87 Wittmann: Safe Now.

88 Website Sicherheitsbahnhof, sicherheitsbahnhof.bahnhof.de/suedkreuz/Videotechnik/Ausbau-der-Videotechnik-9642248 (5.3.2023).

89 Ebd. Vgl. ferner die KI-Strategie der Bundesregierung, www.ki-strategie-deutschland.de/home.html (9.3.2023).

man darf öffentliche Orte wie Bahnhöfe sicher zu solchen Umgebungen zählen –, Tests stattfinden, mag dies zunächst eine Irritation darstellen. Durch die Dauer solcher Tests erfolgt allerdings gleichzeitig eine Infrastrukturierung, die das zunächst Irritierende langsam wieder in den Hintergrund treten lässt: Wir nutzen bereitgestellte Möbel, Hotspots und Apps und sehen (auch deshalb) die Überwachungskameras und Bodenmarkierungen nicht mehr. Auch wenn bestimmte Überwachungskonstellationen aus Datenschutzgründen im Normalbetrieb verboten sind, führt ihr Einsatz unter Testbedingungen eine Normalisierung herbei.[90] Getestet wird hier nie allein, ob Technik funktioniert oder Nutzer*innen deren Handling verstehen, sondern auch und gerade die Akzeptanz des Testsettings insgesamt.

Vor diesem Hintergrund lassen sich abschließend drei Aspekte hervorheben, die für eine medienkulturwissenschaftliche Perspektive auf Testszenarien an Bahnhöfen interessant sind: Erstens folgen die betreffenden Pilotversuche der Logik eines *Test-Regimes*, das Regulierungen durch die probeweise Implementierung von Komponenten infrastruktureller Wirkzusammenhänge herbeiführt. In diesen Test-Regimes kommt es gleichermaßen zu Werbung und Marketing wie zu Gewöhnung und Einübung, denn das angestrebte ‹Angenehmer-Machen› der jeweiligen Settings zielt auf die Invisibilisierung von Regulierungsbemühungen. Dabei werden Umgebungen für die Tests gezielt so abgeändert, dass die Testergebnisse positiv ausfallen. Indem Tests derart in den Bahnhofsalltag integriert und durch bestimmte Diskurse und Dokumente offiziell begleitet werden, entsteht eine Form der Infrastrukturierung, die auf die *embeddedness*, *transparency* und selbstverständliche Nutzung durch die Mitglieder einer Praxisgemeinschaft – das Bahnhofsklientel – setzt.

Zweitens zeigt insbesondere der Fall des Bahnhofs Berlin Südkreuz, dass Testen in realweltlichen Zusammenhängen auch eine historische Dimension impliziert. Denn indem hier wiederholt Tests durchgeführt werden, lagern die jeweiligen Umgebungen zunehmend Spuren dieser *Test-Geschichten* an. Dies betrifft einerseits konkrete praktisch-materielle Elemente wie die Nutzung von Räumlichkeiten, andererseits aber auch die diskursive Begleitung und imaginative Inszenierung der Tests. Die (zum Teil wiederholte) Benennung als «Pilotprojekt», «Zukunftsbahnhof» oder «Reallabor» zeigt die Notwendigkeit, die Tests vor dem Hintergrund einer problematischen Gegenwart – in der sich die Infrastruktur der Deutschen Bahn als marode erweist – vor allem diskursiv als innovativ auszuflaggen.

Drittens kann eine medienwissenschaftliche Analyse durch ihre Aufmerksamkeit auf die infrastrukturelle Formation von realweltlichen Testsettings deren environmentale und affektive Dimensionen in den Blick nehmen. Dabei spielen Bilder und Narrative und dadurch erzeugte atmosphärische und emotionale Qualitäten eine entscheidende Rolle, denn sie inszenieren die Versprechen, die dann durch die Tests ‹bewiesen› oder besser: herbeigeführt werden sollen. Nicht zufällig ist in den untersuchten Fällen häufig vom subjektiven

90 Vgl. Jürgen Link: *Versuch über den Normalismus. Wie Normalität produziert wird*, 3., erg., überarb. u. neu gestaltete Aufl., Göttingen 2006; Christiana Bartz, Marcus Krause (Hg.): *Spektakel der Normalisierung*, München 2007.

Sicherheitsgefühl und einer Wohlfühlatmosphäre die Rede. Denn getestet wird weniger die (häufig fehleranfällige) Technik als allgemeine Behauptungen wie etwa, dass Sicherheit besser sei als Gefahr. An derartige ‹Ergebnisse› können jederzeit weitere Tests anschließen. Selbst wenn wie im Fall der SafeNow-App der Erfolg explizit nicht auf die App, sondern eine infrastrukturell verbesserte lokale Vernetzung der Akteur*innen zurückgeführt wird, legen Verweise auf den KI-Campus oder auch den Testsommer in Münster nahe, dass man bei der Deutschen Bahn auf eine Digitalisierung hofft, die von Menschen weitgehend entstörte Regulierungen leistet. Realweltliche Testsettings prüfen und erproben also nicht nur Dinge, sondern stellen vielmehr selbst Medien der Gewöhnung dar.

STEFAN RIEGER

VIRTUELLES TESTEN

Silber, wenn es auserleſen
Und von allem Zuſatz rein,
Jſt ein weiß metalliſch Weſen,
Helle, wie des Mondes Schein.
Das geziehg' iſt, und doch klinget,
Hart, doch wenn's die Glut durchdringet,
Schmilzt es: doch iſt es ſo feſt,
Und ertrågt, wie Gold, den Teſt.[1]

Test m. ‹Funktionsprobe, Eignungsprüfung, Wertbestimmung›, Übernahme (Anfang 20. Jh.) von gleichbed. amerik.-engl. *test*, eigentlich (mengl. engl. *test*) ‹Schmelztiegel für (Edel)metalle, Probiertiegel›, aus afrz. *test* ‹irdener Topf, Scherbe, Schädel› (frz. *têt*, *test* ‹Schale›). Zugrunde liegt lat. *testū* (indeklinabel), *testum* ‹irdenes Geschirr, irdene Schüssel› (vgl. lat. *testa* ‹Platte, Deckel, Schale aus gebranntem Ton, Geschirr, Tonscherbe›). Aus dem Afrz. entlehnt mhd. *test* ‹Topf, Tiegel›, in der Bergmannssprache ‹Schmelztiegel für die Erprobung von Silber› (16. Jh.), ‹Prüfung im Schmelzverfahren› (18. Jh.).[2]

I. Tieglein, Tieglein an der Wand

Mit seiner Wortgeschichte gerät der Test in Gefilde, die von den uns geläufigen Verwendungen und sprachlichen Usancen weit entfernt sind. Das Grimm'sche Wörterbuch greift eine dieser Bedeutungen auf und verweist dazu auf handwerkliche Praxen, die im weitesten Sinne mit dem Umgang sowie mit der Verarbeitung von Erzen und Metallen zu tun haben. Gediegenheit und Wertschöpfung werden dem Material durch die Testung attestiert, Metalle von geringerem Wert wie Blei und Zinn werden von höherwertigen wie Gold und Silber geschieden. Bei diesem Prozess gelangen topf- und schalenähnliche Tiegel zum Einsatz, und es ist hier von Interesse, dass der Begriff Tiegel mit seinen zahlreichen und sehr unterschiedlichen Wortbedeutungen (auch auf die entsprechende Streuung weist das Wörterbuch hin) mit dem Test wortgeschichtlich verwandt ist und beide sogar synonym verwendet werden können. In den

1 Barthold Hinrich Brockes: Das Silber, in: ders.: *Physikalische und moralische Gedanken über die drey Reiche der Natur*, Bd. 9, Hamburg u. a. 1748, 9. Verse in verkürzter Fassung zit. in Lemmata DESTtest, in: Jacob Grimm, Wilhelm Grimm: *Deutsches Wörterbuch*, Bd. 2, Leipzig 1860, Sp. 1031, woerterbuchnetz.de/DWB?lemid=D01703 (12.3.2023).

2 TEST, in: Wolfgang Pfeifer (Hg.): Wilhelm Braun: *Etymologisches Wörterbuch des Deutschen*, Bd. 2, Berlin 1993, zit. n. der von Wolfgang Pfeifer überarb. Version im *Digitalen Wörterbuch der deutschen Sprache*, dwds.de/wb/Test (1.3.2023).

Schmelztiegeln der Alchemist*innen und Bergleute soll sich die Wahrhaftigkeit des Materiellen offenbaren, so wie in einem übertragenen Sinn im Test die Gediegenheit menschlicher Charaktere zutage treten soll. Auf diese Weise jedenfalls gelangt der Schweizer Mediziner und Naturforscher Albrecht von Haller (1708–1777) von der unmetaphorischen Eigentlichkeit der Metallbearbeitung zu seiner Version eines frühen Persönlichkeitstests, in dem er unter dem Titel *Die Falschheit menschlicher Tugenden* das Blei zum Lackmustest für Aufrichtigkeit erklärt: «wann falsche tugend wird, wie blei im test, vergehen.»[3] Ähnlich verfuhr auch schon ein früherer Universalgelehrter, Daniel Georg Morhof, in seinem *Unterricht Von Der Teutschen Sprache und Poesie* aus dem Jahr 1682 bei der Detektierung frühneuzeitlicher Persönlichkeitsprofile.

> Die That thu ich euch nennen / That iſt der rechte Teſt /
> Darob ihr koͤnt erkennen / welch Leut ſein dicht und feſt
> Drumb laſſet euch nicht aͤffen / die Wort ſein heur wolfeil /
> Wanns aber kompt zum treffen / ſo find ſichs erſt weit fehl.[4]

Praxeologische und übertragene Beglaubigungsgesten begleiten den Test in eine Gegenwart, die sich ihm, wie die Rede von den *test societies* bei David Stark und Noortje Marres nahelegt,[5] scheinbar vollumfänglich verschrieben hat. In welcher Realisierung und medialen Ausgestaltung auch immer, der Test dient als eine auf Dauer gestellte Form der Vergewisserung. Den Möglichkeitsräumen eines schier universalen Testens steht daher eine Epistemologie des Unsicheren und das Begehren nach einer einfachen, schnellen und zielgerichteten Selbst- und Rückversicherung gegenüber.[6] Der Test soll ein Versprechen nach Objektivität einlösen, er folgt Standards und lässt in seiner wiederholbaren Eindeutigkeit nur wenig Ermessens- und Interpretationsspielräume zu. Das prädestiniert seine Verwendung dort, wo bestimmte Rationalisierungsschübe zu verzeichnen sind, wie in den Subjekt- und Objektpsychotechniken der klassischen Moderne; also dort, wo wie etwa im Taylorismus zu Beginn des 20. Jahrhunderts Leistungen in Teileinheiten zerlegt, sequenzialisiert und diese Subroutinen nicht mehr an eine Vorstellung vom ganzen Menschen, sondern an ein Set hochgradig ausdifferenzierter Spezialbefähigungen adressiert werden. Über die Eignung für einen bestimmten Beruf entscheiden standardisierte Tests und nicht länger Selbsteinschätzungen und Lebensentwürfe von Betroffenen.

Unängstliche Autor*innen der Moderne haben diese formierende Kraft des Testens erkannt und zeitdiagnostisch gewertet: Walter Benjamin etwa hat diesem Phänomen im Karussell der Berufe nachgespürt und Robert Musil, ein nicht nur literarisch ausgewiesener Spezialist für Eigenschaftszuschreibungen aller Art, hat in einer Arbeit über die Anwendung der Psychotechnik diese Logik der Eigenschaftserhebung für militärische Belange nachgezeichnet.[7] Ob Effizienz oder Einbildungskraft, ob kindliche Phantasietätigkeit oder Handgeschicklichkeit, ob menschliche oder auf Maschinen übertragene Rorschachtests, ob Disposition zu Kreativität oder Risikobereitschaft, ob Befähigung zum

3 Albrecht von Haller: *Versuch Schweizerischer Gedichte*, Berlin 2013 [1730], 108.

4 Daniel Georg Morhof: Unterricht Von Der Teutschen Sprache und Poesie / deren Uhrsprung / Fortgang und Lehrsätzen, Kiel 1682, 385.

5 Vgl. Noortje Marres, David Stark: Put to the Test: For a New Sociology of Testing, in: *The British Journal of Sociology*, Bd. 71, Nr. 3, 2020, 423–443.

6 In Frage gestellt wird diese Einfachheit bei Ludwik Fleck; vgl. Nicole Zillien: *Digitaler Alltag als Experiment. Empirie und Epistemologie der reflexiven Selbstverwissenschaftlichung*, Bielefeld 2020, insb. 15–37. Mit der Zielgerichtetheit ist eine Grundunterscheidung zum Experiment gegeben, vgl. dazu Hans-Jörg Rheinberger: *Spalt und Fuge. Eine Phänomenologie des Experiments*, Berlin 2021.

7 Vgl. Walter Benjamin: Karussell der Berufe, in: ders.: *Gesammelte Schriften*, Bd. II.2, Frankfurt / M. 1980, 667–676; Robert Musil: Psychotechnik und ihre Anwendungsmöglichkeit im Bundesheere, in: *Militärwissenschaftliche und technische Mitteilungen*, Jg. 53, Nr. 6, 1922, 244–265.

Haarefrisieren, Funken oder Fliegen – alles untersteht dem Test.[8] Im Zuge dessen werden eigene Gerätschaften und Apparaturen ersonnen – etwa solche, die bestimmte Geschicklichkeiten nachahmen und deren vorrangiger Seinsgrund das Testen selbst ist. Der Test schafft sich, wie im Umfeld der Intelligenztests immer hervorgehoben wurde, seine eigene Umgebung und seine eigenen Apparate, kurz seine eigene Umwelt, seine eigene Realität und seine eigene Rationalität.[9] Der Test formiert eine Welt nach Maßgabe von Eigenschaften: Diese können binär als bloßes Faktum (schwanger/nicht schwanger) oder als skalierter Wert (2,4 Promille Blutalkoholkonzentration) in Erscheinung treten. Ob Materialien oder Waren, Produkte oder Dienstleistungen, Persönlichkeitsprofile oder charakterliche Dispositionen, natürliche Eignungen oder erworbene Fähigkeiten, Wahrnehmungsschärfen oder Reaktionszeiten, Intelligenz- oder Kreativitätsprofile: Sie alle folgen einer Epistemologie des Eindeutigen und des Vereindeutigbaren. Sie alle erzeugen Daten, die, von den handelsüblichen Querulanzen einmal abgesehen, mit der Anmutung versehen sind, nicht weiter verhandelbar zu sein. Im Fall von menschlichen Akteur*innen bewähren sich dabei besonders solche Verfahren, die gar nicht erst fragen und damit die Möglichkeit von Täuschung und Lüge zulassen, sondern die auf eine Weise vorgehen, die der*dem Getesteten verschlossen und unzugänglich bleibt. Im besten, weil jegliche Intentionalität ausschließenden Fall wissen die Getesteten überhaupt nicht, dass sie Gegenstand (oder gar Subjekt) einer Testung sind.[10]

Dabei eignet dem Test ein Moment der Egalisierung: Die Testgesellschaft zieht sämtliche Mitglieder als potenzielle Beiträger*innen in Betracht. Aller Ausdifferenzierung und Spezialisierung zum Trotz darf und soll der Test damit gerade auch in die Hände derjenigen gelangen, die nicht über ausgewiesene Expertise und vermitteltes Fachwissen verfügen, sondern die in Form des Selbsttests das szientifische Sensorium um bestimmte Phänomene erweitern. Im Selbsttest, wie er für die Detektierung von Schwangerschaften oder Coronainfektionen massenweise Verwendung findet, manifestiert sich ein grundlegendes Vertrauen in eine Wissensförmigkeit, die im Test eine ubiquitäre und phänomenal vielgestaltige Materialisierung angenommen hat. In dieser Umsetzung ist die Selbstanwendung zu einer Selbstverständlichkeit geworden – Nasenabstriche in Teströhrchen und Urin auf Teststreifen geben, das sollte schließlich jede*r können.

II. Realitätscheck oder über die Gediegenheit des Seins

Unter den Bedingungen der Virtualität erhält der Test eine neue Dimension und eine Fülle neuer Anwendungsfelder. Dabei befördert eine sehr probate Eigentümlichkeit des Virtuellen derartige Anwendungen, nämlich das, was man seine ökonomische und ethische Niederschwelligkeit nennen könnte. In den konsequenzreduzierten oder -verminderten Szenarien virtueller Realitäten können und dürfen Dinge auf den Prüfstand geraten, deren Testung unter realen Bedingungen nur bedingt möglich oder ethisch nicht verantwortbar wäre.[11] Dafür

8 Zu dieser Reihe vgl. Wilhelm Stern: Ein Test zur Prüfung der kindlichen Phantasietätigkeit (›Wolkenbilder‹-Test), in: *Zeitschrift für Kinderpsychiatrie*, Nr. 5, 1938, 5–11; Gustav A. Lienert: *Die Drahtbiegeprobe als standardisierter Test*, Göttingen 1961; E. Paul Torrance: Examples and Rationales of Test Tasks for Assessing Creative Abilities, in: *The Journal of Creative Behavior*, Jg. 2, Nr. 3, 1968, 165–178; Adam S. Charles: Interpreting Deep Learning: The Machine Learning Rorschach Test?, in: *arXiv.org*, Juni 2018, doi.org/10.48550/arXiv.1806.00148.

9 Vgl. zum Apparatepark stellvertretend Emmy Lang: Psychologische Massenprüfungen für Zwecke der Berufsberatung (Methodik), in: Fritz Giese (Hg.): *Deutsche Psychologie*, Bd. 4, Nr. 1, Halle a. d. Saale 1925, 3–52.

10 Zu einem solchen Verfahren zur Entlarvung einer simulierten Taubheit und damit zur strategischen Nicht-Erkennbarkeit der Testsituation vgl. Stefan Rieger: Tautologisches Telefonieren. Wie man am Apparat mit sich selbst kommuniziert, in: Aleida Assmann, Ulrich Gaier, Gisela Trommsdorff (Hg.): *Zwischen Literatur und Anthropologie. Diskurse, Medien, Performanzen*, Tübingen 2005, 267–283.

11 Das rückt sie in eine Nähe zur Computersimulation. Vgl. dazu Claus Pias: Simulation, in: ders., Timon Beyer, Jörg Metelmann (Hg.): *Nach der Revolution. Ein Brevier digitaler Kulturen*, Berlin 2017, 90–101.

einschlägig sind virtuelle Testumgebungen (*virtual testbeds*), die eine schwer zu überschauende Konjunktur verzeichnen. Vom Vertrauen in Umgebungen über die Mensch-Roboter-Interaktion, Belange künstlicher Intelligenzen oder Schuhdesign bis zur Gestaltung eines taktilen Internets der Dinge – alles gerät auf den virtuellen Prüfstand.[12] Szenarien mit selbstfahrenden Fahrzeugen sind wegen ihrer lebenstechnischen Brisanz und der ihnen zukommenden allgemeinen Aufmerksamkeit dafür besonders einschlägig: Zum einen spielen sie die enorme Zahl möglicher und komplexer Alternativen mit geringsten Zeitverzögerungen durch und zum anderen sind sie in der Lage, ethisch bedenkliche Entscheidungsfindungen wie das *trolley problem* in die Fülle ihrer potenziellen Szenarien zu integrieren.[13] Sie nehmen die Möglichkeit ihrer errechneten Welten beim Wort, um die geeignetste Lösung vor dem Hintergrund der Fülle weniger geeigneter Lösungen zu isolieren und sie dann Wirklichkeit werden zu lassen. Dabei kommt es zu Verdopplungen klassischer Testszenarien, die im Virtuellen nachstellen, was sonst unter realen Bedingungen getestet wurde: Das gilt etwa für die grundsätzliche Frage, ob man Menschen von Nicht-Menschen unterscheiden kann, wie im inzwischen klassisch gewordenen Turing-Test.[14] Dies gilt auch für sehr spezifische Belange, etwa für die Frage, ob Menschen in der Lage sind, sich bestimmte Bewegungsabläufe vorzustellen; eine Frage des Einbildungswissens, die an einem privilegierten Gegenstand, der Rotation, Testungen in unterschiedlichen Settings erlaubt und die im Rahmen des *Mental Rotation Test* (MRT) zum handelsüblichen Testarsenal psychologischer Untersuchungen gehört.[15] Im VRSR (*Virtual Reality Spatial Rotation Test*) und im IMRT (*Immersive Mental Rotation Test*) erfährt der MRT seine Übertragung ins Virtuelle.

Eine ganz besondere Rolle spielt das virtuelle Testen allerdings dort, wo Aspekte der *usability* und damit die Möglichkeit einer Weltgestaltung etwa auf der Ebene des Produktdesigns zur Disposition stehen.[16] In virtuellen Realitäten wird erprobt, wie die Dinge der Welt künftig zu gestalten sind, um potenziellen Benutzer*innen einen optimalen Umgang mit ihnen zu ermöglichen.[17] Auf diese Weise gelangen Prototypen und Testkörper zum Einsatz, ohne je im Realen materialisiert werden zu müssen und ohne die damit verbundenen Ressourcen aufzuzehren. Die virtuellen Objekte sind Teil einer eigenen Ökonomie, verbrauchen sie doch, sieht man von den gern übersehenen Infrastrukturen und energetischen Ressourcen virtueller Realitäten einmal ab, selbst keine weiteren Materialien.[18] Getestet wird in virtuellen Umgebungen fast alles: medizinische Ausrüstung und Haushaltsgeräte, Fahrerkabinen und Gangschaltungen, Avatare und Bots, Produktionsstraßen und Dienstleistungsszenarien, Roboter und Werkzeuge, technisches Equipment für die Unterhaltung oder die Pflege im Rahmen des AAL (*Ambient Assisted Living*), Interfaces und Bedienhilfen, aber auch höchst detailreiche Formungen von Werkzeuggriffen und Trinkgefäßen. Getestet wird, in welcher Weise die Produkte einer künftigen Welt einen unkomplizierten, niederschwelligen und im Idealfall vermittlungsfreien, möglichst intuitiven Umgang mit ihnen erlauben, welche Affordanzen mit ihnen

12 Vgl. Azin Semsar u. a.: A Virtual Testbed for Studying Trust in Ambient Intelligence Environments (Conference Paper), in: Jia Zhou, Gavriel Salvendy (Hg.): *Human Aspects of IT for the Aged Population. Healthy and Active Aging. ITAP 2016*, Wiesbaden, 2018, 101–111, doi.org/10.1007/978-3-319-39949-2_10; Jürgen Rossmann u. a.: A Virtual Testbed for Human-Robot Interaction, in: 2013 UKSim 15. *International Conference on Computer Modelling and Simulation*, Cambridge (UK) 2013, 277–282, doi.org/10.1109/UKSim.2013.87; Philip Azariadis u. a.: Virtual Shoe Test Bed. A Computer-Aided Engineering Tool for Supporting Shoe Design, in: *Computer-Aided Design and Applications*, Jg. 4, Nr. 6, 2007, 741–750, doi.org/10.1080/16864360.2007.10738507.

13 Vgl. Riccardo Donà, Biagio Ciuffo: Virtual Testing of Automated Driving Systems. A Survey on Validation Methods, in: *IEEE Access*, Bd. 10, 2022, 24349–24367, doi.org/10.1109/ACCESS.2022.3153722; Florian Sprenger (Hg.): *Autonome Autos. Medien- und kulturwissenschaftliche Perspektiven auf die Zukunft der Mobilität*, Bielefeld 2021.

14 Vgl. Richard L. Gilbert, Andrew Forney: Can avatars pass the Turing test? Intelligent agent perception in a 3D virtual environment, in: *International Journal of Human-Computer Studies*, Nr. 73, 2015, 30–36, doi.org/10.1016/j.ijhcs.2014.08.001.

15 Zum *Mental Rotation Test* vgl. Zenon W. Pylyshyn: The Rate of ‹Mental Rotation› of Images. A Test of a Holistic Analogue Hypothesis, in: *Memory and Cognition*, Jg. 7, Nr. 1, 1979, 19–28, doi.org/10.3758/BF03196930.

16 Vgl. Fábio Freitas u. a.: Virtual Reality on Product Usability Testing. A Systematic Literature Review (Conference Paper), 22. Symposium on Virtual and Augmented Reality (SVR), Porto Alegre, 2020, 67–73, doi.org/10.1109/SVR51698.2020.00025.

17 Vgl. dazu stellvertretend Carol M. Barnum: *Usability Testing Essentials. Ready, Set … Test!*, Cambridge (MA) 2021.

18 Vgl. zu diesem Aspekt sowie zu einem kulturgeschichtlich eingängigen Material Qi Bin, Sun-Xiao Ming, Pei Eujin: Virtual Clay Prototyping System – A Framework for Real-Time Modeling, in: *iJoe. International Journal of Online and Biomedical Engineering*, Jg. 11, Nr. 5, 2015, 24–30.

verbunden sind und auf welche Weise sie den Nutzer*innen in die Hände (und im Fall von Schuhen in die Füße) spielen oder sich ihnen gegenüber als sperrig erweisen.[19] Benutzung und Akzeptanz, Widerständigkeit oder Dysfunktionalität sollen im Test sichtbar werden und den Weg für unterschiedliche Formen der Interaktion und Kollaboration bahnen.[20]

Doch es gibt darüber hinaus noch einen weiteren, sehr viel grundsätzlicheren Einsatz, der das Testen und die Virtualität über kasuistische Anlässe hinaus systematisch miteinander verspannt. In einer eigentümlichen Form der Selbstanwendung, in der Figur des *re-entry*, bildet gerade und ausgerechnet die Virtualität selbst einen neuen, eigenen und dem Test zugänglichen Phänomenbereich.[21] Der Test wird dabei zu einer Instanz, um über nicht weniger als über die Gediegenheit und den Wert von Seinsformen zu befinden (und damit zugleich über die Tauglichkeit von Ontologien).[22] In derartigen Anwendungen soll der Test darüber entscheiden, wie es um die Verhältnisse von real und virtuell steht.[23] Gefragt wird unter anderem danach, ob sie sich ebenbürtig und auf Augenhöhe begegnen oder ob das Virtuelle gegenüber dem Realen in eine Art Hintertreffen gerät und ihm der Status einer minderen Seinsform zugewiesen wird – ein Vorgang, der für die Frühphase der kurzen Historiografie der technischen Virtualität durchaus zu konstatieren ist. Realität und Virtualität werden im Zuge dessen zu testbaren Variablen, sie werden einem regelrechten *monitoring* unterzogen, an dessen Ende eine doch sehr grundsätzliche Auslotung von Seinsverhältnissen steht. Verhandelt wird das etwa unter der Formel des *reality monitoring*, die auf die Medien im Allgemeinen Anwendung findet und im Besonderen unter der Formel des *virtual reality monitoring* den Gegebenheiten des Virtuellen angepasst wird.[24] Mittels Eigenschaften werden auf diese Weise Welten modelliert und evaluiert.

Präsenz als eines der Basiskonzepte für die Erfahrung des Stimmigen, Kohärenten, Stichhaltigen und Plausiblen wird im Zuge dessen entlang einer Liste von Eindrücken abfragbar.[25] Einmal mehr hat in einer Welt, die ob ihrer als eingeschränkt veranlagten Welthaftigkeit oft auch als nur bedingt eigenschaftsfähig gilt, die Stunde der Adjektive geschlagen. Im Zuge der Evaluierung spielen materiell-physische Eindrücke und damit Eigenschaftswörter eine ausgewiesene Rolle. Das gilt für die Anwendungen selbst, die sich der Welt durch eine approximative Annäherung an deren Qualitäten zu versichern suchen, die das Körnige als körnig, das Griffige als griffig, das Nachgiebige als nachgiebig, das Handhabbare als handhabbar und das Begehbare als begehbar umzusetzen suchen. Wie ausdifferenziert der Umgang mit den Eigenschaften ist, zeigen Arbeiten, die sich der Umsetzung aisthetischer Eindrücke, etwa des Weichen und Nachgiebigen, widmen, oder solche, die sich dem Eindruck und der haptischen Plausibilität etwa des Rauen oder den Besonderheiten textiler Oberflächen verschrieben haben – Adjektive, die sich an materiellen Qualitäten ebenso abarbeiten wie an möglichen Umgangsweisen mit den derart qualifizierten Dingen und Objekten.[26] Entlang solcher Listen werden die künstlichen Welten modelliert, finden in deren

19 Vgl. Michael Salwasser u. a.: Virtuelle Technologien für das User-Centered-Design (VR for UCD). Einsatzmöglichkeiten von Virtual Reality bei der nutzerzentrierten Entwicklung, in: Holger Fischer, Steffen Hess (Hg.): *Mensch und Computer 2019 – Usability Professionals*, 263–269, doi.org/10.18420/muc2019-up-0277.

20 Alistair Sutcliffe, Brian Gault, Neil Maiden: ISRE: Immersive Scenario-based Requirements Engineering with Virtual Prototypes, in: *Requirements Engineering*, Bd. 10, Nr. 2, 2005, 95–111, doi.org/10.1007/s00766-004-0198-0.

21 Xiaoyin Wang: VRTest. An Extensible Framework for Automatic Testing of Virtual Reality Scenes, in: *ICSE '22 Companion*, 2022, 232–236, doi.org/10.1145/3510454.3516870.

22 Vgl. Rita Lauria: Virtual Reality. An Empirical-Metaphysical Testbed, in: *Journal of Computer-Mediated Communication*, Bd. 3, Nr. 2, 1997, doi.org/10.1111/j.1083-6101.1997.tb00071.x.

23 Vgl. Marie Muhr u. a.: Neuland adé. Wie können wir virtuelle Realitäten evaluieren?, in: Holger Fischer, Steffen Hess (Hg.): *Mensch und Computer 2019 – Usability Professionals*, 219–227, doi.org/10.18420/muc2019-up-0276.

24 Hunter G. Hoffman u. a.: Virtual Reality Monitoring. Phenomenal Characteristics of Real, Virtual, and False Memories, in: *CyberPsychology & Behavior*, Bd. 4, Nr. 5, 2001, 565–572, doi.org/10.1089/109493101753235151.

25 Vgl. z. B. Bob G. Witmer, Michael J. Singer: Measuring Presence in Virtual Environments. A Presence Questionnaire, in: *Presence. Teleoperators & Virtual Environments*, Bd. 7, Nr. 3, 1999, 225–240, doi.org/10.1162/105474698565686.

26 Ge- und erfasst werden solche Eindrücke im Genre einer veritablen *library*. Zu einer solchen Erfassung, bei der die Frequenz, mit der Versuchspersonen auf unterschiedliche materiale oder genauer gesagt simulierte Oberflächen klopfen, zu einem messbaren Indikator für deren Beschaffenheit und Härte wird, vgl. Allison M. Okamura, Jack T. Dennerlein, Robert D. Howe: Vibration feedback models for virtual environments, in: *Proceedings of the 1998 IEEE Conference on Robotics & Automation*, Leuven 1998, 674–679, doi.org/10.1109/ROBOT.1998.677050.

Umsetzung ihr approximatives Ziel und schlussendlich auch ihre Bestätigung. Um den Eindruck des Stimmigen zu gewährleisten, müssen sich die Phänomene als warm oder kalt, als schwer oder leicht, als widerständig oder nachgiebig, als hart oder weich, als sperrig oder anschmiegsam, als starr oder elastisch, als dehn- oder stauchbar, als geschmeidig oder borstig, als gediegen oder flüchtig, als falt- oder stapelbar erweisen.[27] Hochgradig materialspezifische Eigenschaften adressieren auf diese Weise körpernah einen wahrnehmenden Organismus: Aus der Welt ohne Eigenschaften sind Eigenschaften ohne Welt geworden.

Aber auch hier, und das ist ein Aspekt, der über kasuistische Qualifizierungen hinausgeht, taugen die Adjektive in einer Art Selbstbezugnahme zur Qualifizierung der Seinsarten selbst. Symptomatisch für diesen Prozess ist, wie sich dieser terminologisch in den Versuchen der konzeptuellen Selbstfindung niederschlägt. Zu beobachten sind vermehrt Vorgänge, bei denen eine bestimmte Vorstellung von Realität und Präsenz mittels typografischer Markierung durch Gänsefüßchen als uneigentlich qualifiziert und damit von anderen Präsenzen unterscheidbar werden soll.[28] Und auch die Virtualität wird zunehmend mit Adjektiven versehen, die sie nach ihrem Realitätsgehalt bemisst, ähnlich wie im Fall der realen Präsenz mit dem Gestus typografischer Markierung versehen (‹wirkliche Virtualität›).[29] Auffallend ist auch ein Ansatz, bei dem sich die Realität durch Hinzufügung eines Adjektivs nachgerade tautologisch ihrer eigenen Sachhaltigkeit und Seinshaftigkeit zu versichern scheint wie in einem *real-reality*-Ansatz von Wilhelm Bruns.[30] Während hier Versuche vorliegen, die Realität ihrer Realitätshaftigkeit und die Virtualität ihrer Wirklichkeit oder Wirkmächtigkeit zu versichern, erklären andere Ansätze die Virtualität kurzerhand zur ultimativen Fassung einer schier einschränkungslos geltenden Möglichkeitsbehauptung – oder anders gesagt: Im Virtuellen und damit in Umgebungen, die aus einer Vielzahl von Gründen als konsequenzvermindert gelten, soll nichts unmöglich sein («In VR, everything is possible!»).[31]

III. Schaufenster der Seinsarten: «imaginary» vs. «immersive loci»

Derartige Operationen und die damit verbundenen Distinktionsbemühungen treffen auf einen konzeptionell schwer zu fassenden Phänomenbereich. Bei den Versuchen, den Seinsstatus zwischen real, virtuell oder augmentiert in sämtlichen Graden der Übergängigkeit und Vermischung zu beschreiben, tritt immer wieder ein Ungenügen zutage.[32] Sowohl einfache Konzepte des Realen als auch solche des Imaginären und des Fiktiven scheinen für die terminologische Erfassung der durch die Virtualität erzeugten Lage unzureichend oder jedenfalls nur bedingt tauglich – Versuche, das Virtuelle etwa als defizitäre und nur approximativ erreichbare Form gegenüber dem Realen zu positionieren, vermögen theoretisch ebenso wenig zu überzeugen wie die Beharrlichkeit, das Virtuelle über ein Konzept der Repräsentation oder der Imitation an das Reale zu binden und damit auf Momente der Doppelung und Reproduktion zu reduzieren.[33] Sie

27 Vgl. Marco Vicentini, Debora Botturi: Human Factors in Haptic Contact of Pliable Surfaces, in: *Presence. Teleoperators & Virtual Environments*, Bd. 18, Nr. 6, 2009, 478–494, doi.org/10.1162/pres.18.6.478.

28 Vgl. Giuseppe Mantovani, Giuseppe Riva: ‹Real› Presence. How Different Ontologies Generate Different Criteria for Presence, Telepresence, and Virtual Presence, in: *Presence. Teleoperators & Virtual Environments*, Bd. 8, Nr. 5, 1999, 540–550, doi.org/10.1162/105474699566459.

29 Christoph Hubig: ‹Wirkliche Virtualität›. Medialitätsveränderung der Technik und der Verlust der Spuren, in: Gerhard Gamm, Andreas Hetzel (Hg.): *Unbestimmtheitssignaturen der Technik. Eine neue Deutung der technisierten Welt*, Bielefeld 2005, 39–62, doi.org/10.15159/9783839403518-004. Zu solchen Verstärkungen durch Beifügung von Adverbien vgl. Frank Steinicke: *Being Really Virtual. Immersive Natives and The Future of Virtual Reality*, Cham 2016.

30 Vgl. Wilhelm Bruns, Volker Brauer: *Bridging the Gap between Real and Virtual Modeling. A New Approach to Human-Computer Interaction*, Bremen 1996 (artec Paper Nr. 46); Wilhelm Bruns: Hyper-bonds. Distributed Collaboration in Mixed Reality, in: *Annual Reviews in Control*, Bd. 29, Nr. 1, 2005, 117–123, doi.org/10.1016/j.arcontrol.2004.11.001.

31 Hans-Christian Jetter u. a.: «In VR, everything is possible!». Sketching and Simulating Spatially-Aware Interactive Spaces in Virtual Reality, in: *CHI '20: Proceedings of the 2020 CHI Conference on Human Factors in Computing Systems*, 2020, 1–16, doi.org/10.1145/3313831.3376652.

32 Dafür einschlägig ist und war das Schema von Paul Milgram u. a.: Augmented reality. A class of displays on the reality-virtuality continuum (Vortrag), in: *Proceedings SPIE, Bd. 2351: Telemanipulator and Telepresence Technologies*, 1995, doi.org/10.1117/12.197321.

33 Aus systemtheoretischer Sicht sticht dabei Niklas Luhmanns Rede von der De-Ontologisierung der Realität ins Auge. Vgl. dazu das Buch über virtuelle Musik von Arne Till Bense: *Musik und Virtualität. Digitale Virtualität im Kontext computerbasierter Musikproduktion*, Osnabrück 2014.

sind ungenügend, weil sie in ihrer Fixierung auf stabile Dichotomien den Mischungsverhältnissen und damit den technisch-phänomenalen Ausgestaltungen in ihren Übergängigkeiten nicht zu entsprechen vermögen. Auch Versuche, das Digitale mit dem Virtuellen gleichzusetzen (oder gar als dritte Option noch die Imagination mit ins Spiel zu bringen), greifen zu kurz.[34] Stattdessen wird die Virtualität zum Anlass, mögliche Räume und Welten, mögliche Körper und Dinge, mögliche Wahrnehmungen und Erfahrungen, mögliche Hantierungen und Verrichtungen und nicht zuletzt auch mögliche Kommunikationen und Interaktionen auszuloten – und dabei einer allerorten zu beobachtenden und theoretisch (etwa von den Science and Technology Studies oder der Akteur-Netzwerk-Theorie) auch gewürdigten Ausdifferenzierung von Handlungsträgerschaften Rechnung zu tragen.[35] Dabei gilt ein Befund, den Elena Esposito bezüglich des Verhältnisses von Fiktion und Virtualität erhoben hat. In einer Welt des dichotomischen Ungenügens gibt es «keine falschen realen Objekte, sondern wahre virtuelle Objekte, für welche die Frage der realen Realität ganz und gar gleichgültig ist».[36]

Unterschiede, die auf der Ebene von Theoriebildung keinen Unterschied zu machen brauchen, lassen allerdings nicht alle gleichermaßen gleichgültig. Vielerorts ist ein Bedürfnis nach Beschreibungsalternativen zu beobachten, bei denen mit der Leistungsfähigkeit der jeweiligen Modalitäten zugleich ein kompetitives Moment verbunden ist. Immer wieder taucht mit der Unterscheidbarkeit der Welten die Möglichkeit ihrer Wertung auf – direkt, aber auch in Vermittlungsschleifen wird gefragt, wie sich das, was im Virtuellen der Fall ist, zu den Gepflogenheiten im Realen verhält. Bei dieser wechselseitigen Evaluierung spielen Eigenschaften und Eigenschaftszuweisungen eine bedeutende Rolle. Sie werden zur Maßgabe, sie sollen qualifizieren (und damit auch ein Ranking befördern).

Ein Beispiel, bei dem es um nicht weniger als um die Virtualisierung einer sehr alten und sehr wirkmächtigen Kulturtechnik, der Gedächtniskunst, geht, vermag das besonders eindrücklich verdeutlichen. Geschildert wird die Anordnung unter einem Titel, der an Deutlichkeit nichts zu wünschen übriglässt, nennt er doch die Gedächtnispaläste der Tradition ebenso beim Namen wie die Strategie der Lozierung: *Imaginary Versus Virtual Loci: Evaluating the Memorization Accuracy in a Virtual Memory Palace*.[37] Derartige Texte und ihre Anliegen folgen einem Schema: Sie verschränken eine tradierte Kulturtechnik mit den Gegebenheiten eines technischen Settings (ohne dabei auch nur ansatzweise auszureizen, was an technischen Möglichkeiten virtueller Welterzeugung umsetzbar wäre). Das ist so weit nicht sonderlich spektakulär. Auch die Durchführung folgt einem Schema und ist schnell erzählt: Mittels Untersuchungen an Proband*innen, die sich jeweils mit und ohne Verwendung des virtuellen Palastes an bestimmte Merkaufgaben machten, konnte der Nutzen der Technik gegenüber einem unangeleiteten Auswendiglernen zahlenmäßig unter Beweis gestellt werden – um vom damit verbundenen Spaß gar nicht erst zu reden,

34 Zu den Möglichkeiten, die Unterscheidung fruchtbar zu machen und an Theorievorgaben (Karen Barad) anzubringen, vgl. Risa Kimura, Tatsuo Nakajima: Modeling a Digitally Enhanced Real World Inspired by Agential Realism – Exploring Opportunities and Challenges, in: *Smart Cities*, Bd. 6, Nr. 1, 2023, 319–338, doi.org/10.3390/smartcities 6010016.

35 Vgl. Stefan Rieger: *Reduktion und Teilhabe. Kollaborationen in Mixed Societies*, Berlin 2022.

36 Elena Esposito: Fiktion und Virtualität, in: Sybille Krämer (Hg.): *Medien, Computer, Realität. Wirklichkeitsvorstellungen und neue Medien*, Frankfurt/M. 1998, 269–296, 270. Vgl. dazu auch Dirk Vaihinger: Virtualität und Realität. Die Fiktionalisierung der Wirklichkeit und die unendliche Information, in: Holger Krapp, Thomas Wägenbaur (Hg.): *Künstliche Paradiese, Virtuelle Realitäten. Künstliche Räume in Literatur-, Sozial- und Naturwissenschaften*, München 1997, 19–43.

37 Jan-Paul Huttner, David Pfeiffer, Susanne Robra-Bissantz: Imaginary Versus Virtual Loci: Evaluating the Memorization Accuracy in a Virtual Memory Palace (Conference Paper), in: *Hawaii 51st International Conference on System Sciences*, 2018, 274–282, doi.org/10.24251/HICSS.2018.037.

den die Benutzung der virtuellen Infrastrukturen den Proband*innen angeblich bereitete. Die Immersion, also das Eintauchen als technischer Vollzugsmodus virtueller Realitäten, scheint der Imagination haushoch überlegen.

Das Merken ist allerdings an diesem Setting gar nicht das Merkwürdigste. Vielmehr werden aus Anlass einer virtuellen Gedächtniskunst-Konjunktur Fragen aufgeworfen, die der doch sehr grundsätzlichen Frage nach dem Verhältnis der unterschiedlichen Realisierungen von Virtualität gelten, also danach, in welchem Verhältnis virtuelle, augmentierte und eingebildete Orte zueinander stehen.[38] Mit diesem Punkt wird über das bloße Auswendiglernen hinaus die epistemologische Bedeutung sichtbar, die der Neuauflage der Gedächtniskunst jenseits der Kautelen persönlicher Gedächtnissteigerung und der spezifischen Historiografie dieser Kunst zukommen könnte: Virtuelles und Imaginäres werden als eigenständige Formen eines Wirkmächtigen, aber zugleich Nicht-Realen in ein Verhältnis zueinander gesetzt, als Kategorien einer Seinsbeschreibung, die bei aller philosophisch verordneten Grundsätzlichkeit Kulturtechniken und Medientechniken mit ihren sehr eigenen Zeit- und Raumstrukturen sichtbar und verhandelbar machen.[39] Damit stellt sich die Frage nach dem Verhältnis der beiden Raumtypen oder genauer nach ihrer unmittelbaren und konfrontativen Gegenüberstellung – *Imaginary Versus Virtual Loci* lautet dann auch der Titel einer der damit befassten Arbeiten. Die Loci der Gedächtniskunst werden im wörtlichen Sinne zur Stellvertretung von Raumkonzepten in ihrer unterschiedlichen ontologischen Verbürgtheit, um an dieser Stelle die Rede von der Gediegenheit nicht zu strapazieren.[40] Dabei wird zugleich das jeweilige Potenzial der unterschiedlich veranlagten Orte ausgelotet und damit zumindest unterschwellig eine Art Wettbewerb eröffnet, der die beiden Modalitäten nach ihrer jeweiligen Leistungsfähigkeit skaliert. Das erinnert an ein Szenario im Fall des Träumens, genauer noch des Wachträumens (*lucid dreaming*), bei dem die Frage virulent wird, ob das Virtuelle denn nicht als das bessere Imaginäre zu veranschlagen wäre. Die Modalitäten von Seinsbezügen und Existenzweisen müssen sich im Zuge dessen einem Vergleich stellen – der Ausgang ist dabei ungewiss und ergebnisoffen.

Der Test wird zum Schmelztiegel für den Realitätsgehalt. Hinter der Testung und ungeachtet der jeweiligen und durchaus vielfältigen Anwendungsbereiche steht die sehr grundsätzliche Frage nach dem Kompetitiven, also danach, ob Phänomene, Leistungen im Realen gegenüber denen im Virtuellen als ebenbürtig, als unter- oder überlegen oder als alteritär und damit im Vergleich nicht belangbar gelten. Darüber, ob im Rahmen der Gedächtniskunst virtuelle Loci den imaginären gleich sind oder es Unterschiede in der Leistungsbilanz gibt, darüber, wie sich das luzide Träumen zu den Immersionsszenarien der VR positioniert, über all diese Fragen entscheiden Tests. In einer wundersamen Selbstbezüglichkeit wird der Test selbst von diesem Prozess erfasst und muss sich danach bemessen lassen: *Virtually the Same: Comparing Physical and Virtual Testbeds*.[41]

38 Der Nachweis für diese Konjunktur muss hier schuldig bleiben, vgl. dazu Stefan Rieger: *Lesen, Merken, Wohnen, Träumen. Topologien des Virtuellen* (in Vorbereitung).

39 Vgl. zu einer solchen Bestimmung bei gleichzeitiger Hervorhebung der zunehmenden Alltagstauglichkeit Mizuki Sakamoto, Tatsuo Nakajima, Todorka Alexandrova: Enhancing values through virtuality for intelligent artifacts that influence human attitude and behavior, in: *Multimedia Tools and Applications*, Bd. 74, Nr. 24, 2015, 1537–1568, hier 1537, doi.org/10.1007/s11042-014-2250-5.

40 Vgl. Huttner u. a.: Imaginary Versus Virtual Loci. Zum sprachlich markierten Modus der Gegenüberstellung vgl. auch Sara Ventura u. a.: Immersive Versus Non-immersive Experience. Exploring the Feasibility of Memory Assessment Through 360° Technology, in: *Frontiers in Psychology*, Bd. 10, 2019, o. S., doi.org/10.3389/fpsyg.2019.02509.

41 Jonathan Crussell u. a.: Virtually the Same: Comparing Physical and Virtual Testbeds, in: *arXiv.org*, 21.1.2019, 847–853, doi.org/10.48550/arXiv.1902.01937.

Am Ende eines Beitrags, der sich dem virtuellen Testen verschrieben hat, soll ein letzter Test zur Sprache kommen, der nach der Provenienz fragt, also danach, ob sich der Eindruck des Umgangs mit einem virtuellen Objekt von dem mit einem realen Objekt unterscheiden lässt und ob diese Unterscheidung, so sie denn gelingen sollte, einen Unterschied macht. Es ist dieser Aspekt, der in der Figur des *digital twin* eine eigene Form der Verkörperung angenommen hat. Was zur Disposition steht, ist das Sich-Vertun im Realitätsgehalt erinnerter Objekte, also die Frage, wie es um den ontologischen Status der Quelle von erinnerten Gegenständen bestellt ist oder war.[42] Oder anders gesagt, ob es im Virtuellen so etwas wie falsche falsche Erinnerungen gibt. Die Frage nach einer Falschheit zweiter Ordnung wird, man ahnt es, selbst wieder durch einen Test gelöst, genauer durch einen *source identification test*.

> Subjects physically touched some real objects with their real finger and with eyes open, and touched other virtual objects with their cyberfinger in immersive virtual reality (visual only, no tactile feedback for virtual objects). One week later, they took a source identification test. After the source identification test, subjects rated phenomenal qualities associated with each memory, using a Virtual-Real Memory Characteristics Questionnaire (VRMCQ). For old items, results from the VRMCQ are consistent with the idea that VR monitoring draws on differences in qualitative characteristics of memories for perceived and virtual events/objects (consistent with Johnson and Raye). […] Furthermore, VR monitoring might prove useful as a sort of Turing test of how convincing the virtual world is, and the VRMCQ can identify which qualities of the virtual experience (e.g., color) require improvement.[43]

Damit kommt der Überlegenheitskampf von Seinsbezügen und Existenzweisen mit Blick auf virtuelle Testverfahren zu einem vorläufigen Ende. Getestet werden soll in einem an den Turing-Test angelehnten Verfahren nicht weniger als die Plausibilität und damit die Gediegenheit virtueller Welten.

42 Vgl. Ajoy S. Fernandes, Ranxiao Frances Wangy, Daniel J. Simons: Remembering the Physical As Virtual. Source Confusion and Physical Interaction in Augmented Reality, in: Stephen N. Spencer: *ACM SIGGRAPH Symposium on Applied Perception* 2015, 127–130, doi.org/10.1145/2804408.2804423.

43 Hoffman u. a.: Virtual Reality Monitoring, 566.

Survivalist Mattin bricht in Tränen aus, Screenshot aus 7 *vs. Wild*, S1 E8 (Orig. i. Farbe)

DANIELA HOLZER

«SURVIVAL ENGINEERING»

Die Survival-Show «7 vs. Wild» als exemplarische Testsituation einer bedrohlichen Gegenwart

Kaum Nahrung, wenig Kleidung am Körper und nur ein paar Hilfsmittel in Händen: Es hat den Anschein, als wäre die Apokalypse hereingebrochen und die Welt dabei, unterzugehen. Insbesondere dürfte sich gerade die Welt von YouTuber «SurvivalMattin» auflösen: In der achten Folge der ersten Staffel der Survival-Show *7 vs. Wild*, zu sehen seit Dezember 2021 auf YouTube, beichtet der Kandidat unter Tränen in die Actioncam: «Schön ist die Natur, keine Frage, aber sie ist fucking einsam».[1] Die ‹apokalyptische Einsamkeit› zählt jedoch nur zu einem von vielen unbekannten Szenarien – beim ‹Überlebensfernsehen› haben sich Protagonist*innen sowie Publikum einer Vielzahl an Tests zu stellen.

Das spezifische Format fügt sich in ein größeres Bild ein: Unsere «Zukunft als Katastrophe», um mit Eva Horn zu sprechen, findet in den Medien ihren Ausdruck sowie ihre Verarbeitung.[2] So rekonstruiert die Kulturwissenschaftlerin, wie sich *survivalism* ab den 1980er Jahren von einem populären Outdoorsport hin zu einer permanenten Katastrophenübung wandelt – stets im Trainings- und Testmodus: *fit to survive*.[3] Demgegenüber scheint es, als hätten wir es aktuell angesichts der Pandemie, des Krieges in der Ukraine und anderer Ausnahmesituationen mit einer noch radikaleren Form der Biopolitik zu tun. Denn wie die Protagonist*innen der Survival-Realityshow *7 vs. Wild* inszeniert vorführen, geht es augenscheinlich ums ‹einsame› und ‹nackte› Überleben. Konkreter formulieren es Noortje Marres und David Stark – sie sprechen von einer «neuen Soziologie des Testens».[4] Den Soziolog*innen zufolge sind Prüfungen und Tests in sämtlichen Bereichen der Gesellschaft allgegenwärtig geworden. Sie werden routinemäßig als Form staatlicher Governance, im Zuge von Marketingmaßnahmen oder als Instrument für politische Interventionen eingesetzt, genauso, wie sie zur Selbstevaluation als alltägliche Praxis gehören.[5]

Unter Rückgriff auf Andrea Seiers mikropolitische Perspektive lässt sich in Bezug auf eine «Praxis der Übung» formulieren: Übungen und Tests, verstanden als beispielsweise Körper-, Wissens- oder Psychotechniken, stellen «Praxisformen dar, die zielgerichtet sind und eine Veränderung bewirken sollen».[6] Wie

1 *Rettung in der Nacht*, Regie: Fritz Meinecke, Erstausstrahlung 3.12.2021, S1 E8 von *7 vs. Wild*, 2 Staffeln, 32 Episoden, Idee: Fritz Meinecke, DE/SE/PA 2021–2022. Hier zitiert nach YouTube-Upload der Episode, dort TC 00:41:17, hochgeladen von Account Fritz Meinecke, 3.12.2021, youtu.be/HzZfH4UNr6I (16.5.2023).

2 Vgl. Eva Horn: *Zukunft als Katastrophe*, Frankfurt/M. 2014, 181–241.

3 Vgl. Jürgen Martschukat: The Age of Fitness. The Power of Ability in Recent American History, in: *Rethinking History: The Journal of Theory and Practice*, Bd. 23, Nr. 2, 2019, 157–174, doi.org/10.1080/13642529.2019.1607473.

4 Noortje Marres, David Stark: Put to the Test: For a New Sociology of Testing, in: *The British Journal of Sociology*, Bd. 71, Nr. 3, 2020, 423–443.

5 Vgl. Marres, Stark: Put to the Test, 423.

6 Andrea Seier: *Mikropolitik der Medien*, Berlin 2019, 42, 40.

Horn anhand von Eignungstests im Rahmen von Assessment-Center ausführt, gehören «Test und Theater» – Survival-Shows ebenso als Überlebens- und Eignungstheater lesbar – zu zwei Machttechnologien, «die spezifische Verfahren der Wissenskonstitution am Menschen entfalten».[7] Der (Eignungs-)Test zielt auf die passgenaue Verortung des Menschen im System der Arbeit («the right man in the right place»), während das (Eignungs-)Theater an der «Virtualisierung von Identitäten», sprich an deren «endlose[r] Flexibilisierung» arbeitet.[8] Marres und Stark schlagen noch eine andere Richtung ein: Sie erkennen die Herausforderung darin, dass das allgegenwärtige Testen die Beziehungen zwischen Wissenschaft, Technik und Gesellschaft verändert: «Engineering is today in the very stuff of where society happens.»[9]

Demzufolge besteht das Anliegen des vorliegenden Beitrags darin, unter Bezugnahme auf Überlebensshows die «new sociology of testing»[10] um das aktuelle mediale Katastrophenbewusstsein zu erweitern und die neuen soziologischen Implikationen zu Testgesellschaften mit einer medienwissenschaftlichen Perspektive anzureichern. Indes richtet sich mein Blick, wie dies auch Marres und Stark vorschlagen, nicht darauf, was aus den Survival-Experimenten resultiert, sondern was Überlebenstests (als «ecology of testing») erzeugen.[11] Denn *survivalists* oder Vertreter*innen verwandter Bewegungen wie die *prepper*-, *hunter*- oder die *bushcraft*-Community stellen nicht nur sich selbst permanent auf die Probe oder testen in kleinen Gruppen, wie sie in herausfordernden Umgebungen ihre Fähigkeiten und Fertigkeiten verbessern können. Der Fokus meiner Forschungsperspektive richtet sich darauf, dass ich Survival-Shows als eine Art exemplarischen ‹Stresstest› betrachte, der für das reale soziale Leben vieler Menschen steht – das Soziale, so drücken es Marres und Stark aus, «is being put to the test».[12] Insbesondere lässt sich das ‹Survival-Experiment› mit dem ständigen Wandel der Umstände und ihrer Protagonist*innen als «Einübung in die Mentalität der Prekarität»[13] lesen. Zugleich verändert das Survival-Test-Dispositiv die Rahmenbedingungen der Survival-Simulationen unaufhörlich, wie ich nachfolgend zeigen werde.

Vorausgeschickt werden kann jedoch, dass reichweitenstarke *survivalists* wie der oben erwähnte «SurvivalMattin» für die Verwischung der Grenzen zwischen der Testsituation und der Welt sorgen, auf die sich der Test beziehen soll.[14] Was sich anschließen lässt, ist eine ambivalente These: Auf der einen Seite erfahren Gruppen wie *preppers* und *survivalists* bzw. die von ihnen propagierten Szenarien zunehmend gesellschaftliche Aufmerksamkeit. Auf der anderen Seite bleibt *survivalism* als periphere Disziplin des Neoliberalismus zu verorten, da diese soziale Bewegung als radikale Abkehr von hochtechnisierten Wohlstandsgesellschaften verstanden werden muss und programmatisch außerhalb eines funktionierenden gesellschaftlichen Gefüges an deren Rändern situiert ist. Doch auch wenn sich diese Bewegungen v. a. als ambivalent beschreiben lassen, sind *preppers*, *hunters* oder die *bushcraft*-Community und ihre «Praxis der Übung» eine aufschlussreiche Quelle, insofern sie die Janusköpfigkeit einer aktuellen Kunst des (Über-)Lebens verdeutlichen. Medien spielen dabei – etwa als

7 Eva Horn: Test und Theater. Zur Anthropologie der Eignung im 20. Jahrhundert, in: Ulrich Bröckling, Eva Horn (Hg.): *Anthropologie der Arbeit*, Tübingen 2002, 109–126, 124.

8 Ebd., 125.

9 Marres, Stark: Put to the Test, 425.

10 Ebd.

11 Ebd. Weiter schreiben Marres und Stark: «[T]hat is, when one examines consequences less as what is resolved than by what is further generated – then research on testing cannot remain focused on a particular testing moment but must study whether and how any given test operates in an ecology of testing», ebd.

12 Ebd.

13 Paolo Virno: *Grammatik der Multitude. Öffentlichkeit, Intellekt und Arbeit als Lebensformen. Die Engel und der General Intellect*, Wien 2005, 118 f.; Oliver Marchart: *Die Prekarisierungsgesellschaft. Prekäre Proteste. Politik und Ökonomie im Zeichen der Prekarisierung*, Bielefeld 2013, 54.

14 Vgl. Marres, Stark: Put to the Test, 434.

perspektivenreicher und zugleich prekärer Intimus in 7 *vs. Wild* – eine bedeutende Rolle. Folglich untersucht dieser Beitrag, wie mit und in den Medien soziale Strukturen für ein prekäres Stadium getestet, propagiert und produziert werden. Zugleich haben wir es aber mit einer Verzerrung zu tun: Die Protagonist*innen richten die Actioncam nicht nur ständig auf sich selbst – für die Informationstechnologie gerät v.a. das Publikum in den Fokus. Nicht nur angesichts dessen schreibe ich dem portablen Kameraauge besondere Bedeutung zu, wie ich im Folgenden demonstrieren werde. Es ist bekannt, dass die Plattform YouTube soziale Interaktionen mittels Likes, Klicks, Kommentaren, Belohnungen etc. fördert und damit den Rahmen für die Einbindung sozialer Praktiken in die kapitalistische Logik schafft. Allerdings haben Google bzw. Alphabet oder Facebook bzw. Meta, wie Shoshana Zuboff in *Das Zeitalter des Überwachungskapitalismus* verdeutlicht,[15] wenig Interesse an den Individuen an sich (was jedoch nicht bedeutet, dass die Methoden der Tech-Giganten nicht individualisierend sind). Vielmehr liegt nach Zuboff die Strategie ‹sozialer› Netzwerke darin, mittels großer gebündelter Datenmengen das Verhalten von Menschen zu modifizieren, als dass sie sich für die Verfolgung individueller Spuren interessieren. Marres und Stark verfolgen eine ähnliche Überlegung, wenn sie erklären, dass Google, Microsoft, Airbnb etc. ihre Tests nicht im sozialen Umfeld durchführen, sondern das soziale Umfeld selbst das Testobjekt darstellt.[16]

Zusammenfassend kann gesagt werden, dass die Survival-Realityshow 7 *vs. Wild* somit als Gegenstand dient, um das *survivalism*- bzw. Test-Dispositiv näher auszuleuchten, da diese reichweitenstarke YouTube-Show zeigt, dass es sich bei solchen Belastungsproben nicht nur um spielerische Challenges einzelner Menschen handelt, die trainieren, wie sie sich am besten in der Natur fit halten, sondern das Experiment umfasst auch das Publikum, das im sensorischen Erfassen und im Modellieren von Verhaltensmodifikationen erforscht wird. Der vorliegende Beitrag beschäftigt sich vorrangig mit den allgemein-gesellschaftlichen Implikationen der *survivalism*-Formate. Allerdings wird die bereits intensiv getestete Informationstechnologie in Bezug auf Publikumsanalysen meiner Auffassung nach zukünftig einen großen Einfluss auf YouTube- und andere Streaming-Formate ausüben und vice versa, worauf ich später noch einmal zu sprechen komme. Festzuhalten bleibt aber, dass sich daraus weitere spannende zu untersuchende Aspekte ergeben, die über die vorgenommene Untersuchung hinausweisen.

Vom «camera hunting» zur Actioncam

Bei 7 *vs. Wild* handelt es ich um eine Realityshow des Webvideoproduzenten Fritz Meinecke für seinen Kanal auf dem Videoportal YouTube. Das Testprogramm: sieben Teilnehmer*innen, sieben Kleidungs- und Ausrüstungsgegenstände, sieben Tage allein in der Wildnis. Als ‹Dokumentationstool›, sprich als Tool für die Inszenierung der Nicht-Inszenierung, wird die Actioncam, genauer die GoPro[17] verwendet, weil sie unkompliziert durch die *survivalists* selbst

15 Shoshana Zuboff: *Das Zeitalter des Überwachungskapitalismus*, Frankfurt/M., New York 2018.

16 Vgl. Marres, Stark: Put to the Test, 423.

17 Markenname eines US-amerikanischen Herstellers von Action-Camcordern.

bedient werden kann. Außerdem erlaubt die besondere Perspektive der Actioncam dem YouTube-Publikum ein «*Verdammt-nah-dran-Sein*» bzw. ein Gefühl des «*Dort-Seins* (*being there*)» und durch die mediale Übertragung ein «*Mit-dabei-Sein (being with)*».[18] Die Beschaffenheit der GoPro ermöglicht noch weitere Betrachtungswinkel und Inszenierungskniffe wie etwa, den Blick der Nutzer*in zu simulieren (POV), eine *first-person-* oder *third-person*-Perspektive herzustellen oder am Stick als Selfie-Kamera zu fungieren.[19] Im Mittelpunkt steht dabei nicht die Produktion eines penibel arrangierten, ‹reichen› Bildes wie bei der herkömmlichen Filmkamera. Stattdessen wird v.a. eine Situation präsentiert, die eine gegenteilige Ästhetik erfordert, die als «armes Bild»[20] von Prekarität zeugt und diese durch beschlagene, matte oder getrübte Kameralinsen verdeutlicht. Demzufolge bringen die Risiken, denen sich die *survivalists* stellen, für sie keine große Belohnung in Form eines ‹reichen› ästhetischen Bildes. Die Trophäe, die sie erringen, liegt vielmehr in der Erfahrung ihres (Über-)Lebens.

Medienhistorisch nimmt das Sammeln visueller Trophäen als Praxis – oder die Verflechtung des visuellen Bildes mit dem überlebensorientierten Subjekt – als *camera hunting* ihren Ausgangspunkt bereits im späten 19. Jahrhundert, wie der Soziologe Joe P. L. Davidson wissen lässt. Im damaligen Interesse stand die Praxis, Tiere mit einer Kamera und mit einem Gewehr zu ‹erlegen›. Die fotografischen Bilder dienten als Nachweis der Sportlichkeit, des Könnens und der Macht.[21] Diese damals gefährliche Praxis prägte auch die Naturkinematografie: Filmemacher*innen als Held*innen in der Wildnis.[22] Derartige sensationslüsterne Mediendarstellungen nahmen in den 1930er Jahren ab, selbst wenn beispielsweise Jacques-Yves Cousteau in den 1960er Jahren mit seinen Tauchgängen auf der Suche nach einem bestimmten Tier ähnliche Inszenierungen betrieb. In den 1990er Jahren gewann das Thema z.B. durch die Serie *The Crocodile Hunter* (Animal Planet, AUS/US 1996–2004) erneut an Popularität.[23] Im Gegensatz zu herkömmlichen Tierdokumentationen begibt sich der Dokumentarfilmer Steve Irwin in ständige Gefahr, um das Interesse des Publikums zu wecken, wenn er demonstriert, wie ihm die Übung ‹Mensch gegen wilde Natur› gelingt.[24] Im Übrigen zeigt sich auch in *7 vs. Wild* die Tradition der Naturdokumentationen bis heute – wenn auch der*die ‹Gejagte› menschlicher Natur ist und das Publikum vor den Screens zum ‹Freiwild› wird.[25]

Vor einigen Jahren hat sich die Technologiebranche auf das Beobachten von Menschen unter dem Schlagwort *reality mining* spezialisiert[26] – Daten, die der Wissenschaft zur Verfügung stehen und von ihr genützt werden, wie Marres und Stark betonen.[27] Ein Teilbereich der Forschung nutzt die Echtzeiterfassung von Routineverhalten zur Untersuchung zwischenmenschlicher Interaktionen wie *emotion recognition*[28], ein Gebiet der Machine-Learning-Systeme, bei dem allgemein von Künstlicher Intelligenz (KI) gesprochen wird. So hat u.a. Zoom mit der Entwicklung einer KI-Technologie (Zoom IQ) begonnen, die Gesichter und Sprache von Nutzer*innen in Echtzeit scannen kann, um deren Emotionen zu ermitteln.[29] Ebenso stellte der Konzern Disney Research im Juli

18 Winfried Gerling: «Verdammt nah dran». Die GoPro als Companion Technology, in: *AugenBlick. Konstanzer Hefte zur Medienwissenschaft*, Bd. 85: *Automatisierte Zuwendung. Affektive Medien – Sensible Medien – Fürsorgende Medien*, Marburg 2022, 37–44, hier 41f, alle Herv. i. Orig.

19 Vgl. ebd.

20 In Anlehnung an: Hito Steyerl: *Jenseits der Repräsentation / Beyond Representation*, Köln 2016, 17.

21 Vgl. Joe P. L. Davidson: Life Can Be a Little Bit Fluffy: Survival Television, Neoliberalism, and the Ambiguous Utopia of Self-preservation, in: *Television & New Media*, Bd. 21, Nr. 5, 2019, 475–492, hier 480.

22 Vgl. etwa die Studien von Gregg Mitman: *Reel Nature: America's Romance with Wildlife on Film*, Cambridge (MA) 1999; Cynthia Chris: *Watching Wildlife*, Minneapolis 2006.

23 Ebd.

24 Tatsächlich gelingt Steve Irwin diese Übung nicht, denn er stirbt bei Unterwasseraufnahmen an dem Gift eines Stachelrochens.

25 Zuboff hält fest, dass Technologiekonzerne wie Google bzw. Alphabet bereits in der Vergangenheit Datenschutzverletzungen vorgenommen haben, indem sie z.B. Fähigkeiten des Webcrawlers (Programm zum Aufspüren von Informationen im Web) mit neuen Life-Crawling-Operationen kombinierten, um das Verhalten von Personen zu erfassen, zu antizipieren und auch zu verändern. Sie beschreibt dies folgendermaßen: «Verhaltensüberschuss, online wie offline, sei es der Inhalt Ihrer E-Mails, Ihr Aufenthaltsort gestern Nachmittag, was Sie gesagt oder getan haben, Ihre Befindlichkeit – alles wird zu Vorhersageprodukten kombiniert, in denen jeder Aspekt Ihrer Alltagsrealität zum Freiwild wird.» Zuboff: *Das Zeitalter des Überwachungskapitalismus*, 297.

26 *Reality mining* basiert auf den Daten, die von Sensoren in Mobiltelefonen, Sicherheitskameras, RFID-Lesegeräten etc. erfasst werden. Sie alle ermöglichen die Messung physischer und sozialer Aktivitäten der Gerätenutzer*innen.

2017 auf einer Konferenz ein neues Verfahren namens Factorized Variational Autoencoders (FVAEs) vor. Dahinter verbirgt sich ein Deep-Learning-System, das darauf trainiert wird, komplexe Publikumsreaktionen zu erfassen und Gesichtsausdrücke für *modeling audience reactions to movies* zu bewerten.[30] Auch das Unternehmen Affectiva ist beim *entertainment content testing* behilflich: «Affectiva Emotion AI gives you the ability to decode both audience reaction and the characters within the content.»[31] Wie Zuboff befürchtet, sieht Affectivas CEO Rana el Kaliouby «zum Beispiel YouTube die Gesichter seiner Nutzer scannen, während sie sich dort Videos ansehen».[32] Gekoppelt mit Likes, Klicks, dem geliebten Smartphone – sprich GPS-Einwahlpunkten – und vielem mehr liefern diese Daten die Empirie: nämlich das emotionale Profil von Menschen.

Survival-TV als Genre und «social experiment»

Aufgrund der Vielfältigkeit von *survivalism* ist es schwierig, konkrete Definitionen vorzunehmen, wie bereits die vielen beteiligten Gruppen deutlich machen – seien es *survivalists*, *preppers*, *hunters*, die *bushcraft*-Community, *preppers* für SHTF (*shit hits the fan*), Überlebende im sogenannten TEOTWAWKI (*the end of the world as we know it*) usw. Historisch betrachtet kann der Kalte Krieg als dominierende Desasterübung und Hintergrund für die Entstehung der Bewegungen gelten, doch wurde in den 1980er Jahren die lokale Katastrophe zu einem globalen Szenario ausgeweitet: zum *nuclear winter*.[33] Im Vergleich zu dem damals noch relativ kleinen Katalog an Verstrahlungs- und Vergiftungskatastrophen haben die heutigen Überlebens-Websites und Survival-Ratgeber ein fast unüberschaubares Spektrum an Bedrohungen im Blick.[34] Zugleich wurde der Rückzug aus der Urbanität in die Natur propagiert. So gaben beispielsweise die US-amerikanischen Survival-Pionier*innen Don und Barbie Stephens in ihrer 1976 veröffentlichten *The Survivor's Primer & Up-dated Retreater's Bibliography* an, wie ein sicherer Rückzugsplatz außerhalb der Urbanität aussehen könne, da alle im Katastrophenfall schleunigst aus der Stadt fliehen sollten, oder wie Horn anmerkt: «Katastrophenschutz wird zum Lebensstil.»[35] Als deutschsprachiges Pendant zu den Stephens gilt Survival-Experte Rüdiger Nehberg aka «Sir Vival», der sich medienwirksam über mehrere Monate auf sich allein gestellt und ohne Ausrüstung durch Regenwald, Wüste und Dschungel kämpfte.[36]

Die diffuse Lage heutiger Katastrophenszenarien macht die Formen der Vorbereitung komplexer. Demnach sprechen *survivalists* nicht mehr ‹nur› von *preparedness* (Vorbereitetsein),[37] sondern von Resilienz (Widerstandsfähigkeit). John Robb, Militär- und Unternehmensberater, geht noch weiter mit seinem Motto: «Don't just survive, thrive (Nicht bloß überleben, gedeihen!).»[38] Grundsätzlich verbinden *survivalists* mit ihrer Überzeugung hinsichtlich der Art und Weise der Katastrophe nicht selten entsprechende Praktiken.[39] Grobe definitorische Unterscheidungen sind kurz skizziert folgende: Vertreter*innen der *bushcraft*-Community wollen aus ihrem Alltag herauskommen und Abenteuer

27 Anonyme Echtzeit-Standortdaten von Smartphones werden für minutengenaue Verkehrsberichte genutzt, Marres, Stark: Put to the Test, 436.

28 Emotionale KI (*affective computing*) erkennt, interpretiert und simuliert menschliche Emotionen. Der Teilbereich Facial Emotion Recognition (FER) konzentriert sich auf die Erkennung von Emotionen mithilfe von Gesichtsausdrücken.

29 Vgl. Theresa Larkin: Zoom IQ für den Vertrieb – Gesprächsanalyse für Vertriebsteams [Artikel auf Zoom Unternehmensblog], 13.4.2022, blog.zoom.us/de/zoom-iq-for-sales/ (8.5.2023).

30 Vgl. Zhiwei Deng u. a.: Factorized Variational Autoencoders for Modeling Audience Reactions to Movies, in: 2017 IEEE *Conference on Computer Vision and Pattern Recognition* (CVPR), 9.11.2017, 6014–6023, doi.org/10.1109/CVPR.2017.637.

31 O. A.: Affectiva Media Analytics for Entertainment Content Testing [Produktbeschreibung auf Firmenwebsite Affectiva], ohne Datum, affectiva.com/product/affectiva-media-analytics-for-entertainment-content-testing (8.5.2023).

32 Zuboff: *Das Zeitalter des Überwachungskapitalismus*, 331.

33 Vgl. Horn: *Zukunft als Katastrophe*, 149–187.

34 Ein satirisches Beispiel liefert die US-amerikanische Animationsserie *South Park* (1997–laufend). Die titelgebende Stadt wird fast täglich von vielfältigen Katastrophen heimgesucht.

35 Horn: *Zukunft als Katastrophe*, 185.

36 Rüdiger Nehberg verstarb 2020.

37 Die *preparedness*-Hypothese (eine Modellvorstellung des Psychologen Martin E. Seligman) basiert darauf, dass Menschen angeblich auf evolutionär prädisponierte Reize, konkret auf Situationen und Objekte, die potenzielle Gefahren darstellen, mit Angst reagieren, vgl. Martin E. Seligman: On the Generality of the Laws of Learning, in: *Psychological Review*, Bd. 77, Nr. 5, 1970, 406–418.

38 Horn: *Zukunft als Katastrophe*, 187.

39 Vgl. ebd., 181 f.

erleben, beim Survival werden Fertigkeiten eingeübt, um eine gewisse Zeit in der Natur zu überleben, aber auch wieder nach Hause zu kommen. Die Challenge der *prepper-boyscouts* ist es, *to be prepared* – also vorbereitet und in ständiger Alarmbereitschaft zu sein.[40] Die *prepper-boyscout*- bzw. Survival-Community räumt jedoch ein, dass klare Grenzen kaum gezogen werden können. Mit anderen Worten: In der Vielfalt der Ausprägungen von *survivalism* und deren medialer Repräsentation variiert stark, was für *preppers* oder *survivalists* eine Krise darstellt, und zwar entlang eines Spektrums an Überzeugungen und Praktiken. Die Bandbreite reicht von kurzfristigen persönlichen Krisen bis hin zum längerfristigen Zusammenbruch der Gesellschaft.[41] Gruppen wie die *preppers*, *survivalists* oder die *bushcraft*-Community reagieren darauf mit einer Reihe von Praktiken wie dem Überprüfen von Vorräten, der Beschaffung und vor allem Testung von Ausrüstungsgegenständen, dem Erlernen neuer Fähigkeiten oder der Steigerung von körperlicher Fitness.[42] In diesen vielfältigen Praktiken offenbart sich in besonderer Art und Weise eine «ecology of testing».[43]

Im Übrigen gilt hinsichtlich der Kategorisierung dasselbe für Reality-TV oder Realityshows, die sich aufgrund ihrer ‹Hybridisierung› und als ‹Genrefamilie› ebenso wenig leicht einteilen lassen – nonchalant ausgedrückt: Reality-TV ist womöglich ein einziges großes Sozialexperiment, das sich auf das Beobachten von *microcosmic communities* und Machtstrukturen in den Beziehungen zwischen den Individuen spezialisiert hat.[44] Viel eindeutiger lässt sich festhalten, dass sich *survivalism* als ein Dispositiv darstellt, das mit seinen Praktiken der Visualisierung, Verbreitung, aber auch mit seinen Relationen zwischen Expert*innen und Lai*innen unterschiedliche Wissensfelder sowie Ordnungsmuster, divergierende Verhaltensoptionen u. v. m. in Gang setzt und eine Antwort auf eine bestimmte gesellschaftliche Problemlage ist.[45] Die «Grundidee der späteren Survival-Bewegungen»[46] verortet Horn bereits in den 1970er und 1980er Jahren: verpackt als Set von Tipps und Hinweisen, eine Problem- bzw. Experimentierlage, die mit ihrem Schlagwort ‹vom Netz gehen› (*off the grid*) aktueller nicht sein könnte. Konkret bedeutet das, nicht mehr von staatlichen Infrastrukturen wie dem Stromnetz abhängig sein zu müssen. Schließlich ist für die Survival-Bewegungen klar, dass im Katastrophenfall weder modernen Technologien noch dem Staat oder der Wirtschaft vertraut werden kann. In Anbetracht der aktuellen Lage kann das nicht mehr nur als Fantasie eines ‹Einbruchs des Realen›[47] betrachtet werden: Zu befürchten ist, dass aufgrund von Energiekrise, Krieg, Inflation etc. immer mehr auf eine ‹Massenverarmung› zugesteuert wird – was als existenzbedrohendes Szenario Wirkung zeigen dürfte.

Daseinsexperimente

Die viel diskutierte Annahme, dass Survival-Fernsehen nur eine ‹primitive› Form der Männlichkeit ausstellt, ist in der Forschung umstritten.[48] Im Fall von *7 vs. Wild* werden sicherlich ‹primitive› Männlichkeitsmotive wie ‹Rückkehr zur

40 Vgl. ebd.
41 Vgl. Kezia Barker: How to Survive the End of the Future: Preppers, Pathology, and the Everyday Crisis of Insecurity, in: *Transactions of the Institute of British Geographers*, Bd. 45, Nr. 2, 2020, 483–496, hier 484, doi.org/10.1111/tran.12362.
42 Vgl. ebd.
43 Vgl. Marres, Stark: Put to the Test, 437.
44 Vgl. Elisabeth Klaus, Stephanie Lücke: Reality TV – Definition und Merkmale einer erfolgreichen Genrefamilie am Beispiel von Reality Soap und Docu Soap, in: *Medien & Kommunikationswissenschaft*, Bd. 51, Nr. 2, 2003, 195–212, hier 196, doi.org/10.5771/1615-634x-2003-2-195.
45 Zu einer mikropolitischen Perspektive auf die gouvernementalen Funktionen von Fernsehen und Reality-TV vgl. Seier: *Mikropolitik der Medien*, 53–54.
46 Horn: *Zukunft als Katastrophe*, 185.
47 Vgl. Slavoj Žižek: *Welcome to the Desert of the Real. Five Essays on September 11 and Related Dates*, London 2002, 12–14.
48 Davidson: Life Can Be a Little Bit Fluffy, 477.

Natur› und ‹individuelle Unabhängigkeit› betont[49] – schon weil in der ersten Staffel ausschließlich *weiße* Männer als Kandidaten antraten. Indem sich *survivalists* in die ‹wilde› Natur begeben oder ‹zur Natur zurückkehren›, betreiben sie eine Art ‹Befreiungsübung›, die auch als symbolische Abkehr von der häuslichen Sphäre und einer vermeintlich ‹feminisierten› modernen ‹Zivilisation› erscheint. Doch schon Mitte des 19. Jahrhunderts gab es ähnliche Lebensexperimente. Henry David Thoreau etwa, früher Klassiker des amerikanischen Nature Writing, verbrachte zwei Jahre, zwei Monate und zwei Tage in einer Hütte, die er selbst auf einem Grundstück am Ufer des Walden Pond gebaut hatte. 1854 erschien sein Buch *Walden*, das als direkter Ausdruck seines Lebensexperiments gilt. Anders als beim *survivalism* ging es weder beim Selbstexperiment noch beim Text «darum, in der Wildnis zu überleben, sondern das Wilde als eine geistige Haltung zu entdecken».[50] Der Rückzug in die Wildnis war für Thoreau eine programmatische Empfehlung, das Modellprogramm eines einfachen Lebens. Letztendlich wird Thoreau zur Kultfigur und seine Hütte zum Sehnsuchtsort, eine Trope, die heutzutage mit Schlagwörtern wie Achtsamkeit und Entschleunigung verbunden wird.[51] In der experimentell-prekären Lage, die allerdings *7 vs. Wild* anvisiert, beinhaltet jede Szene Aktivität und steht damit dem «erschöpften Selbst» oder dem «Wellness-Wohlfühlprogramm» gegenüber.[52]

Besonders auffällig ist die Affinität zur Selbstkontrolle und -optimierung als neoliberales Prinzip. Die Körper der *survivalists* sind auf die effektivste Ausnutzung ihrer Kräfte getrimmt, wobei der Eindruck erweckt wird, nur ‹echte›, hart an sich selbst arbeitende Männer kämen mit den Entbehrungen, Gefahren, Demütigungen und Prüfungen zurecht. Dementsprechend lässt *7 vs. Wild* durchaus Vergleiche mit *Deutschland sucht den Superstar* (RTL, DE 2002–laufend), *Popstars* (ProSieben, DE 2006–laufend) oder *Germany's Next Topmodel* (ProSieben, DE 2006–laufend) zu – Sendungen, die sich im Sinne des *life improvement* als Programm von Vorher-/Nachher-Verwandlungen sogenannter Makeover-Shows zur Selbstverbesserung und Selbsttransformation lesen lassen.[53] Es gibt jedoch einen großen Unterschied: Die Empowermentstrategien richten sich bei *7 vs. Wild* didaktisch weniger an die Teilnehmenden selbst, sondern werden von Meinecke und den anderen Survival-Expert*innen, die als eine Art Survival-Motivations-Mediator*innen fungieren, direkt den Zuschauenden vorgeführt. Durch Inszenierungen wie diese kristallisiert sich heraus, dass sich das Testen aus dem Survival-Labor in die Gesellschaft verlagert hat.

Aus der Feder des Survival-Königs

Obwohl US-amerikanische, britische und deutsche TV-Sender zahlreiche Sendungen zum Überlebensthema ausstrahlten – wie etwa *Naked and Marooned with Ed Stafford* (Discovery Channel, UK 2013), *Called to the Wild* (National Geographic, USA 2020), *100 Days Wild* (Discovery Channel, USA 2020), *Naked and Afraid: Alone* (Discovery Channel, USA 2020), *Jenke Über Leben* (RTL, DE

49 Vgl. Uta Fenske: *Mannsbilder. Eine geschlechterhistorische Betrachtung von Hollywoodfilmen 1946–1960*, Bielefeld 2015, 313.

50 Caroline Rosenthal: Modell des einfachen Lebens. Henry David Thoreaus *Walden*, in: Stefan Matuschek, Sandra Kerschbaumer (Hg.): *Romantik erkennen – Modelle finden*, Paderborn 2019, 169–186, hier 170.

51 Vgl. ebd., 186.

52 Alain Ehrenberg: *Das erschöpfte Selbst. Depression und Gesellschaft in der Gegenwart*, Frankfurt / M. 2015; Stefanie Duttweiler: ‹Stellen Sie sich ihr persönliches Wohlfühlprogramm zusammen!› Wellness zwischen Ethik und Ästhetik, in: Jens Elberfeld, Marcus Otto (Hg.): *Das schöne Selbst. Zur Genealogie des modernen Subjekts zwischen Ethik und Ästhetik*, Bielefeld 2009, 401–420, doi.org/10.1515/9783839411773-013, Prekarität verstehen Vassilis Tsianos und Dimitris Papadopoulos als eine verkörperte Erfahrung, die sich z. B. durch Hyperaktivität – den Imperativ, sich ständig verfügbar zu halten – oder auf Gleichzeitigkeit – die Fähigkeit, zur selben Zeit verschiedene Geschwindigkeiten und Rhythmen multipler Aktivitäten zu bewältigen – auszeichnet, vgl. Vassilis Tsianos, Dimitris Papadopoulos: Prekarität: eine wilde Reise ins Herz des verkörperten Kapitalismus. Oder: wer hat Angst vor der immateriellen Arbeit?, in: *transversal.at*, 10.2006, transversal.at/transversal/1106/tsianos-papadopoulos/de (8.5.2023).

53 Vgl. Seier: *Mikropolitik der Medien*, 53–54, 83–84.

2018), *SOS: How to Survive* (The Weather Channel, USA 2019), *Ruf der Wildnis* (Spiegel TV Wissen, DE 2019) und *Wild Island – Das pure Überleben* (ProSieben, DE 2015) –, hat Fernsehen weder auf ‹soziale Experimente› noch auf ‹Endzeit› ein Monopol. Zudem sind Survival-Expert*innen wie Ed Stafford, Bear Grylls oder Rüdiger Nehberg nicht die Einzigen, die sich im Modus des Überlebensexperiments mit Subjektivierungsweisen wie Selbstkontrolle, -rationalisierung und -ökonomisierung auseinandersetzen und diese propagieren. Auch am Beispiel haupt- oder nebenberuflicher YouTube-Vlogger*innen, die das Genre maßgeblich mit definieren und gestalten, lässt sich der gegenwärtige *survivalism* gut untersuchen. Generell ist unter den Schlagwörtern «survival», «bushcraft» etc. auf YouTube nicht weniger Bewegtbild-Content als im ‹klassischen› Fernsehen zu finden – eine Vielzahl an Videos zeigt dem Publikum, wie Überlebensexpert*innen mit wenigen Tools und unterschiedlichsten Fertigkeiten fast alle Herausforderungen meistern können. Doch im Vergleich zur Szene der US-amerikanischen Survival-, *bushcraft-* und *prepper*-Influencer*innen ist die Szene im deutschsprachigen Raum noch recht überschaubar; zumindest einflussreiche Outdoor-Abenteurer*innen gibt es nur wenige. Zu diesen zählt der schon genannte Survival-König Fritz Meinecke.[54] Bekannt wurde er durch seine Urban-Survival-YouTube-Videos und im Speziellen durch auch im Fernsehen übertragene spektakuläre Aktionen wie etwa eine Reise nach Tschernobyl zusammen mit dem Komiker und Moderator Wigald Boning im Rahmen der Lost-Places-Dokumentation *Wigald & Fritz – Die Geschichtsjäger* im History Channel. Meineckes Abenteuer sind dabei kein Selbstzweck, sondern werden von ihm sehr professionell in verschiedenen Medien vermarktet, von Social Media über eigens entwickelte Survival-Realityshow-Konzepte bis hin zu Ratgebern.[55]

7 *vs. Wild* stellte mit bis zu durchschnittlich 6,5 Millionen Views pro Folge in der ersten Staffel einen Überraschungserfolg im Genre dar.[56] Millionen Menschen sahen also dabei zu, wie 7 *vs. Wild* das Experimentierfeld des bloßen Überlebens mit besonderer Schärfe ausleuchtete. Insgesamt generierte bereits die erste Staffel nicht nur auf privaten Blogs, Gaming-Seiten und innerhalb der Survival-Community eine hohe Aufmerksamkeit, sondern die Show war auch Thema in Magazinen und Zeitungen, etwa im *Spiegel* oder in der *taz*.[57] Anders als bei Unterhaltungssendungen wie etwa dem *Dschungelcamp – Ich bin ein Star – Holt mich hier raus!* (RTL, DE 2004–laufend) sind Meineckes Kandidat*innen völlig auf sich allein gestellt. Das heißt, dass keine Kamerateams, Techniker*innen, Redakteur*innen, Sicherheitsmitarbeiter*innen etc. die *survivalists* begleiten. Es gibt keine Regieanweisungen, die künstlich Spannung erzeugen; das Spiel dreht sich um das blanke Überleben, verspricht Meinecke.[58] Anders als etwa bei Scripted Reality oder Pseudo-Dokumentationen behauptet 7 *vs. Wild*, über eine echte Fallhöhe zu verfügen – unter angemessenen Sicherheitsbedingungen. Die Teilnehmenden gehen ein Risiko ein, das sich als ‹real-inszeniert› bezeichnen lässt. Entsprechend filmen sich die Survival-Profis während der gesamten Challenge ausnahmslos selbst, müssen

54 Vgl. Torben Lux: Survival-König Fritz Meinecke über 7 vs. Wild, TV-Jobs und das Geschäftsmodell Abenteurer, in: OMR, 12.1.2022, omr.com/de/daily/fritz-meinecke-7vs wild-omr-podcast (23.7.2022).

55 Vgl. Fritz Meinecke: *Der Abenteurer. Alles, was man über Outdoor wissen muss*, Hamburg 2017, 18.

56 16 Folgen der 1. Staffel generierten gesamt rund 12 Millionen Aufrufe, hier zitiert nach YouTube-Upload, hochgeladen von Fritz Meinecke, youtube.com/playlist?list=PLPyDkYYqNkPa364y3LyawL8jBTd2Ald2G, 7 *vs. Wild*, zuletzt am 29.12.2021, (25.6.2023), vgl. Hendrik Busch: 1000 Mal härter als das Dschungelcamp. Was ihr über 7 vs. Wild Staffel 2 wissen müsst, in: *Moviepilot*, 21.6.2022, moviepilot.de/news/1000-mal-haerter-als-das-dschungelcamp-was-ihr-ueber-7-vs-wild-staffel-2-wissen-muesst-1137003 (23.7.2022).

57 Vgl. Philipp Laage: Outdoor-Trend: Zeltest du noch oder machst du schon Bush Crafting?, in: *Spiegel Reise*, 20.4.2022, headtopics.com/de/zeltest-du-noch-oder-machst-du-schon-bush-crafting-25775222 (23.7.2022); Anna Meyer-Oldenburg: Survival-Show ‹7 vs. Wild› auf Youtube. Wild gewordene Männer, in: *taz*, 9.3.2022, taz.de/Survival-Show-7-vs-Wild-auf-Youtube/!5836647 (23.7.2022).

58 Vgl. o. A.: ‹7 vs. Wild› – alle Infos zur zweiten Staffel der extremen Survivalshow, in: *rnd RedaktionsNetzwerk Deutschland*, 19.7.2022, rnd.de/medien/7-vs-wild-staffel-2-gewinner-und-aktueller-punktestand-alle-infos-zur-show-EBUCLJRNDBFVNDSZYT2U3MGLEY.html (23.7.2022).

sich ohne Hilfe in der Wildnis durchschlagen und bei Unfällen auch selbst zu helfen wissen. Nur ein Anruf mit dem GPS-fähigen Notfall-Smartphone z.B. aufgrund von Unterernährung, Unterkühlung, mentalen Schwierigkeiten oder einer schweren Verletzung beendet die Übung; dann tritt ein Hilfsteam auf den Plan, um den*die Teilnehmende*n ‹rauszuholen› und zu versorgen. Für die Erstversorgung steht den Kandidat*innen ein SOS-Kit zur Verfügung, das mit einer Plombe versehen ist, um den Gebrauch verifizieren zu können, allerdings gibt es bei Benutzung Punkteabzug. Die restliche Ausstattung ist minimal: Für sieben Tage in der Wildnis dürfen die sieben Kandidat*innen abgesehen vom Kamera-Set – bestehend aus zwei Actioncams, Akkus, Befestigungsmöglichkeiten, Ladegeräten, Powerbanks, Speicherkarten und einer Stirnlampe – nur sieben Gegenstände mitbringen. Zur technischen Grundausstattung kommen Beutel hinzu, die Tageschallenges sowie die Maßbänder, Stoppuhren, Stifte oder ähnliche Tools enthalten, um die eigene Leistung zu messen – ganz im Sinne der bereits erwähnten gouvernementalen Tendenz zur Selbstvermessung.[59] Diese Gegenstände dürfen aber keinesfalls zweckentfremdet werden und sind für andere Aktionen tabu – so die Regeln der Show. Die sieben Objekte, mit denen sich die Kandidat*innen zutrauen, eine Woche in Schweden zuzubringen, können vor Beginn der Show von einer Liste mit 50 Gegenständen ausgewählt werden.[60] Es zeigt sich, dass fast alles von den *survivalists* getestet wird – seien es die persönlichen Fähigkeiten, das eigene Fachwissen, die physische oder psychische Verfasstheit, die Vegetation Schwedens, das Kamera-Equipment oder andere persönliche Ausstattung, Schlafplätze und Behausungen, der Verzehr von Essbarem bzw. Ungenießbarem oder Notnahrung; sogar der eigene Stuhlgang wird genau geprüft und vor laufender Kamera und später mit den YouTube-Fans gemeinsam analysiert.[61]

Indem die *survivalists* Gegenstände und Umgebungen testen sowie Grenzen von Lebbarkeiten ausloten und als beteiligte Akteur*innen mit der Kamera und ihrer Community beim gemeinsamen Analysegespräch ihre Praktiken, ihre Werkzeuge, ihren Erfahrungsschatz und vieles mehr in und mithilfe der Plattform YouTube monitoren, verändern und erweitern sie die Rahmenbindungen des Survival-Experiments medial. Obendrein reichern sie die Testbedingungen mit neuem Wissen, Versuchen, Testläufen, Wagnissen an und binden sie in Form von weiteren experimentellen Bestätigungen wie *Super-Chat*, *Super-Sticker* und *Super Thanks* an das Publikum.[62] Kurzum: Die experimentierenden, probierenden und übenden Vorgehensweisen sind ganz im Sinne der Vorstellung von *YouTube as Test Society*[63] – einer performativen Praxis, die Oliver Marchart folgendermaßen beschreibt: «Prekarität ist also nicht einfach ein das Subjekt von außen ereilendes Schicksal: Auch Prekarität will gelernt, erprobt und eingeübt sein.»[64] Anzumerken ist, dass die von den *survivalists* gewählten Gegenstände nicht selten mit einem Werbedeal einhergehen, da ein Plot darin besteht, Werkzeuge auf ihre Verlässlichkeit, Flexibilität und Langlebigkeit zu testen. Im Praxistest stellt sich jedoch oft heraus, dass das Kit die Ansprüche

59 In Anlehnung an die Gouvernementalitätsforschung bzw. an eine Mikropolitik der Medien ist die Konstituierung des modernen Selbst auf eine «Praxis der Übung» angewiesen. Dieses einzuübende Selbstverhältnis ist von Medientechniken abhängig. Technische Apparaturen wie Self-Tracking-Apps, Maßbänder und Stoppuhren ermöglichen Praktiken der Selbstführung, die im starken Maße mit Messwerten und Statistiken koinzidiert. Vgl. Seier: *Mikropolitik der Medien*, 39–56, Thorben Mämecke: Die Statistik des Selbst – Zur Gouvernementalität der (Selbst)Verdatung, in Stefan Selke (Hg.): *Lifelogging. Digitale Selbstvermessung und Lebensprotokollierung zwischen disruptiver Technologie und kulturellem Wandel*, Wiesbaden 2016, 97–125, 102.

60 Bloß ein Kandidat der ersten Staffel entschied sich für nur zwei Objekte: Messer und Feuerstahl. Die restlichen sechs Survival-Profis wählten Schlafsack, Planen oder Kochgeschirr, Angel-Set, Messer, Paracords o.Ä.

61 Die intimen Beziehungen in der Gesellschaft betreffend heben Marres und Stark die Auswirkungen von Tests hervor: «Today, tests by scientists and engineers are purposefully designed to extract and deploy intimate information to deliberately act on populations and intervene in society.» Marres, Stark: Put to the Test, 433.

62 *Super-Chat*, *Super-Sticker* und *Super Thanks* sind Fan-Finanzierungssysteme, die es dem Publikum ermöglichen, z.B. während Livestreams die YouTube-Creator*innen finanziell zu unterstützen.

63 Vgl. die Beschreibung eines Workshops mit dem Titel *YouTube as Test Society* an der Uni Siegen: www.mediacoop.uni-siegen.de/en/events/workshop-youtube-as-test-society (16.5.2023).

64 Marchart: *Die Prekarisierungsgesellschaft*, 54.

der Anwender*innen nicht erfüllt. Besonders erfahrene Survival- oder *bushcraft*-Fans wie Meinecke erweitern ihr Survival-Kit beliebig oder tauschen einzelne Bestandteile aus. Dabei ist die Veränderung von Testbedingungen immanent.

Ferner kommen alle Protagonist*innen der Show aus dem Survival-Bereich und zählen in der Regel auch zu den Abenteurer-Freund*innen von Meinecke, die beispielsweise beim *urban exploring* (kurz *urbex*) verlassene Gebäude und Gegenden aufsuchen – ganz nach dem Motto «Take nothing but pictures, leave nothing but footprints». Dennoch sind die Teilnehmenden in ihren Praktiken und Selbstzuschreibungen sehr unterschiedlich und reichen von Überlebenskünstler*innen bis zu Outdoor-Ausrüstungs-Junkies. Doch bei allen Unterschieden haben die Protagonist*innen eines gemeinsam: Sie sind nicht nur mit den Praktiken des ‹Überlebens› und mit den oben aufgezählten und als authentisch-essenziell geframten medialen Artefakten, sondern als reichweitenstarke Content-Profis auch mit den technisch-apparativen und ästhetisch-diskursiven Bedingungen, sprich mit der gesamten medialen Struktur von YouTube-Content, bestens vertraut. Anders als vielleicht vermutet wurde das selbstproduzierte Filmmaterial in Meineckes Studio geschnitten, bearbeitet und zu einem von ihm ausgewählten Datum auf YouTube veröffentlicht.[65] Es handelt sich demnach nicht um Live-Content; stattdessen hatte Meinecke das Experiment als *test engineer* oder ‹Manager des Elends›[66] in gewisser Weise selbst in der Hand. Im Sinne von Marres und Stark nehmen Meinecke und seine Crew eine privilegierte Position ein, da sie nicht nur das Experiment kontrollieren, sondern als YouTube-Content-Creators in ihren eigenen Kanälen genauso die digitale Testumgebung beeinflussen können.[67] Jedoch kann davon ausgegangen werden, dass die Vielzahl gouvernementaler Technologien dabei nicht immer einem strikten Masterplan Folge leisten, sondern von den *survivalists* und vom Publikum experimentell erprobt werden.

«Survival test engineers» als neoliberale Indikatoren

Wie gezeigt wurde, stehen die *survivalists* nicht nur selbst als ‹Testobjekte› vor der Kamera, wenn sie ihre Fähigkeiten und ihre Umgebung abtesten oder repräsentieren. Als Testingenieur*innen verleihen sie dem Survival-Testszenario mithilfe materieller, technischer, medialer Werkzeuge und ihres Wissens Authentizität. Zudem stellen sie die Rahmenbedingungen prekärer sozialer Phänomene auf die Probe und verändern diese. Bei Marres und Stark heißt es: «Whereas we traditionally think about testing taking place within a setting, today's engineers are testing the settings.»[68] Mehr noch, sie testen den Sozialstaat auf seine Bruchstellen. Anhand des Gebots von *preparedness*, das angesichts von Energiekrise und Arbeitslosigkeit für immer mehr Menschen maßgeblich wird, bietet 7 *vs. Wild* die Gelegenheit, Gruppen wie *survivalists* und *preppers* sowohl in der Mitte als auch an den Rändern neoliberaler Sicherheitsgesellschaften zu verorten und zu beobachten. Sie jagen nicht nur als autarke, selbstverantwortliche Subjekte mit Kameras durch den Wald und dokumentieren

65 Vgl. das *Behind the Scenes*-Video: youtu.be/c13Wd-LIVNE, hochgeladen von Account DAVE, 30.10.2022, 7 vs. Wild - Behind the Scenes, (16.5.2023).

66 In Anlehnung an Nikolas Rose: Tod des Sozialen? Eine Neubestimmung der Grenzen des Regierens, in: Thomas Lemke, Susanne Krasmann, Ulrich Bröckling (Hg.): *Gouvernementalität der Gegenwart. Studien zur Ökonomisierung des Sozialen*, Frankfurt / M. 2000, 72–109, hier 103.

67 Weil sie die Einstellungen verändern, z. B. indem sie Kommentare moderieren oder weitere Moderator*innen ihres Channels bestimmen und Kommentare sperren, User*innen blockieren, Merchandise betreiben und damit Gegenstände und Werkzeuge in der ‹Wildnis› testen, die ein Testbudget in Aussicht stellen. Doch haben sie keine Kontrolle über die systemischen Einstellungen von YouTube und wissen vermutlich nicht im Detail über Algorithmen o. Ä. Bescheid; vgl. Marres, Stark: Put to the Test, 434.

68 Marres, Stark: Put to the Test, 435.

sich dabei, sondern verstecken sich gleichzeitig vor den (spöttischen) medialen Blicken einer Gesellschaft, in der *preppers* als Egoist*innen oder als ‹Klopapier-Hamster› gelten.[69]

Das utopisch Imaginäre von Survival-Shows deckt sich demnach in seiner Ambivalenz wiederum mit den schattenhaften Realitäten des Neoliberalismus, da der Wegfall sozialer Unterstützung zu einem verstärkten Kampf um die Aufrechterhaltung des gewohnten Lebensstandards führt.[70] *Survivalists* und *preppers* vermitteln ein Bild davon, wie eine zukünftige Welt aussehen könnte, da sie Wohlstand in spielerisch-experimenteller Verachtung vermeintlich längst überwunden haben. Insofern sind Meinecke und seine Crew als «social engineers»[71] nicht an den gesellschaftlichen Rand ausgelagert, sondern mitten im Zentrum angelangt – gerade weil sie Prekarisierungsprozesse in das ‹Kleid der Autonomie› stecken und somit ein prozessuales Phänomen des Experiments in die Normalisierung überführen. Gleichzeitig überprüfen sie damit die dringende Frage, nach welchen Fähigkeiten ein Arbeitsmarkt im digitalen Wandel verlangt. Speziell diejenigen, die integrierter Teil der Arbeitsgesellschaft sein bzw. ‹reintegriert› werden wollen, gehören zum Adressat*innenkreis der experimentellen Vorbereitung, nämlich bestmöglich mit Veränderungen umzugehen, beispielsweise durch antrainierte Resilienz – erinnert sei an John Robbs Motto: «Don't just survive, thrive».

Paolo Virno beleuchtet, wie Unternehmen ebenjene von ihnen gewünschten Skills befördern: «Das postfordistische Unternehmen setzt diese Gewohnheit, keine Gewohnheiten zu haben, diese Einübung in die Prekarität und in die ständige Wandelbarkeit der Umstände gezielt für sich ein.»[72] Immerhin müssen sich die Subjekte «an Mobilität gewöhnen, den Umgang mit permanenter Veränderung eintrainieren, sich an umfassende Flexibilitätserfordernisse anpassen».[73] Das zieht sich bei 7 *vs. Wild* von der narrativen Seite bis hin zur Produktionsseite, wie anhand der Story und auch der geringen Produktionsmittel der Show deutlich wird. Zwar fokussieren *survivalists* und *preppers* den apokalyptischen Zusammenbruch, wie ihn Horn beschreibt, doch induzieren sie zugleich eine andere Vorstellung von Zukunft: Diese Gruppen wollen die Welt überleben und nicht nur auf ihr Ende vorbereitet sein – wenn es sein muss, auch völlig allein. Mit Marres und Stark lässt sich anmerken, dass sich der Schwerpunkt vieler Tests auf soziale Relationen erstreckt bzw. diese reflektiert.[74] Erzählt wird nicht etwa, dass z. B. soziale Unterstützung und gegenseitige Sorge bei dieser Aufgabe von Nutzen sein könnte, stattdessen wird das überlebende, aber einsame Subjekt privilegiert. Die in 7 *vs. Wild* inszenierten Verflechtungen des ‹Überlebensaktes› enthalten immer auch etwas Schmerzhaftes, Unangenehmes oder Erniedrigendes, da z. B. ‹Bestrafungen› in den zusätzlichen Tageschallenges Teil der Übung sind.

Neben dem Bestraftwerden durch stets noch mehr Prüfungen ist jedoch die Einsamkeit in der Isolation Schwedens für alle Teilnehmenden ein unnatürlicher und unerwünschter Zustand. So entsteht ein Kippbild zwischen freiwilligem Alleinsein als Ausdruck einer souveränen Bewegungsfreiheit und dem

69 Vgl. Barker: How to Survive the End of the Future, 484.

70 Beispielsweise versteht Stefan Trinkaus das Prekäre als relational, nämlich «sowohl als Gefahr und Potenzial für Gewalt als auch als Offenheit und Chance eines Anderswerdens. Diese Öffnung des Prekären kann nicht geschlossen werden, doch kann sie gehalten werden.» Stefan Trinkaus: *Ökologien des Prekären. Zu einer Theorie des Haltens*, Wien 2022, Klappentext.

71 Marres, Stark: Put to the Test, 433.

72 Virno: *Grammatik der Multitude*, 118 f.

73 Marchart: *Die Prekarisierungsgesellschaft*, 54.

74 Vgl. Marres, Stark: Put to the Test, 437.

Bedürfnis nach Nähe und Gesellschaft: Hierin entwickelt die Einsamkeit ihre Macht. Wer sich aufgrund der Covid-19-Pandemie selbst isoliert hat, weiß, dass mit Distanz in der Regel Berührungslosigkeit einhergeht. Die Kamera, die sich fast durchgehend am Körper der Teilnehmenden befindet, ist zweifellos ein Substitut für menschliche Beziehungen und Berührung. Wie bereits thematisiert, richtet sich die Actioncam wie im pseudodokumentarischen Film *Blair Witch Project* (Regie: Daniel Myrick und Eduardo Sánchez, USA 1999) zum überwiegenden Teil auf die *survivalists* selbst. «Aus einem so einfachen wie auch komplizierten Grund: Weil Berührung auf Distanz auch berührt.»[75] Aber das Format lagert nicht nur die Generalprobe des ‹gesamten Zusammenbruchs› an die *survivalists* aus und lässt dies die Kandidat*innen stellvertretend für die Zuschauer*innen auf der Couch erleben: Alle üben sich vor oder hinter der Kamera in moderner Distanzierungspraxis – liebevoll in der Hand gehalten wird allenfalls das Smartphone. Das Kameraauge am Smartphone oder auf der GoPro lässt uns aber noch mehr wahrnehmen: Erstens hilft es dabei, Authentizität zu konstruieren,[76] und zweitens ist es Werkzeug für die immaterielle Arbeit der YouTuber*innen, die durch Kommunikation auf sprachlicher wie auch körperlicher, affektiver, sozialer etc. Ebene bestimmt wird.

Verwischung der Grenzen

Survival-Shows sind also wegweisend im Produktivmachen von mobilen, anpassungsfähigen Leben, und Plattformen wie YouTube sind ein ermächtigendes Werkzeug für ein Leben, das selbst zum Produkt wird. Ferner kann das Reality-Format als ein Experiment betrachtet werden, das einen imaginären Handlungsspielraum eröffnet, der angesichts ökonomisch-technischer Logiken einen Teil der Bevölkerung in eine Richtung bewegt, die keine große Bandbreite an Lösungen erwarten lässt – bloß ein selbstbezogenes, trostloses und weltabgeschiedenes Dasein –, um sie womöglich daran zu hindern, sich in eine andere Richtung zu bewegen. Doch, wie eingangs erwähnt, steckt in der Auseinandersetzung mit *survivalism* potenziell auch die Reflexion über Gruppen, die sich an den Rändern befinden, und damit über Subjektivitäten, die nicht vollständig vereinnahmt werden können. Besonders die Neigung der Survival-Formate zur Verwischung der Grenzen – zwischen Inszenierung und Realität, zwischen Sendung und Publikum, zwischen Testenden und Testobjekten, zwischen Achtsamkeitsübung und Überlebenstraining usw. – ist Indiz für eine ästhetische und kulturelle Umbruchsituation, in der feste Zuschreibungen und Definitionen nicht mehr adäquat oder ausreichend erscheinen.

75 Elisabeth von Thadden: *Die berührungslose Gesellschaft*, München 2018, 115.

76 Vgl. zum Verhältnis von Authentizität und Test Marres, Stark: Put to the Test, 436.

CHRISTOPH BORBACH

MEDIEN- ALS TESTGESCHICHTE

Radarentwicklung in den Bell Labs und bei Western Electric

Die Untersuchung der industriellen Fertigung technischer Apparaturen kann als Desiderat der Mediengeschichte gelten.[1] Für diese wurde bisher eine Vielzahl von Aspekten als wissenschaftlich relevant erachtet: u.a. Rohstoffe, Logistiken, Lieferketten, Bürokratien, Infrastrukturierungen, Ästhetiken oder Theorien der Medien, aber auch deren Organisation und Dokumentation anhand von Protokollen, Formularen, Standards oder Akten. Allerdings wurde die Produktion sogenannter Massenmedien und das dabei stattgefundene Testen bislang vernachlässigt. Die zwischen der ‹Erfindung› von Medien bzw. der Konstruktion erster Prototypen und der massenweisen Verbreitung standardisierter medialer Apparaturen notwendigerweise stattfindende Massenproduktion ist zwar in Bezug auf die Nachhaltigkeit von Smartphones in den medienwissenschaftlichen Fokus geraten,[2] wird aber in medienhistorischen Arbeiten und selbst historisch orientierten Production Studies nicht weiter berücksichtigt. Ebenso unterreflektiert bleiben dementsprechend Techniken und Praktiken des Testens während der industriellen Fertigung von Medien. Das erstaunt insofern, als es mitunter erst fortwährende Testungen waren, die Medienproduktionen in actu stabilisierten.

Wie sich eine medien- und wissenshistorische Produktionsstudie ausgestalten kann, die ihren Fokus auf Tests legt, will ich im Folgenden an einer Fallstudie zur industriellen Produktion US-amerikanischer Radare in der ersten Hälfte der 1940er Jahre durch Western Electric Inc.[3] (WE) und die Bell Telephone Laboratories[4] (kurz: Bell Labs) illustrieren. Dabei gilt der Grundsatz: kein Medium ohne seine Produktion, keine Produktion ohne Tests. Dementsprechend wurde «the importance of testing»[5] bereits von den historischen Akteur*innen von WE und den Bell Labs betont. Denn Testen erwies sich in mehrfacher Weise als kritischer Faktor, etwa der Test der technischen Komponenten des jeweiligen Radars während der Produktion; anschließend der Test der Funktionalität des produzierten Objekts; im Feld das konsequente Testen der Betriebsamkeit des Geräts; im infrastrukturellen Sinn die Testung geeigneter

1 Ich danke Patrick Vonderau und Max Kanderske für Hinweise und Kritik bei der Ausarbeitung dieses Beitrags.

2 Vgl. Richard Maxwell, Toby Miller: *How Green is Your Smartphone?*, Cambridge (UK) 2020.

3 Das Unternehmen produzierte mehr als die Hälfte der US-amerikanischen Radargeräte, vgl. Mervin J. Kelly: Radar and Bell Laboratories, in: *Bell Telephone Magazine*, Bd. 24, 1945/46, 221–255, hier 223. Zur Firmengeschichte von Western Electric vgl. Stephen B. Adams, Orville R. Butler: *Manufacturing the Future. A History of Western Electric*, Cambridge (UK) 1999.

4 Zur Firmengeschichte der Bell Labs vgl. Jon Gertner: *The Idea Factory. Bell Labs and the Great Age of American Innovation*, New York 2012.

5 Frederick R. Lack: Radar and Western Electric, in: *Bell Telephone Magazine*, Bd. 24, 1945/46, 283–294, hier 292.

Produktionsstätten; und nicht zuletzt der Test der Logistik der Produktion. Die medienhistorische Suchbewegung dieses Beitrags spürt den dabei ausgeprägten Testumgebungen in ihrer Sequenzialität nach, um die Kontinuität des Testens auch «beyond the laboratory»[6] strukturell abzubilden: Dabei verläuft die Bewegung vom Test der Produktionsstätten über die Tests während der Produktion in den Fabriken hin zu Tests während des Mediengebrauchs und zuletzt (zurück) ins Labor.

Die enorme Bedeutung von Apparaturen und Praktiken des Testens während der Radarproduktion – und darüber hinaus im Feld und wieder im Labor – ist bereits in den Quellen explizit. Warum gerade die Radarproduktion und -praxis derart für Tests sensibilisiert war, erschließt sich durch eine medienhistorisch-komparative Betrachtung: Bei sämtlichen anderen elektronischen Massenmedien war es seinerzeit evident, wenn sie nicht störungsfrei funktionierten. Beim Radio oder Telefon der 1940er Jahre beispielsweise waren medientechnische Störungen als Rauschen hör-, beim Fernsehen sichtbar.[7] Beim Radar hingegen waren menschliche Sinne allein nicht hinreichend, die Funktionalität des Mediums oder seiner elektrotechnischen Komponenten zu prüfen. Wenn ein Radarbildschirm keine Ortungsergebnisse visualisierte, konnte dies bedeuten, dass tatsächlich keine ortbaren Objekte im Umfeld des Geräts waren oder dass diese aufgrund eines Defekts nicht geortet wurden – womöglich mit fatalen Folgen. Notwendig wurden Sensoren und Räume, die die einwandfreie Funktionalität der Medientechnik überprüfbar machten, indem einerseits Radargeräte und -module, andererseits ihr Funktionieren in diversen Umgebungen getestet wurden. Erst eine Heterogenität von Testsituationen und -räumen stabilisierte die junge Medientechnik Radar. Von besonderem Interesse sind Radartests, insofern zwar bereits mehrfach von Seiten der Medienkultur- und Technikhistoriografie auf die Bedeutung von Radartechnik, insbesondere für die Entwicklung von Computergrafiken,[8] -schnittstellen[9] und -programmen[10] hingewiesen worden ist – nicht jedoch auf die Bedeutung vorgelagerter Tests, die den Erfolg des Mediums in der Praxis bedingten. Bezeichnend ist auch, dass die allermeisten internationalen historischen Arbeiten zum Radar seine Produktion und Testung weitestgehend unberücksichtigt lassen. Diese Prozesse zu untersuchen, ist umso wichtiger, da in einer medienepistemologischen Lektüre die Radarproduktion selbst als Test verstanden werden kann, nämlich als Testung der Produktion elektrotechnischer Medienkulturen, wie ich abschließend zeigen will.

Da die Arbeitsumgebungen der Radarproduktion von Seiten der beteiligten menschlichen Akteur*innen keine umfassende schriftliche – beispielsweise autobiografische – oder gar audiovisuelle Dokumentation erfuhren, dienen mir als Grundlage für die historische Rekonstruktion firmeneigene Publikationen der Bell Labs und von WE. Bei einer solchen bereits institutionell vorgeprägten Materialgrundlage sollte grundsätzlich mit quellenkritischer Sensibilität agiert werden. Es ist davon auszugehen, dass die Publikationen nicht allein der Repräsentation, sondern auch der Konstruktion und Inszenierung möglichst

6 Noortje Marres, David Stark: Put to the Test: For a New Sociology of Testing, in: *The British Journal of Sociology*, Bd. 71, Nr. 3, 2020, 423–443, hier 424.

7 Radio sei «self-testing in that reception of intelligible speech or signals frequently constitutes a sufficient check of satisfactory performance», hieß es im Unterschied zum Radar von Ingenieuren der Bell Labs, E. I. Green, H. J. Fisher, J. G. Ferguson: Techniques and Facilities for Microwave Radar Testing, in: *The Bell System Technical Journal*, Bd. 25, Nr. 3, 1946, 435–482, hier 435.

8 Vgl. Jacob Gaboury: *Image Objects. An Archaeology of Computer Graphics*, Cambridge (MA) 2021.

9 Vgl. Bernard Dionysius Geoghegan: An Ecology of Operations: Vigilance, Radar, and the Birth of the Computer Screen, in: *Representations*, Bd. 147, Nr. 1, 2019, 59–95.

10 Vgl. Herbert D. Benington: Production of Large Computer Programs, in: *Annals of the History of Computing*, Bd. 5, Nr. 4, 1983, 350–361.

organisierter und strukturell funktionaler Produktions- und Testumgebungen dienten und mithin die potenzielle *messiness* jener Umgebungen strategisch verschwiegen wurde. Bezeichnend ist jedoch, *dass* es diese Quellengrundlage gibt. Denn Publikationen von Forschungs- und Entwicklungseinrichtungen, die sich detailliert den Komplikationen der Testung und Massenproduktion jeweils neuer elektrotechnischer Module und Prototypen widmen, stellen eine Ausnahme dar – schließlich thematisieren sie gerade nicht die eigentlichen institutionellen Forschungs- und Entwicklungsleistungen, sondern ihre nachgelagerten Produktionsarbeiten und -logistiken. Für den hier untersuchten Fall liegt das darin begründet, dass sich die Radarindustrie aufgrund der strategischen Vorteile, die das Medium im Feld bescherte, vor allem in den USA derart rapide entwickelte, dass binnen kürzester Zeit neue Produktions- und Teststrukturen implementiert wurden. Deswegen ist über diese ausführlicher berichtet worden, als dies der Fall ist, wenn sich Neuerungen derart langsam realisieren, dass sie nicht mehr neu erscheinen.

Testen I – Produktionsstätten & Subunternehmen

Die sogenannte Tizard Mission, eine Delegation britischer Forscher, die im September 1940 die USA erreichte und in einer besonderen Form von Technologietransfer ein Magnetron zur Erzeugung leistungsstarker Zentimeterwellen mitführte, wirkte als Katalysator auf die US-amerikanische Radarentwicklung. Der ehemalige Forschungsleiter der Bell Labs Mervin Joe Kelly schrieb, es seien die «tests» dieses Magnetrons und die aus ihnen resultierenden Forschungsprogramme und -institute gewesen, die bewirkten, dass die US-amerikanische Radarforschung und -entwicklung «at an unparalleled rate» expandierte.[11] So wurde am Massachusetts Institute of Technology bereits im November 1940 das Radiation Laboratory (Rad Lab) gegründet, das mit seinen schließlich 4.000 Mitarbeitenden[12] vollumfängliche Radar-Grundlagenforschung institutionalisierte und forcierte. Forschungseinrichtungen sind jedoch in den seltensten Fällen zugleich industrielle Fertigungsbetriebe, weshalb die Grundlagenarbeit des Rad Lab andernorts zu Massenmedien werden sollte. Nur wenige Firmen bekamen das Privileg dieser Produktion zugesprochen. Im Falle des US-amerikanischen Radars war dies zum Großteil das mit den Bell Labs kooperierende und für sie produzierende Unternehmen WE.

«The growth of radar industry, which scarcely existed before 1940», so urteilte der stellvertretende Direktor des Rad Lab Louis N. Ridenour in der Retrospektive, lasse sich anhand von Zahlen belegen: Bis zum Juni 1945 wurden Radargeräte im Wert von rund 2,7 Mrd. Dollar an die US Army und Navy ausgeliefert; zu diesem Zeitpunkt wurden in den USA *monatlich* Radargeräte im Wert von über 100 Mio. Dollar (das entspräche heute etwa 1,7 Mrd. US-Dollar) produziert.[13] WE allein stellte nach eigenen Angaben im Kriegsjahr 1943 Radare im Wert von 340 Mio. Dollar her, im Zweiten Weltkrieg

11 Kelly: Radar and Bell Laboratories, 234.

12 Vgl. Louis N. Ridenour: Wartime Radar Development in the United States, in: ders. (Hg.): *Radar System Engineering*, New York 1947, 15–17, hier 17.

13 Ebd.

insgesamt Radargeräte im Wert von annähernd 900 Mio. Dollar.[14] «[T]he technical achievement represented by the wartime development of radar», so führte Ridenour weiter aus, «seems very nearly unparalleled.»[15] Die radarbezogenen Zahlen erscheinen noch enormer, wenn sie institutionshistorisch kontextualisiert werden: Alle elektronischen Geräte, die für das Bell System zwischen 1915 und 1940 produziert wurden, hatten ein finanzielles Volumen von gerade einmal 50 Mio. Dollar.[16] Damit hatte sich die Radarindustrie, die eine «new industry» darstellte, insofern sie wenige Jahre zuvor schlichtweg nicht existierte, binnen weniger Jahre derart rapide entwickelt, dass sie 1945 die Autoindustrie quantitativ überholt hatte[17] – von der industriellen Fertigung anderer Medien wie Radios oder Fernseher ganz zu schweigen.

Medien- und wissenshistorisch bedeutsam für eine Fokussierung auf Tests sind jene außerordentlichen Zahlen insbesondere vor dem Hintergrund, dass die neue Radarindustrie erst adäquate Strukturen etablieren musste, um derartige Mengen elektronischer Medien produzieren zu können. Besonders war das auch deshalb, weil die Radarproduktion mit Auflagen versehen wurde, wie sie die zivile Medienproduktion nicht betrafen. Die neue «billion-dollar industry» war «surrounded by a wall of secrecy»;[18] sie hatte im Geheimen stattzufinden und durfte nicht an ein Netzwerk privater Unternehmen mit eigenen Produktionsstätten ausgelagert werden. Um zu verstehen, warum die Massenproduktion dennoch gelingen konnte, ist ein Blick in die Prozesslogik der Produktion notwendig: Nachdem im Rad Lab eine neue Radargrundlage erforscht worden war, wurde in den Bell Labs für diese ein «development model» konstruiert.[19] Dabei wurde eine Vielzahl elektrotechnischer Komponenten – darunter Magnetrons, Oszillatoren, Impulsgeneratoren, Bildschirme und Verstärkerröhren – konstruiert, getestet, prototypisiert, verbessert, erneut getestet und schließlich standardisiert. Erst auf Basis eines solchen Models wurde an WE ein Produktionsauftrag erteilt.

Für WE bedeutete diese Modularisierung der Produktion, dass die Herstellung einzelner Komponenten an Zulieferer ausgelagert werden konnte, um die Massen an Material überhaupt bereitstellen zu können. Trotz der kriegsbedingt geheimen Produktion von Radaren war dies erlaubt, betraf es doch nur einzelne Module. WE begutachtete über 6.000 Hersteller technischer Geräte im Umkreis jeder größeren WE-Produktionsstätte, um festzustellen, was diese produzierten, und die in Frage kommenden Produkte wurden wiederum auf ihre Tauglichkeit für etwaige Radareinsätze getestet. Aufgrund der starken Modularisierung von Radargeräten stellte sich heraus, dass scheinbar radarferne Betriebe durchaus geeignete Radarmodule bauen konnten: Ein Hersteller von Spielautomaten lieferte eine leichte Präzisionsantenne für Radare in Flugzeugen; ein Hersteller von Metallschränken fertigte Gehäuse für die Verwendung von Radaren auf Schiffen; den Antrieb für eine Präzisionsantenne eines Bodenradars lieferte der Hersteller von Waschmaschinen; und weiterhin, so berichtete Frederick R. Lack, ein Vorsitzender von WE:

14 Vgl. Lack: Radar and Western Electric, 284.

15 Ridenour: Wartime Radar Development, 17.

16 Vgl. Kelly: Radar and Bell Laboratories, 247.

17 So urteilte L. A. DuBridge in einer Selbsthistorisierung der Forschung des Rad Lab, L. A. DuBridge: History and Activities of the Radiation Laboratory of the Massachusetts Institute of Technology, in: *Review of Scientific Instruments*, Bd. 17, Nr. 1, 1946, 1–5, hier 3.

18 James Phinney Baxter: *Scientists Against Time*, Boston 1946, 142.

19 Kelly: Radar and Bell Laboratories, 248.

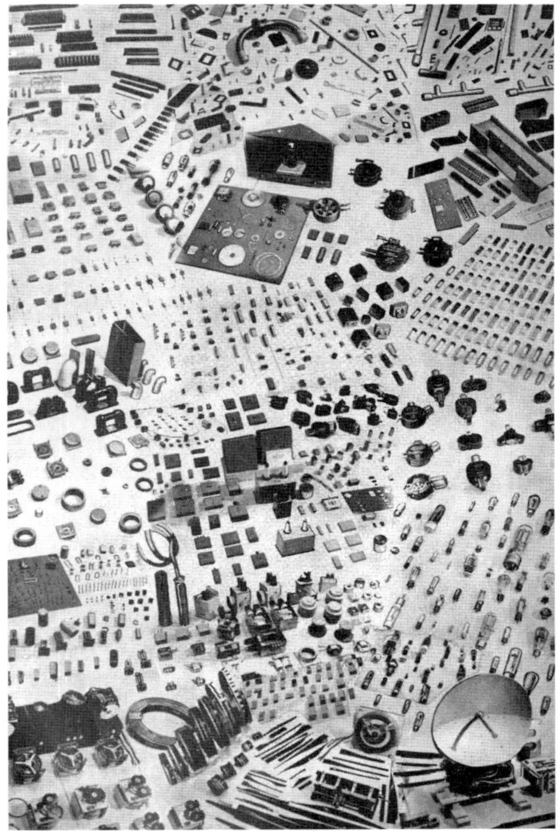

> A producer of pots and pans made tail sections for the bomb-shaped radar carried beneath the wings of air fighters. The metal frame for this same radar came from the shop of a bicycle manufacturer in Chicago. Finely made mechanical parts came, surprisingly enough, from a nationally known cereal firm, which maintains a precision machine shop for the peacetime production of packaging machinery.[20]

Die bloße Delegation an Subunternehmen durch WE reichte für die Massenproduktion von Radaren allerdings nicht aus. Der aufgrund der extensiven Radarproduktion während des Zweiten Weltkriegs enorm wachsende Bedarf an Spulen konnte so beispielsweise nicht gedeckt werden. WE richtete daher eine provisorische Spulen-Fabrik in einer ehemaligen Schuhfabrik in Haverhill, Massachusetts, ein, die binnen kürzester Zeit eine Belegschaft von 2.000 Angestellten aufwies. Insgesamt eröffnete WE 16 neue Fabriken, um die Produktion der gesteigerten Nachfrage an Radarmodulen anzupassen, was aufgrund des Zeitdrucks – wie im Falle der Schuhfabrik – mitunter zur zweckentfremdenden Einrichtung von Produktionsstätten führte, wie Lack weiter darlegte:

> Ex-garages, warehouses, engine-parts plants – almost any building with a roof that did not leak, or which had one that could be repaired – qualified as a radar shop if the community could provide people enough to staff it with workers.[21]

Abb. 1 Inszenierung der Einzelteile eines Radargeräts

«[R]adar work» basierte mithin auf einem «industry-wide team play».[22] In der Praxis prägte dies für WE neue Formen von Arbeit aus: nämlich die infrastrukturelle Organisation von verteilter Produktion, um vorgegebene Zeitpläne und Auslieferungen von Radargeräten exakt einzuhalten. Getestet wurden also zunächst die infrastrukturellen Möglichkeiten der Produktion selbst.

Testen II – in den Fabriken

Darüber hinaus galt es in den jeweiligen Fabriken von WE diverse Tests an einzelnen Komponenten, verschalteten Modulen und schließlich am zusammengebauten Radargerät vorzunehmen. Evident wird die Komplexität der industriellen Radarproduktion, wenn man die modulare Ebene des Mediums fokussiert: Radare bestanden aus bis zu 7.000 Einzelteilen. Um dies zu verdeutlichen, wurde von den Bell Labs eine Fotografie angefertigt, welche die technische Komplexität eines Radargeräts – und damit implizit die notwendige Fertigkeit der Mitarbeitenden,

20 Lack: Radar and Western Electric, 290 f.
21 Ebd., 289.
22 Ebd., 291.

mithin gezielt die eigene elektrotechnische Expertise – illustrierte (vgl. Abb. 1). Von ihrer Produktion her besehen waren Radare zuvorderst ein aus zahlreichen, oft kleinen zu verbauenden Bestandteilen bestehendes Konglomerat, das in der Praxis als Black Box Funktionalität entfalten konnte. Insofern es nahezu jedes der 7.000 Einzelteile nicht nur zu verschalten, sondern zu testen galt, bedeutete die Produktion von Radaren somit vornehmlich eines: Handarbeit für eine Vielzahl an Mitarbeitenden. Ein Foto von WE-Mitarbeiterinnen, die an der Fertigung von Radaren beteiligt waren (vgl. Abb. 2), gab einen öffentlichen, dabei aber von den Bell Labs und WE gezielt stilisierten Einblick in diese exklusiven Arbeits-, Produktions- und Testumgebungen: Die Verwendung deutlicher Fluchtlinien verleihen dem fotografierten Produktionsraum den Eindruck von Ordnung. Es ist davon auszugehen, dass durch die deutlichen Konturen in der Bildsprache auch die Produktionspraxis als wohlstrukturiert konturiert werden sollte. Ob bzw. in welchem Ausmaß das Foto inszeniert wurde und ob die Mitarbeiterinnen mit ihrer Ablichtung einverstanden waren, ist nicht zu klären.

Abb. 2 Industrielle manuelle Fertigung von Radaren durch WE-Arbeiterinnen

Allein die verwendeten Röhren – pro Radargerät wurden zwischen 50 und 250 Röhren verbaut – wurden während der Produktion mehrfach getestet: So wurde jede gefertigte Röhre auf ihre Funktionalität geprüft. Stichproben eines jeden Typs wurden zudem darauf getestet, ob die Qualitätsstandards der Produktionsreihe eingehalten wurden. Zusätzlich wurden einige Röhren einer jeden Baureihe Schock- und Temperaturtests unterzogen. Denn bereits *ein* defektes Bauteil hätte mitunter ein ganzes Radargerät betriebsuntauglich gemacht, wie von Seiten der Bell Labs betont wurde:

> By all these tests the important electrical properties of the tube are under constant scrutiny and the danger of shipping defective tubes is minimized. The importance of adequate testing can hardly be over-emphasized, as a defective TR [transmit–receive] tube may render a whole radar system inoperative.[23]

Bruno Latour bescheinigte bekanntermaßen dem Overheadprojektor nicht nur, erst im Moment seines Defekts sichtbar zu werden, sondern dabei seine Gestalt zu wandeln, insofern sich das Gerät bei seiner Öffnung als Assemblage diverser Einzelteile offenbare – als ein «Gewimmel von Einzelteilen».[24] Aus der hier eingenommenen Perspektive einer historischen Produktionsstudie gilt es, neben der Frage, *wann* Medien ihre phänomenologische Gestalt ändern – «Erst die

23 Members of the Technical Staff of Bell Telephone Laboratories (Hg.): *RADAR Systems and Components*, Toronto u. a. 1949, 352.

24 Bruno Latour: Ein Kollektiv von Menschen und nichtmenschlichen Wesen. Auf dem Weg durch Dädalus' Labyrinth, in: ders.: *Die Hoffnung der Pandora*, Frankfurt/M. 2002, 211–264, hier 224.

Abb. 3 Radar-Testraum von WE nahe Chicago, Innenansicht

Krise macht uns die Existenz des Gerätes wieder bewußt», schrieb Latour[25] – ebenso danach zu fragen, *für wen* Medien *wann wie* erscheinen. Radare waren aus Perspektive ihrer Produzent*innen fortwährend ein solches ‹Gewimmel›, das es zu testen, zu organisieren und zu verschalten galt, und zwar nicht erst in Krisensituationen, sondern als Teil des routinisierten Arbeitsalltags. Insofern schon eine defekte Komponente das ganze Radargerät unbrauchbar machen konnte, bestand auf modularer Ebene der Elektrotechnik die von der Akteur-Netzwerk-Theorie betonte Handlungsmacht der Dinge hier insbesondere in der Macht zu stören. Ihr konsequentes Testen erwies sich als Eindämmung ihres Störungspotenzials.

Der Faktor Zeit war dabei in mehrfacher Weise kritisch. Dies galt etwa im Hinblick auf Produktionszeiten, insofern sich die Radarforschung während der Kriegsjahre so rapide entwickelte, dass es nicht das eine ideale Radar gab, sondern eine Vielzahl variierender Ausfertigungen, die sich jeweils nach dem aktuellen Stand der verwendeten Frequenzen und Wellenlängen zu richten hatte. Zwischen 1940 und 1945 wurden allein in den Bell Laboratories über 200 verschiedene Radar-Prototypen entwickelt und konstruiert. Dabei sah sich die Radarproduktion immer mit dem Problem konfrontiert, dass aufgrund des extremen Forschungstempos ein aktuell getesteter Prototyp schon während seiner Testphase aus technischem Blickwinkel wieder als veraltet erscheinen konnte.[26] In der Konsequenz wurden Prototypen und ihr Testgerät parallel entwickelt. Die Entwicklung neuen Testgeräts war daher essenziell, weil sie die industrielle Produktion neuer Radare in den Fabriken beschleunigte.[27]

Tests beschränkten sich in den Fabriken nicht auf einzelne Bauteile, sondern betrafen ebenso zusammengesetzte Module. Schließlich wurde das zusammengebaute Gerät wiederholt getestet, wie ein historisch-fotografischer Blick in den *final test room* des ASH-Radars von WE zeigt (Abb. 3). Dabei wurde das zusammengebaute technische Objekt auf seine Funktionalität hin überprüft: aus dem Testraum heraus (in der Abbildung rechts) wurde die Stadtlandschaft von Chicago per Radar detektiert (vgl. Abb. 4, Außenansicht des Testraums mit den Radoms, d.h. den Radarkuppeln). Emblematisch zeigen die Fotografien das Testen als professionalisierte Praxis menschlicher Akteur*innen, die fest in deren Arbeitsalltag verankert war. Wie im Falle der vorigen Abbildungen weisen die Fotografien bildsprachlich deutliche Fluchtlinien auf, die der Testumgebung wohl den Eindruck von Ordnung verleihen sollten. Darüber hinaus artikuliert

25 Ebd., 233.
26 Kelly: Radar and Bell Laboratories, 251.
27 Vgl. F. P. Wight: Production of Airplane Radar Speeded by New Testing Technique, in: *Bell Laboratories Record*, Bd. 24, Nr. 9, 1946, 330–334.

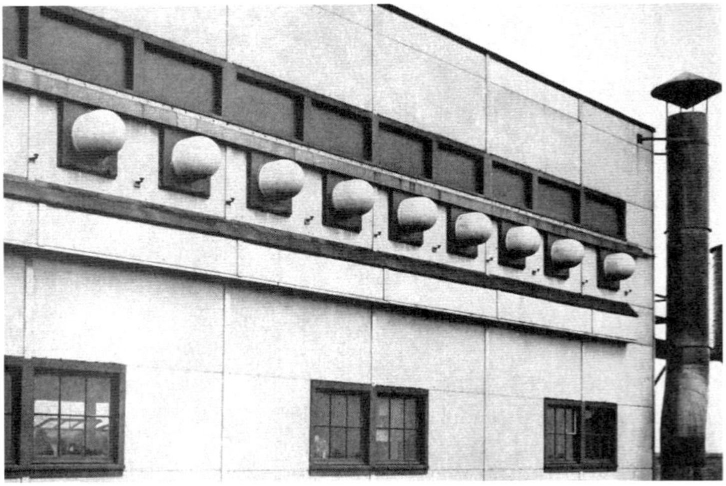

Abb. 4 Außenansicht des Testraums

sich in ihnen der epistemische Gehalt des Testens als Praxis: Erst in dieser Testumgebung wurde nach erfolgreicher Detektion von Referenzobjekten das technische Objekt zum funktionalen Radar erklärt. Der erfolgreiche Test transformierte ein zusammengebautes ‹Gewimmel› technischer Komponenten in ein Medium. Bereits im historischen Kontext wurde dieser epistemische Wert des fortwährenden Testens explizit. Denn ein Radar, so kommentierte der bereits zitierte Lack, «remains an inert mass of parts until its various circuits have been carefully combed by ingenious test sets and subjected to the scrutiny of the expert testers who operate them».[28] Hier, am Ende der Ko-Operationskette der Fabrikation, hatte sich qua Test zu beweisen, ob überhaupt produziert worden war, was produziert werden sollte. Mit Lawrence Busch gesprochen galt die Maxime: «[T]ests and testing apparatus [...] determine ‹what counts›»[29] – Tests bestimmten, was als Medium zählte.

Um technische Radarkomponenten in der im Krieg erforderlichen Größenordnung verschalten und testen zu können, war bei WE eine enorme Vergrößerung der Belegschaft notwendig. Da Produzieren und Testen seinerzeit an manuelle Fertigkeiten gekoppelt waren, bedeutete eine Steigerung der Produktion eine entsprechende Steigerung des Personals. 1940 verfügte WE über circa 43.500 Mitarbeitende. Im August 1944 waren es annähernd 97.500, von denen 60 Prozent Frauen waren – zum Vergleich: Im Jahr 1941 lag der Anteil von Mitarbeiterinnen bei WE bei 20 Prozent.[30] Ohne eine massive Neueinstellung weiblicher Arbeitskräfte in der Radarproduktion und -testung wäre das Radar als US-amerikanisches Massenmedium nicht realisierbar gewesen.

Testen III – im Feld

Nach der Produktion war das Testen des Radargeräts keinesfalls abgeschlossen. Testen als Praxis gestaltete sich rekursiv oder zumindest iterativ aus; so wurde das Medium auch im Einsatz fortwährend Testsituationen ausgesetzt. Wie bereits eingangs erwähnt, galt es beispielsweise wiederholt zu überprüfen, ob die Ortungsradien von Radaren etwaig eingeschränkt waren, wofür menschliche Sinne allein nicht ausreichend waren. Dieser Test war Angelegenheit einer elektrotechnisch verfassten Praxis mit der in den Bell Labs entwickelten *echo box* zur Testung des Zentimeterwellen-Radars. Derartige Echoboxen *simulierten* Radarortungen, womit die «performance» des gesamten Radars getestet wurde.[31]

28 Lack: Radar and Western Electric, 292.
29 Lawrence Busch: *Standards. Recipes for Reality*, Cambridge (MA), London 2011, 12.
30 Vgl. Lack: Radar and Western Electric, 290.
31 Green u. a.: Techniques and Facilities for Microwave Radar Testing, 458.

Was die Echoboxen programmatisch illustrieren, ist die zugrunde liegende notwendige Formalisierung dessen, *was* ein Radartest eigentlich testet. Bereits Alfred Binets (1857–1911) und Théodore Simons (1873–1961) epistemische Leistung in der Begründung der modernen Psychometrie und Entwicklung originärer Intelligenztests lag zuvorderst in der Formalisierung dessen, was diese Tests eigentlich messen sollten, und was mithin als ‹intelligent› gelten durfte. Damit Intelligenz die «Form eines stabilen, zunehmend wichtigeren Referenzobjekts» annehmen konnte,[32] entwickelten Binet und Simon mediales Testmaterial wie Lückentexte, zu erinnernde Bilder sowie Fragebögen, die psychische Leistungen ‹Minderbegabter› in vermeintlich objektivierbare Daten überführten, um diese zu klassifizieren.[33] Ähnlich verhielt es sich bei den Echoboxen: Da die Funktionalität eines Radars im Feld nicht sinnlich geprüft werden konnte, mussten Beobachtungsmedien zweiter Ordnung technische Funktionalität erst quantifizieren, d.h. in eine messbare Größe überführen, die dann letztlich – wie das Ergebnis eines Intelligenztests – sichtbar war.

Die Echoboxen illustrieren zudem eine größere Notwendigkeit: Testgeräte mussten ebenso schnell entwickelt und produziert werden, wie die Radarforschung auf stetig kürzere Wellenlängen wechselte. Damit bedingten sich Radarentwicklung und die Entwicklung adäquater Tests gegenseitig, wie von Seiten der Bell Labs attestiert wurde:

> Radar test-set technology had to be kept in step with the rapidly moving radar systems development. This could only be done by a most intimate association of test-set development with systems development. The pattern of the test-set work became substantially the same as that for the systems themselves.[34]

Test sets, obgleich selbst nicht Bauelemente des Mediums, wurden zur Notwendigkeit, die Funktionalität des Mediums in der Praxis zu gewährleisten. Testgeräte wurden zu einem unverzichtbaren Teil der Infrastruktur des Mediums. Die Maxime in der Entwicklung von Testgeräten bei den Bell Labs lautete, dass diese dazu geeignet sein sollten, im Feld möglichst viele Radare unter verschiedenen Bedingungen zu testen. Als zentral definiert wurden *broadbanding* – die Entwicklung von Testgerät für breite Frequenzbänder –, *precision* – das Testgerät zur Testung von Radarperformanz musste präziser arbeiten als die Radare selbst –, *packaging-size and weight* – die Transportabilität bei gleichzeitiger Robustheit musste gewährleistet sein –, *environmental influences* – größtmögliche Immunität gegen umweltliche Faktoren wie sehr hohe als auch sehr niedrige Temperaturen, starke Feuchtigkeit, Regen oder Sandstürme – und *simplicity, reliability, accessibility* – bei aller erstrebten Exaktheit des Testgeräts sollte es mit einem Minimum an Spezialfertigkeiten bedient werden können und möglichst wartungsfrei sein.[35] Erschöpfend aufzuzählen, was beim Radar genau getestet wurde, würde an dieser Stelle zu sehr in elektrotechnische Details führen. Wichtig festzuhalten ist, dass alles, was für Radargeräte galt, auch bei der Konstruktion und beim Bau seines Testgeräts berücksichtigt wurde – nur noch feinskalierter.

32 David Keller: *Person und Form. Eine Medien- und Wissensgeschichte der Persönlichkeitsdiagnostik*, Tübingen 2021, 285.

33 Vgl. Alfred Binet, Théodore Simon: Méthodes nouvelles pour le diagnostic du niveau intellectuel des anormaux, in: *L'Année Psychologique*, Bd. 11, 1904, 191–244.

34 Kelly: Radar and Bell Laboratories, 250f.

35 Vgl. Green u.a.: Techniques and Facilities for Microwave Radar Testing, 439–441.

Bedeutsam an der Testung von Radargerät im Feld erscheinen mir zudem zwei Aspekte. Erstens folgten die Ingenieure der Bell Labs den Radargeräten ins Feld, um sie dort fortwährend zu testen und zu warten: «[They] went to the Tropics, to the Arctic, in planes to 20,000 feet altitude, to the sea in ships of many classes, and under its surface in submarines.»[36] Denn obgleich die möglichst intuitive Bedienung von Testgerät eine Konstruktionsmaxime war, konnte diese nicht vollumfänglich realisiert werden, sodass professionalisierte Akteure diese vornehmen mussten. Zweitens wurden manche Radare ausschließlich ins Feld geschafft, um dort als Referenzobjekte zu dienen, da sie als Indikator der Auswirkung der verschiedenen Umwelten auf das technische Gerät fungierten. Es galt mithin zu prüfen, ob ein Radar «functions about the same in the tropics as it does in the States».[37] Mit diesem Plädoyer für eine situierte Testpraxis wurde der Einsatz im Feld als erweitertes Labor interpretiert, da für die seinerzeit neue Medientechnik keine Referenzdaten in Bezug auf Funktionalitäten in unterschiedlichen klimatischen Umgebungen vorlagen. Erst in der Praxis entschied sich demnach, ob sich im Radar eine neue Wahrnehmungstechnologie materialisierte oder ob es ein Testgerät darstellte. Diese heterogenen Operationsumgebungen der Medienpraxis transformierten die Testpraxis in einem rekursiven Prozess, da die heimischen Testlabore der Bell Labs auf die Umgebungen der Praxis hin angepasst wurden – *nach* dem Praxistest.

Testen IV – zurück ins Labor

Es stellte sich heraus, dass die umweltlichen Einflüsse und die situierten Verwendungsweisen des technischen Geräts anfangs in den Testlaboren der Bell Labs nicht antizipiert wurden, oder wie der Forschungsleiter Kelly anmerkte: «It soon became evident that knowledge of user requirements was inadequate.»[38] Das technische Gerät verhielt sich auf einer tropischen Pazifikinsel mit hoher Luftfeuchtigkeit anders als in der Kälte der Arktis oder beim niedrigen Luftdruck in einer Flughöhe von 20.000 Fuß. Waren die Labore der frühen Radarindustrie der Umwelt gegenüber tendenziell abgegrenzte, autarke Räume, galt es nunmehr, die Operationsumgebungen der Radarpraxis in die Labore zu holen, d. h. diese dort zu simulieren.

So wurde in einem Labor der Bell Labs ein Raum zur Erzeugung unterschiedlichster Temperaturen, «ranging from the bitter cold of polar nights to the humid swelter of the jungle», eingerichtet.[39] In dieser *weather box* konnte das Verhalten von Radargeräten in unterschiedlichen Klimazonen getestet werden – ohne diese Umgebungen tatsächlich besuchen zu müssen. Die Praxisräume des Radars unterschieden sich allerdings nicht nur klimatisch, sondern auch hinsichtlich weiterer Umgebungsfaktoren. Waren stationäre Bodenradare nur bedingt Erschütterungen ausgesetzt, erwies sich auf den Meeren das Verhalten des Wassers als kritische ökologische Bedingung, da starker Wellengang Defekte in Schiffsradaren verursachen konnte. Folgerichtig wurden von den

36 Kelly: Radar and Bell Laboratories, 249.
37 O. A.: Blow Hot – Blow Cold. The M-9 never failed, in: *Bell Laboratories Record*, Bd. 24, Nr. 12, 1946, 454–456, hier 455.
38 Kelly: Radar and Bell Laboratories, 249.
39 O. A.: Radar: A Story in Pictures, in: *Bell Telephone Magazine*, Bd. 24, 1945/46, 257–282, hier 262.

Bell Labs Testapparaturen entwickelt, die die Auswirkungen eines mitunter enorm schwankenden Bodens auf Radargeräte evaluierten – im trockenen Umfeld eines Labors (vgl. Abb. 5).

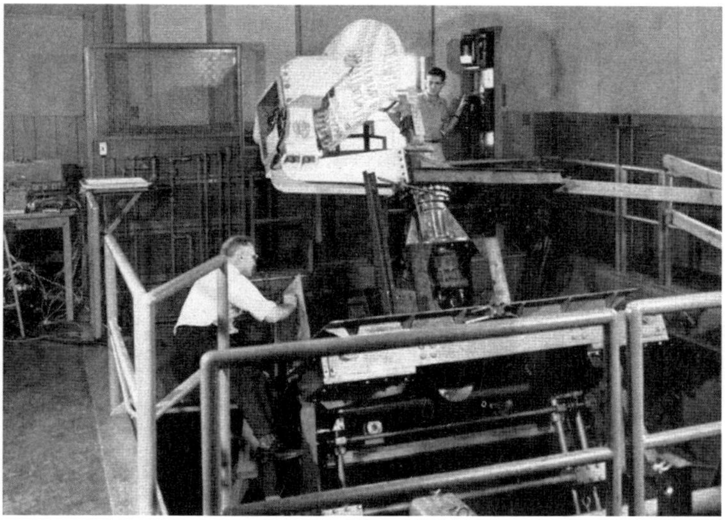

Abb. 5 Eine *testing machine* simuliert den Hochsee-Einsatz eines Radars im trockenen Labor

In den Medienlaboren der US-amerikanischen Industrieforschung, so hält Nadine Taha fest, herrschte ein Arbeitsalltag «wie jeder andere»: Das Entstehen neuer technischer Mittel war nicht nur an fortlaufende Zweckentfremdungen und Adaptionen gekoppelt, sondern zeichnete sich durch konsequentes Improvisieren aus.[40] Bezeichnend dabei ist, dass dementsprechend selbst improvisierte Innovationen von «firmeninternen PR-Abteilungen beharrlich als Pionierleistung vermarktet» wurden.[41] In höchstem Maße gilt dies etwa für die Fotografie der abenteuerlich anmutenden Testumgebung zur Simulation des Radareinsatzes auf hoher See: Obgleich sperrig und wie ein Provisorium anmutend, wurde der Hochseetest im trockenen Labor im *Bell Telephone Magazine* als Novum stilisiert. Denn der Praxistest, der zuvor in der Arktis, in den Tropen, in der Luft, auf oder unter dem Wasser stattfand, konnte nunmehr in heimischen Laboren simuliert werden.

Vor dem Hintergrund der hier rekonstruierten Rolle von Tests im Kontext der Radarproduktion bei WE und in den Bell Labs in der ersten Hälfte der 1940er Jahre ist es mehr als eine medienhistorische Fußnote, dass ein früher, wenn nicht der erste explizit so genannte *digital computer* als Testequipment praktisch eingesetzt wurde. Denn bemerkenswert am von George Robert Stibitz entwickelten *relay interpolator*[42] war, dass das Testen genuiner *Zweck* des Computers war.[43] Der zuvor bei den Bell Labs angestellte Ingenieur Stibitz wurde zum Beginn des Zweiten Weltkriegs an das National Defense Research Committee (NDRC) verliehen. Dort wurde das – auf Vorschlag von u.a. Kelly von den Bell Labs realisierte – automatisierte Feuerleitsystem M-9 getestet. Zu prüfen war, ob das radargestützte M-9 tatsächlich automatisch so funktionierte, als ob ihm manuell Daten eingegeben würden. Hierfür gab es *dynamic testers*, die allerdings auf eine Vielzahl von Daten angewiesen waren, die der Berechnung bedurften: Sie bestanden aus einer Serie von Punkten der Flugkurve eines fiktiven anfliegenden Objekts. Das Testgerät benötigte über 20 dieser Punkte pro simulierter Sekunde, die es auf Papier zu codieren galt. Um ein neues M-9 hinreichend zu testen, waren rund 60 mehrminütige Flugbahnen notwendig, oder anders formuliert: «The testing of anti-aircraft equipment demanded enormous amounts of computation»,[44] nämlich über 1.000.000 auf

40 Nadine Taha: *Im Medienlabor der US-amerikanischen Industrieforschung. Die gemeinsamen Wurzeln von Massenmedien und Bürokratie 1870–1950*, Bielefeld 2022, 8.

41 Ebd., 9.

42 Das Gerät stellte als Modell II eine Verbesserung seines bereits ab 1937 konstruierten *complex number calculator* dar.

43 Es mag daher kaum erstaunen, dass die Sensibilität gegenüber Testungen Stibitz dazu bewegten, ein eigenes Instrument zum Test der Relais des Computers einzureichen, vgl. George Robert Stibitz: Relay Testing System, US-Patent-Nr. 2.369.619, eingereicht am 7.5.1942, veröffentlicht am 13.2.1945.

44 George Robert Stibitz: The Relay Computers at Bell Labs. Part Two: Those were the Machines, in: *Datamation*, Mai 1967, 45–49, hier 47.

Lochstreifen zu codierende Punkte.[45] Hier wurde Stibitz' im September 1943 in Betrieb genommener *digital computer* relevant: Wurden nur einige Punkte der simulierten Flugbahn kalkuliert, berechnete (bzw. interpolierte) der Computer die restlichen dazwischenliegenden Punkte.[46]

Durch eine Reihe von Memoranden über den *relay interpolator* popularisierte Stibitz den Begriff des Digitalcomputers und die Opposition digital/analog 1943 am NDRC. Nicht nur begriffsgeschichtlich besonders ist, dass Stibitz in diesem Kontext bereits in einem Memorandum von 1942 den *digital computer* – in Abgrenzung von der damals üblichen Bezeichnung *pulse computer*[47] – derart theoretisierte, dass er eine prototypische Medientheorie des Digitalen antizipierte, die ex negativo, in Abgrenzung vom Analogen, argumentierte. Stibitz formalisierte das Digitale bereits als binär und konzipierte als ‹digital› insbesondere die Art der Datenverarbeitung, basierend auf *number trains*.[48] Mag es nicht erstaunen, dass das Testen im historischen Kontext dieses Beitrags neben der Verwendung elektrotechnischen Geräts genuin an händische Fertigkeiten gekoppelt war, deutet sich hier eine tendenzielle Delegation des Testens an Agenten *in silico* an.

Fazit – Test bestanden

Mit Software-spezifischen Begriffen gesprochen fanden während der Radarproduktion ‹Modul-› bzw. ‹Komponententests› statt – die Testung der Einzelteile – sowie anschließend ‹Systemtests› in den Operationsräumen der Radargeräte, die als erweiterte Testumgebung interpretiert wurden. Anders als beim Testen von Software manifestierten sich die Ökologien der Praxis rekursiv in neuen Apparaturen der Testung: Die im Feld identifizierten Widerstände verlangten nach einer Anpassung von Labortests, um die Bedingungen des Feldes zu simulieren.

Komponenten- und Gerätetests als Teil von Qualitätskontrollen kamen nicht erst im Zweiten Weltkrieg auf, weder in den Bell Labs noch den USA allgemein.[49] Dass die Zeitgenoss*innen mit Blick auf das Radar «the importance of testing»[50] deutlich konturierten, ist dennoch kein Zufall. Was der seinerzeit neuen Medientechnik erst institutionelle, technologische und produktionelle Stabilität verlieh, waren konsequente Tests: Tests neuer Prototypen, immer neuer Standards, neuer Module, neuer Wellenlängen, fortwährende Tests neuer Radare während und nach ihrer Produktion und vor allem Tests der Labortests selbst. All dieses Testen erwies sich als notwendig, damit sich die noch junge und daher im steten Wandel befindliche Massenproduktion von Radaren konsolidieren konnte.

Interessant am Verhältnis von Umgebungen und Tests ist aus einer medienepistemologischen Perspektive zudem, dass die Radarproduktion selbst eine praktizierte, ko-operative Testumgebung darstellte: namentlich für die erfolgreiche Stabilisierung originär provisorischer Ko-Operationen zur massenweisen

45 Vgl. David A. Mindell: *Between Human and Machine. Feedback, Control, and Computing Before Cybernetics*, Baltimore, London 2002, 302.

46 Ausführlicher zur technischen Formalisierung des Rechnens des Computers vgl. O. Cesareo: The Relay Interpolator, in: *Bell Laboratories Record*, Bd. 24, Nr. 12, 1946, 457–460.

47 Vgl. Paul E. Ceruzzi: Electronic Calculators, in: William Aspray (Hg.): *Computing Before Computers*, Ames 1990, 223–249, hier 247.

48 Vgl. Robert Dennhardt: *Die Flipflop-Legende und das Digitale*, Berlin 2009, 152–158. Vertiefend zu Stibitz' Arbeiten und seiner Terminologie vgl. Ronald R. Kline: Inventing an Analog Past and a Digital Future, in: Thomas Haigh (Hg.): *Exploring the Early Digital*, Cham 2019, 19–39.

49 Vgl. S. B. Littauer: The Development of Statistical Quality Control in the United States, in: *The American Statistician*, Bd. 4, Nr. 5, 1950, 14–20; Paul J. Miranti: Corporate Learning and Quality Control at the Bell System, 1877–1929, in: *The Business History Review*, Bd. 79, Nr. 1, 2005, 39–72.

50 Lack: Radar and Western Electric, 292.

Produktion von technischem Gerät. Primäres Anliegen der Prozesslogiken der Testung war selbstredend die Verfertigung funktionaler Radare. Die damit verbundene Infrastruktur prägte darüber hinaus industrielle Arbeitsumgebungen mit den für diese notwendigen institutionellen Kooperationen, logistischen Liefer- und kapitalistischen Wertschöpfungsketten aus, die Anfang der 1940er Jahre einer Orchestrierung nahezu chaotischer Zustände geglichen haben muss – sich aber durch konsequentes, iteratives und rekursives Testen stabilisieren konnte. Dadurch etablierte sich eine in ihrer Qualität und ihrem Umfang so neuartige Medienproduktion, dass diese einen Paradigmenwechsel nach sich zog: Die Radarindustrie wurde zum Modell für strukturell erfolgreiche «coordination and cooperation»[51] in der Herstellung ungeheurer Mengen an elektrotechnischem Gerät. Das Radar evozierte mithin nicht nur eine Elektrotechnisierung der Kriegsführung, sondern zudem eine massive Steigerung der elektrotechnischen Produktion insgesamt – und stellt damit eine wesentliche strukturelle Grundlage für die Herstellung elektrotechnischer Geräte dar, die in den darauffolgenden Jahrzehnten auch für die Produktion anderer technischer Medien genutzt werden konnte. Institutionelles Umfeld waren schließlich die Bell Labs, d.h. dasjenige Unternehmen, das bereits in den 1940er Jahren Grundlagenforschung zur Pulse-Code-Modulation in der Telefonie oder zum Transistor betrieb. Die Radarproduktion hatte damit auch jenseits der konkreten Radartechnologien einen essenziellen Effekt auf spätere Medienkulturen. Damit sollte sich eine bereits 1945 geäußerte Vision realisieren:

> The biggest influence radar will have after the war is indirect. […] [R]adar has made the electronic industry one of America's major ones, now comparable in size to the prewar automobile industry. This new industry, through its enormous laboratories, can be expected to find innumerable applications in a wide variety of fields.[52]

51 Kelly: Radar and Bell Laboratories, 254.

52 Joint Board on Scientific Information Policy (Hg.): *Radar. A Report on Science at War*, Washington 1945, 50.

Ein Gespräch zwischen NOORTJE MARRES und PHILIPPE SORMANI

KI TESTEN

«Do we have a situation?»

Dieses Gespräch basiert auf einem Austausch zwischen Noortje Marres (University of Warwick) und Philippe Sormani (Universität Lausanne), der sich aktuellen Fällen von realweltlichen KI-Tests und den Situationen widmet, die sich daraus ergeben haben – oder auch nicht. Es fand am 25. Mai 2022 online im Rahmen der Siegener Ringvorlesung «Testing Infrastructures» statt. Die *ZfM* publiziert hier eine gekürzte Fassung, die den in Soziologie und Science and Technology Studies (STS) geführten Diskurs erstmals auf Deutsch dokumentiert. Eine englische Langfassung ist als Working Paper des Sonderforschungsbereichs «Medien der Kooperation» erschienen.

Einleitung

Befürworter*innen der ‹neuen› KI, sowohl in der Informatik als auch in den Sozial- und Geisteswissenschaften, haben behauptet, dass die heutigen, sehr großen Deep-Learning-Modelle radikal neue Fähigkeiten zum kontextbezogenen Beurteilen und Treffen von Entscheidungen entwickelt haben sowie ein Situationsbewusstsein aufweisen (vgl. Abb. 1 für eine spielerische Reflexion dieser Behauptung). Dieses Argument wird in hochkarätigen Veröffentlichungen, Konferenzberichten und *arXiv*-Papers angeführt,[1] aber auch nahegelegt durch Tests und Demonstrationen wie der Präsentation von DeepMind im Radcliffe Observatory in Oxford,[2] AlphaGos Sieg im Four Seasons Hotel in Seoul (Südkorea)[3] und Testversuchen mit selbstfahrenden Fahrzeugen in städtischen Zentren wie Phoenix (Arizona) und Coventry im Vereinigten Königreich.[4] Solche öffentlichen Demonstrationen haben nicht nur eine bemerkenswerte Rolle bei der Verbreitung der Behauptung gespielt, dass die ‹neue› KI über situative Intelligenz verfügt, sondern auch bei der Problematisierung solcher Behauptungen. Im Folgenden zeigen wir auf, wie sozial- und medientheoretische Studien zu KI-Tests sich mit Annahmen hinsichtlich situativer

1 Vgl. Yann LeCun, Yoshua Bengio, Geoffrey Hinton: Deep learning, in: *Nature*, Bd. 521, 2015, 436–444, doi.org/10.1038/nature14539; Rishi Bommasani u. a.: On the opportunities and risks of foundation models (Report), *arXiv.org*, 16.8.2021, doi.org/10.48550/arXiv.2108.07258; Jonathan Roberge, Michael Castelle: Toward an End-to-End Sociology of 21st-Century Machine Learning, in: dies.: *The Cultural Life of Machine Learning. An Incursion into Critical AI Studies*, Cham 2021, 1–29.

2 Vgl. *Artificial Intelligence and the Future*, Podcast, 55 Min., mit Demis Hassabis, Strachey Lecture 26.2.2016, Computer Science Series, Oxford University, podcasts.ox.ac.uk/artificial-intelligence-and-future (30.11.2022).

3 Vgl. Philippe Sormani: Logic-in-Action? AlphaGo, Surprise Move 37 and Interaction Analysis, in: Jean-Yves Beziau, Arthur Buchsbaum, Christophe Rey (Hg.): *Handbook of the 6th World Congress and School on Universal Logic*, Cham 2016, 355–357, 355; Michael Mair u. a.: Just what are we doing when we're describing AI? Harvey Sacks, the commentator machine, and the descriptive politics of the new artificial intelligence, in: *Qualitative Research*, Bd. 21, Nr. 3, 2021, 341–359.

4 Vgl. Noortje Marres: Co-existence or displacement. Do street trials of intelligent vehicles test society?, in: *The British Journal of Sociology*, Bd. 71, Nr. 3, 2020, 537–555.

Intelligenz der ‹neuen› KI auseinandersetzen können und sollten.

Unsere Diskussion ist entlang folgender Fragen gegliedert: Zunächst kehren wir zu einer klassischen Kritik zurück, die Soziolog*innen und Anthropolog*innen an KI geäußert haben, nämlich zu der Behauptung, dass die der KI-Entwicklung zugrunde liegende Ontologie und Epistemologie rationalistisch und individualistisch ist – und als solche durch blinde Flecken bezüglich der sozialen, situierten oder situativen Einbettung von KI gekennzeichnet ist.[5]

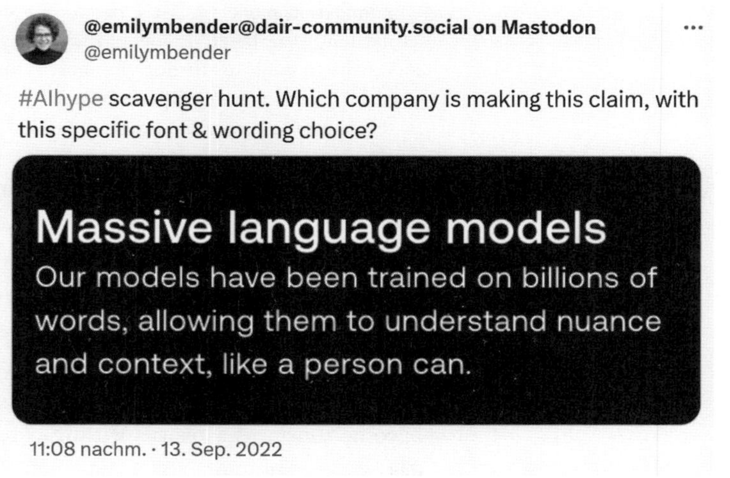

Abb. 1 Tweet von Emily Bender: #AIhype scavenger hunt, 13.9.2022, Screenshot

Wir fragen: Ist die Leistung und Bewertung maschineller Intelligenz in den gegenwärtigen Fällen von KI-Tests in sogenannten realen Environments weiterhin durch ein solches ‹soziales Defizit› gekennzeichnet? Als Nächstes befassen wir uns mit der Frage, ob und wie Techniksoziologie und Medientheorie KI-Tests in realen Settings situativ erklären können. Hier knüpfen wir an die Arbeiten des französischen Soziologen Louis Quéré an, indem wir uns mit der Frage beschäftigen: Was können wir aus den heutigen realen Tests von KI hinsichtlich der Verteilung von Kapazitäten (im Sinne handlungsermöglichender Ressourcen und Affordanzen) zwischen Artefakten, Umgebungen und Kontext in rechenintensiven Praktiken lernen?[6] Abschließend erörtern wir die Auswirkungen auf unser methodologisches Engagement für die Situation in der soziotechnischen KI-Forschung: Ist es sinnvoll, sich bei der Respezifikation der maschinellen Intelligenz weiterhin auf die Beschreibung von Situationen zu verlassen?[7]

Frage 1

Setzt die ‹neue› KI weiterhin auf die Ausklammerung von Situationen? Erfordert die Leistung und Bewertung der maschinellen Intelligenz weiterhin das Übersehen von Situationen und die Ausklammerung von sozialem Leben?

Noortje Marres Um diese erste Frage zu erörtern, möchte ich mit einer besonderen Herausforderung beginnen, die sich durch den Anstieg von lernbasierter, datenintensiver KI stellt. Eine besondere Herausforderung aus der Perspektive der Wissenschafts- und Techniksoziologie sind meiner Meinung nach die reißerischen Behauptungen, die in den letzten Jahren über die Fähigkeiten dieser Systeme zu situativer Intelligenz und kontextuellem Lernen aufgestellt wurden. Hier ein Zitat des Informatikers Percy Liang aus seiner Einführung zu einem Workshop der Stanford University über sogenannte große *foundation models*:

5 Lucy A. Suchman: *Plans and Situated Actions. The Problem of Human-Machine Communication*, Cambridge (UK), 1987; Lucy A. Suchman: *Human-Machine Reconfigurations. Plans and Situated Actions*, 2. Aufl., Cambridge u. a. (UK) 2007, doi.org/10.1017/CBO9780511808418; Susan Leigh Star: The Structure of Ill-Structured Problems. Boundary Objects and Heterogeneous Distributed Problem Solving, in: Les Gasser, Michael H. Huhns (Hg.): *Distributed Artificial Intelligence*, London 1998, 37–54, doi.org/10.1016/B978-1-55860-092-8.50006-X.

6 Vgl. Louis Quéré: The still – neglected situation?, in: *Réseaux. Communication – Technologie – Société*, Bd. 6, Nr. 2, 1998, 223–253.

7 In dieses anfängliche Gespräch wurden Fragen und Kommentare aus dem Publikum eingestreut, die für die vorliegenden Zwecke transkribiert wurden, einschließlich einer abschließenden Reflexion über das Turn-Taking in (Online-) Konversationen, und die sich in Gänze im vollständigen englischen Working Paper zu dieser Konversation finden.

> Foundation models […] are based on a decades old idea, self-supervised learning, meaning that, based on lots of raw data, you make up predictive exercises […] like weight training to develop the muscle for pattern recognition […]. Doing this at scale, results in the emergence of new capabilities, and one thing GPT can do is context learning, generalization to new tasks.[8]

In den 1980er und 1990er Jahren behaupteten die Science and Technology Studies (STS) sowie Forschungen über KI in diesem Bereich, dass Kontext und Situation genau das sind, was automatisierte Systeme *nicht* berücksichtigen können: Dies war die Kritik, die Lucy Suchman[9] und andere an älteren «expert systems» übten und die Suchman in Bezug auf die Robotik als «unreconstructed form of realism in roboticists' constitution of the ‹situation›» bezeichnete, selbst wenn «references to the situated nature of cognition and action have become ‹business as usual› within AI research».[10] Heute hat es den Anschein, dass dieses Argument für KI aus mehreren Gründen nicht mehr ganz zutrifft. So wird die Idee, die ‹neue› KI sei zu situativer Intelligenz oder kontextuellem Lernen fähig, auch von STS-Wissenschaftler*innen aufgegriffen. Nehmen wir Harry Collins, der in seinem Buch *Artifictional Intelligence* argumentiert:

> The problem for AI is how it can develop social abilities, because this would require the full embedding of AI in language speaking social communities in society. The problem of AI is the problem of engagement with social context. AI engagement with the Internet has resolved this to some extent.[11]

Collins scheint wie Liang der Meinung zu sein, dass das Trainieren von Computermodellen anhand großer Mengen von Daten aus dem Internet das Problem des sozialen Kontexts in der KI (zumindest teilweise) gelöst hat.

Was ich jedoch in Bezug auf diese Art von Behauptungen hervorheben möchte, ist, wie unglaublich selektiv sowohl ein Soziologe wie Collins als auch ein Informatiker wie Liang in ihren Definitionen dessen sind, was als relevanter Kontext oder als relevante Situation für die KI gilt. Kontext scheint als das vorherige Auftreten einer bestimmten Äußerung oder Interaktion in textlichen oder visuellen Daten definiert zu sein, wodurch die meisten der Merkmale, die Soziolog*innen als entscheidende Attribute von Situationen ansehen (Verkörperung, Materialität, Kopräsenz), ausgeschlossen werden. Darüber hinaus scheint ihr Begriff des Kontexts diejenigen Arten von Situationen auszugrenzen, die durch die Einführung von KI in die Gesellschaft selbst hervorgerufen werden. Dafür gibt es einige Beispiele, ebenso wie für das Fehlschlagen von Prozessen des kontextuellen Lernens. Viele werden den Fall des rassistischen Online-Chatbots Tay kennen, der sich radikalisierte, nachdem er von der *4chan*-Community trainiert wurde und uns das Schauspiel eines rassistischen Online-Chatkurses bescherte, woraufhin er umgelernt und schließlich aufgelöst wurde.[12]

Dieser Fall zeigt uns, dass es eine Menge Kontext gibt, der von der KI nicht berücksichtigt wird. Mehr noch, er deutet darauf hin, dass in der kontextuellen

8 Videoaufzeichnung: Workshop on Foundation Models: Welcome and Introduction, mit Percy Liang, am Centre for Research on Foundation Models (CRFM) der Stanford University, 23/24.08.2021, crfm.stanford.edu/workshop.html (30.11.2022).

9 Vgl. Suchman: *Plans and Situated Actions*.

10 Lucy A. Suchman: Feminist STS and the Sciences of the Artificial, in: Edward J. Hackett u. a. (Hg.): *The Handbook of Science and Technology Studies*, 3. Aufl., Cambridge (MA) 2007, 139–164, hier 148f.

11 Harry Collins: *Artifictional Intelligence. Against Humanity's Surrender to Computers*, Cambridge 2018, 162.

12 Vgl. Sanjay Sharma, Phillip Brooker: #notracist: Exploring racism denial talk on Twitter, in: Jessie Daniels, Karen Gregory, Tressie McMillan Cottom (Hg.): *Digital Sociologies*, Bristol 2016, 463–485.

Auseinandersetzung mit der KI eine Menge *perverser Sozialisation* stattfindet bzw. Sozialisation scheitert. Meines Erachtens ist die feministische Kritik an der Blindheit der Maschinen gegenüber der Welt so aktuell wie eh und je. In der Tat haben Soziolog*innen und die Sozialforschung im weiteren Sinne die Aufmerksamkeit auf diese Art von problematischen Wechselwirkungen zwischen Artefakt, Environment und Kontext gelenkt, wie etwa bei der perversen Sozialisation von Tay. Sie haben gezeigt, wie toxische Online-Umgebungen, die das akzeptierte soziale Umfeld für das Training großer Sprachmodelle zu sein scheinen,[13] monströse Formen der KI mitproduzieren. Sie haben auch gezeigt, wie die Inszenierung einer öffentlichen Situation mit einem rassistischen Chatbot durch Microsoft zur Verwirklichung dieser Perversion beigetragen hat,[14] eine ‹schlechte› Situation, die aus der kontextuellen Blindheit der KI-Entwickler*innen resultierte.

Was sich aus diesen Studien jedoch leider noch nicht als Erkenntnis ergeben hat: Diese Fälle von perverser Sozialisation stellen eine Herausforderung für die akzeptierten Definitionen dessen dar, was in der Informatik als kontextuelles Lernen von KI gilt. Statt eines kritischen Verständnisses der methodischen und konzeptionellen Herausforderungen, die sich ergeben, wenn Computersysteme *im* sozialen Leben und *als* soziales Leben operieren, sehen wir oft, dass diese Art von Fällen wie des rassistischen Chatbots als *ethische Probleme* gerahmt werden. Dies hat zur Folge, dass die gesamte situative Logik, wie ein Bot rassistisch wird, außerhalb des erkenntnistheoretischen Rahmens der KI-Entwicklung und -Forschung liegt. Situative KI, wie sie ein*e Soziolog*in verstehen würde, d.h. KI-Systeme, die in sozialen Situationen agieren, findet daher in der KI-Entwicklung und -Forschung immer noch relativ wenig Beachtung. Und deshalb halte ich es für sehr wichtig, dass die Sozial- und Kulturwissenschaften weiterhin darauf bestehen, dass *situative Handlungen* von KI methodische und konzeptionelle Probleme mit KI aufzeigen können.

Ich möchte noch ein weiteres Zitat anführen, um zu zeigen, wie leicht die ‹Löschung› der situativen Logik in der KI-Entwicklung und -Forschung geschehen kann. Es stammt aus einem Experteninterview, das ich vor Kurzem mit einem Ingenieur für vernetzte autonome Fahrzeuge geführt habe. Ich fragte ihn nach der Komplexität der Situationen, denen automatisierte Fahrzeuge auf der Straße begegnen. Seine Antwort war:

> We believe quite strongly that the complexity in driving on the roads, is not in observing where the road ends and the pedestrian crossing starts and where the traffic lights are, these static tasks of identification have been solved for a long, long time actually. The real challenge is modeling the behavior of other so called agents, because they're not necessarily totally rational or perfect or identical.[15]

Es mag also den Anschein haben, dass die Art von Interaktionen, die in situ auftreten, bei der Entwicklung von automatisierten Fahrzeugsystemen berücksichtigt werden. Der Ingenieur erklärte dann aber, dass diese Situationen durch

13 Vgl. Emily M. Bender u. a.: On the Dangers of Stochastic Parrots: Can Language Models Be Too Big?, in: FAccT '21: *Proceedings of the 2021 ACM conference on Fairness, Accountability, and Transparency*, 1.3.2021, 610–623, doi.org/10.1145/3442188.3445922.

14 Vgl. Gina Neff, Peter Nagy: Talking to bots: Symbiotic agency and the case of Tay, in: *International Journal of Communication*, Bd. 10, 2016, 4915–4931.

15 Dieses Zitat stammt aus einem Expert*inneninterview vom 28. Mai 2022, einem von zwölf Interviews mit britischen Expert*innen für vernetzte und automatisierte Fahrzeuge (Connected and Automated Vehicles, CAV), die ich [Noortje Marres] zwischen 2022 und 2023 geführt habe.

die Festlegung der statistischen Eigenschaften der Regelbefolgung vollzogen werden können (*can be dealt with*). Er fuhr fort:

> [T]hey still do follow rules, rules of the road, but probably more fundamentally statistical properties, based on experience. And the way we learn these rules is through ... as children or as young adults … is observing the patterns of how vehicles move. And what we are implicitly learning is physics.[16]

Seiner Ansicht nach sind die statistischen Modelle in den Gehirnen von Individuen der eigentliche Gegenstand dessen, was ein intelligentes System simulieren muss, um eine Situation auf der Straße erfolgreich zu navigieren. Dass eine Situation erst durch die *Interaktion* zwischen Akteur*innen vor Ort zustande kommt – diese Tatsache wird ausgeklammert. Ich denke also, dass wir weiter darauf bestehen müssen und in Erinnerung rufen sollten, dass Situationen interaktiv und kontextabhängig vollzogen werden; wofür meiner Meinung nach Kontingenzen da sind. Philippe wird dazu noch mehr sagen.

Philippe Sormani Genau, aber um zunächst auf die erste Frage einzugehen, die wir uns für heute gestellt haben, möchte ich mit zwei konzeptionellen Bemerkungen beginnen und dann einige empirische Beispiele vorstellen, an denen ich in den letzten Jahren gearbeitet habe.

Zunächst einmal finde ich den Begriff maschinelle Intelligenz nach wie vor interessant, denn er erinnert einerseits an die gemeinsame Grundlage von dem, was oft als KI oder ‹gute altmodische KI› (*good old-fashioned AI*) diskutiert wird – also Top-down-Programmierung, regelbasiert –, und andererseits an aktuelle Formen des maschinellen Lernens und insbesondere des Deep Learnings, bei dem Muster in großen Datensätzen erkannt und auf dieser Grundlage Vorhersagen und Wahrscheinlichkeiten berechnet werden. Aber es gibt eine Gemeinsamkeit, und der Begriff maschinelle Intelligenz fasst dies recht gut zusammen – ein wirklicher Eisberg verborgener Grundannahmen, sodass man regelbasiertes Verhalten beispielsweise auf ‹Code› reduzieren kann (was auf Alan Turing zurückgeht, ebenso wie der Begriff der maschinellen Intelligenz). Dominique Cardon u.a. weisen darauf hin, dass aktuelle Formen des maschinellen Lernens oft in Begriffen der KI angepriesen und beworben werden, ungeachtet ihres forschungspolitischen Zwecks Mitte der 1950er Jahre, und zwar um maschinelles Lernen als brauchbaren Forschungszweig in diesem Bereich zurückzustufen.[17] Die sich daraus ergebende Kontroverse wirft jedoch die Frage nach den Gemeinsamkeiten – den Gemeinsamkeiten zwischen sogenannter ‹symbolischer KI› und maschinellem Lernen – auf und danach, wie diese kunstvoll eingesetzt werden – z.B. in und als Teil einer Demonstration von Technologie.[18]

Die Frage «Erfordert die Leistung und Bewertung der maschinellen Intelligenz weiterhin die ‹Löschung› von Situationen und die Ausklammerung von sozialem Leben?» würde ich dahingehend näher bestimmen, dass ich sie nicht nur als Ja/Nein-Frage formuliere, sondern so umformuliere, dass sie die Frage

16 Ebd.

17 Vgl. Dominique Cardon, Jean-Philippe Cointet, Antoine Mazières: La revanche des neurones. L'invention des machines inductives et la controverse de l'intelligence artificielle, in: *Réseaux. Communication, Technologie, Société*, Bd. 5, Nr. 211, 2018, 173–220, doi.org/10.3917/res.211.0173.

18 Vgl. z.B. Philippe Sormani: Remaking Intelligence? Of Machines, Media, and Montage, in: *Tecnoscienza. Italian Journal of Science and Technology Studies*, Bd. 13, Nr. 2, 2022, 57–85.

nach dem Wie und Warum der Demonstration und Bewertung von maschineller Intelligenz einschließt. *Wie* und *warum* klammern Technologiedemonstrationen und -bewertungen oftmals das, was in der Frage als Situationen und soziales Leben identifiziert wird, aus?[19]

Abb. 2 AlphaGo-Exhibition-Match, Aja Huang (links), gegenüber Lee Sedol (rechts), aus dem Dokumentarfilm *AlphaGo* (Regie: Greg Kohs, USA 2017), Orig. i. Farbe

Was die empirischen Beispiele angeht, so konzentriere ich mich derzeit auf *edtech in interaction* und darauf, wie seit langem bestehende Vorstellungen von maschineller Intelligenz in die Auseinandersetzung der Teilnehmer*innen mit *edtech* im Klassenzimmer einfließen (*edtech* steht für Bildungstechnologie, in der Regel digital). Abgesehen davon war ich vor fünf Jahren nicht der Einzige, der die Aufregung um die ‹neue› KI bemerkte, unter anderem weil sie *deep (machine) learning* als KI anpries. Die Fälle, an denen ich zu arbeiten begann, waren zunächst öffentliche Demonstrationen von Technologien mit dem Etikett KI, wie z.B. das AlphaGo-Exhibition-Match im Jahr 2016, bevor ich Videomaterial von Testfahrten (mit SmartShuttles) und nun *edtech* in pädagogischen Experimenten (mit verschiedenen Bildungsrobotern) untersuchte. Bevor ich in jedem Fall auf die Frage nach dem Warum zurückkomme, möchte ich kurz auf die Frage nach dem *Wie* eingehen:

Als öffentliche Demonstration eines hochentwickelten KI-Systems wurde im März 2016 das AlphaGo-Exhibition-Match aus Seoul übertragen, bei dem das System gegen Lee Sedol, den damaligen südkoreanischen Go-Champion, antrat. *Wie* wurde das AlphaGo-Exhibition-Match zunächst als ‹Symmetrie-Spektakel› zwischen AlphaGo und Lee Sedol inszeniert (vgl. Abb. 2)? Zweitens interessierte ich mich für SmartShuttle-Testfahrten, ein Interesse, das ich zusammen mit Jakub Mlynář weiterverfolgt habe. Auf der PostBus-Website wurde der SmartShuttle als «first intelligent bus in the world» vorgestellt.[20] Daher wieder die Frage: *Wie* wurden die Straßen – der Bus, andere Fahrzeuge, Fußgänger*innen usw. – so installiert und inszeniert, dass der Bus als intelligent erscheinen konnte? Und für die ‹Mars-Mission› als Klassenexperiment, mit der ich mich kürzlich befasst habe: *Wie* wurde sie inszeniert, sodass Schüler*innen im Klassenzimmer die Möglichkeit hatten, jeden Roboter von der Erde aus zu steuern? Ich werde später auf einige der technischen Einzelheiten zurückkommen. In der Zwischenzeit wollen wir uns damit befassen, inwiefern die erwähnten Demonstrationen von Technologie Situationen des sozialen Lebens ausklammern oder sogar ‹löschen›.

Eine Möglichkeit, dies zu tun, besteht darin, genauer zu betrachten, wie Kontingenzen gehandhabt werden und wie, als Konsequenz dieser Handhabung, die

19 Natürlich könnte unsere zweite Frage auch ähnlich umformuliert werden: Wie und warum ist die reale Welt heute so beschaffen, dass KI-Tests in ihrem Rahmen stattfinden können, ohne dass eine ‹problematische› Situation – ein Notfall, ein Zwischenfall oder ein Unfall – entsteht, sondern dass stattdessen ein Gefühl der Normalität, eine alltägliche Szene, erhalten bleibt?

20 Artikel auf dem Unternehmensblog der PostBus Ltd.: Autonomous driving, ohne Datum, postauto.ch/en/about-us-and-news/innovation/autonomous-driving (16.5.2023).

eine oder andere Version von maschineller Intelligenz in Erscheinung tritt, ähnlich wie bei der Spezifizierung von reflexiv-konstitutivem Experimentieren im Labor – also wie bei der «work of making an experiment work».[21] Einen Ausgangspunkt bietet eine Differenzierung, die Harold Garfinkel getroffen hat: die vorläufige Unterscheidung dessen, was er einerseits als «standing contingencies» und andererseits als «local contingencies» benennt.[22] Wir könnten erstere als «manifestly standing contingencies» bezeichnen, die an eine bestimmte Praxis gebunden sind – sagen wir, ein Go-Exhibition-Match –, im Unterschied zu den lokal produzierten Kontingenzen,[23] also Kontingenzen, die sich im Verlauf der Handlung ergeben, wo es immer diesen unerwarteten oder schwer zu erwartenden Verlauf gibt, zu dem die Teilnehmer*innen beitragen und mit dem sie konfrontiert werden (auch bekannt als Situationen des sozialen Lebens).

In Bezug auf das AlphaGo-Exhibition-Match gibt es mehrere Merkmale, die als *standing contingencies* bezeichnet werden können und die mit dem Go-Spiel und seiner Inszenierung als ein solches Exhibition Match verbunden sind. Erstens werden die Spiel- und Kommentator*innenräume gezeigt, nicht aber der Kontrollraum, geschweige denn die Recheninfrastruktur, die für den Ablauf des Matchs erforderlich ist. Ein zweites Beispiel stammt aus dem Dokumentarfilm *AlphaGo*[24] und ist der Moment, in dem die PR-Verantwortliche sagt: «We need somewhere to put AlphaGo under here» (TC 00:26:23). Gemeint ist der AlphaGo-Laptop, den sie dann unter dem Spieltisch platziert, an dem der Profispieler Lee Sedol gegen das Programm antritt, wobei die Züge von Aja Huang, einem AlphaGo-Teammitglied, ausgeführt werden. Und ein drittes Beispiel wäre die Situation, als Demis Hassabis, der CEO des Unternehmens hinter dem AlphaGo-Programm (DeepMind), Sedol anruft, um ihn zum Exhibition-Match gegen das Programm einzuladen, was ebenfalls im Dokumentarfilm gezeigt wird. Während dieses Anrufs erscheint hinter Hassabis das Whiteboard, auf dem notiert ist, wie die Veranstaltung ablaufen soll. Wie bei den ersten beiden Beobachtungen wird dies im Film jedoch auch nicht weiter ausgeführt. Zusammenfassend können diese Aspekte als ein Ensemble von (*manifestly*) *standing contingencies* in Bezug auf diese Demonstration oder dieses Exhibition-Match gesehen werden, und ihre lokale Handhabung lässt die soziale Situation, auf die sich die Demonstration stützt, teilweise aus dem Blickfeld verschwinden.

Ich möchte nun noch kurz auf die Frage des *Warums* eingehen. Und das ist auch eine Frage, die Phil Agre, ein kritischer Computerwissenschaftler, Garfinkel im Hinblick auf sein Interesse an lokalem Kontingenzmanagement und experimenteller wissenschaftlicher Praxis stellte. «What are the contingencies for?»[25] Wozu soll man sie auflisten? Und Garfinkel würde diese Frage als weitere Kontingenz in die Liste aufnehmen, denn die Warum-Frage wird mitunter auch für die Beteiligten, und *last but not least* auch für Soziolog*innen, relevant. Und in dieser Hinsicht gibt es meines Erachtens drei Punkte, die zumindest angeführt werden sollten. Erstens die Frage der *Zurechenbarkeit* (*accountability*): Wie treten

21 Vgl. Harold Garfinkel: *Studies of Work in the Sciences*, London u. a. 2022.
22 Ebd.
23 Vgl. Ebd., 90f., Anm. 34.
24 *AlphaGo – The Movie*, Regie: Greg Kohs, Moxie Pictures, USA 2017. Der komplette Film wurde am 13.3.2020 auf den YouTube-Account *Google DeepMind* hochgeladen: youtu.be/WXuK6gekU1Y (1.11.2022).
25 Garfinkel: *Studies of Work in the Sciences*, 24, vgl. weiter ebd., 39–55.

die Dinge in Erscheinung? Wie werden sie gezeigt? Was sind die Konsequenzen? Zweitens die Frage, wie der Kontext angesichts der Eigendynamik einer Situation gehandhabt wird. Dies steht in Zusammenhang mit Technologiedemonstrationen und dem Punkt, den Joseph Lampel vor 20 Jahren in einem Aufsatz mit dem Titel «Show-and-Tell: Product Demonstrations and Path Creation of Technological Change» dargelegt hat.[26] Der Punkt ist folgender: Damit eine Technologie vertrauenswürdig erscheint, darf sie nicht zu detailliert dargestellt werden. Und natürlich ist das, was präsentiert wird, sorgfältig ausgearbeitet. Dies ist ein weiterer Aspekt – wie wird kritisches Nachforschen behindert oder abgelehnt, während «commitment evaluation routines»[27] für die vorgestellte Technologie im Vordergrund stehen und gefördert werden. Und drittens – das ist ein weiteres klassisches Problem – die Gefahr der Verdinglichung: Wenn wir das lokale Kontingenzmanagement aus der Betrachtung ausklammern, einschließlich der dramaturgischen Verwendung der Unterscheidung zwischen Vorder- und Hinterbühne, dann laufen wir Gefahr, die maschinelle Intelligenz *ex nihilo* zu verdinglichen. Umgekehrt erhält man einen klareren Sinn für die soziale Situation und ihren lebendigen Verlauf, die typischerweise bei Demonstrationen von Technologie vorausgesetzt und weitgehend ausgelassen werden. Zurück zu Noortje.

Frage 2

Was lässt sich aus der Verteilung von Kapazitäten zwischen Artefakten, Environment und Kontext in gegenwärtigen realweltlichen KI-Testsituationen lernen?[28]

N.M. Lassen Sie uns eine sehr allgemeine Frage aufgreifen, nämlich die, wie Forscher*innen zwischen den Rollen von Artefakten, Environment und Kontext bei der Untersuchung von computerbasierten Praktiken unterscheiden sollten, zu denen wir die rechenintensiven Arrangements von KI zählen können. Mit dieser Frage berufen wir uns auf die Arbeit des französischen Soziologen Louis Quéré, der in einem Artikel mit dem Titel «The still – neglected situation?» die Bedeutung dieser Unterscheidung – zwischen Artefakten, Environment und Kontext – hervorhob und sich gegen die Vermischung dieser Begriffe aussprach.[29]

Ich möchte zwei Gründe hervorheben, warum die Fragen «Was gehört zum Artefakt?», «Was gehört zum Environment?» und «Was gehört zum Kontext oder zur Situation?» von besonderer Relevanz für die Untersuchung der zeitgenössischen KI und des KI-Testens sind.

Zum ersten ist oft darauf hingewiesen worden, dass bei Demonstrationen von KI spektakuläre Fähigkeiten – Fähigkeiten, die auf Intelligenz hindeuten – der Maschine selbst zugeschrieben werden, dass diese bei näherer Betrachtung aber abhängig von aktiven Beiträgen aus der Umgebung der Maschine sind – einschließlich der Menschen, die ihr ordnungsgemäßes Funktionieren

26 Joseph Lampel: Show-and-Tell: Product Demonstrations and Path Creation of Technological Change, in: Raghu Garud, Peter Karnøe (Hg.): *Path Dependence and Creation*, Mahwah 2001, 303–327, 304, doi.org/10.4324/9781410600370.

27 Ebd.

28 Vgl. Quéré: The still – neglected situation?

29 Ebd.

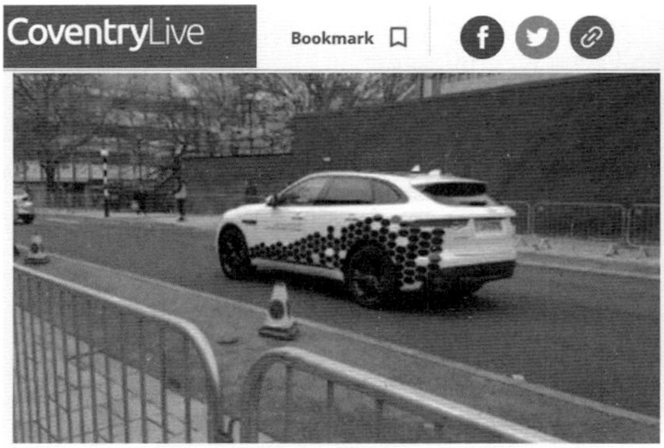

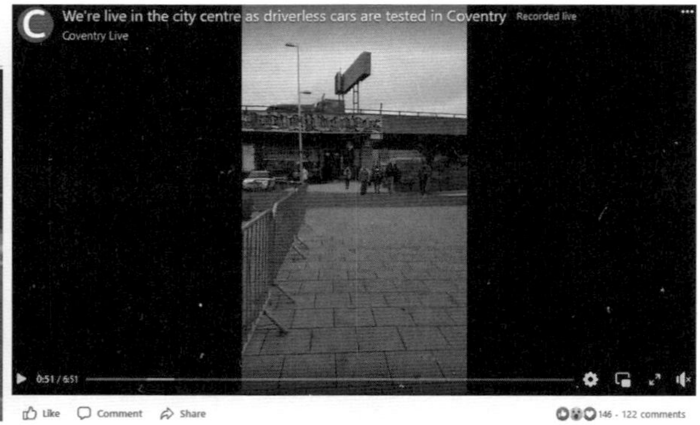

Abb. 3/4 Coventry Autodrive – Versuch mit autonomen Fahrzeugen, Screenshots aus Live-Videos des *Coventry Telegraph*, 15.11.2017 (29.5.2023)

gewährleisten, wie Philippe gerade dargelegt hat.[30] Die Untersuchung von KI-Demonstrationen und -Tests ist von dieser analytischen Verpflichtung geprägt: Durch die Untersuchung von KI-Tests in sozialen Umgebungen, wie z. B. bei den Tests von selbstfahrenden Autos auf der Straße (vgl. Abb. 3 und Abb. 4), können wir feststellen, wie die der KI zugeschriebenen Urteils- und Entscheidungsfähigkeiten in situ zustande kommen. In diesem Zusammenhang ist vor allem die obige von Quéré aufgeworfene Frage von Bedeutung. Wenn wir Demonstrationen von KI untersuchen, können wir fragen: Welchen Beitrag leisten das Artefakt, das Environment und der Kontext jeweils in Bezug auf die Ausführungen der KI?

Im Fall einer Testfahrt mit autonomen Fahrzeugen im Stadtzentrum von Coventry, die im November 2017 von einer Reporterin mit ihrer Handykamera aufgezeichnet wurde (vgl. Abb. 3 und Abb. 4), können wir also fragen: Welchen Beitrag leisten die Sicherheitspylonen, die wir neben dem Fahrzeug sehen? Welchen Beitrag leisten die Zäune? Was ist mit der Beschriftung des Fahrzeugs? Und was ist mit dem Sicherheitspersonal, das im Hintergrund steht? Bei der Untersuchung von KI-Tests auf der Straße – und es gibt viele andere Fälle, wie etwa die Gesichtserkennungstechnologien, die in den letzten Jahren auf Bahnhöfen und von der Polizei im Vereinigten Königreich erprobt wurden – können und sollten wir uns somit mehr auf teilnehmende Beobachtung verlassen und weniger auf die formalen Beschreibungen von KI-Technologien, die von der Informatik, dem Technologiesektor und der Industrie für den öffentlichen Konsum produziert werden. Nehmen wir z. B. die öffentliche Ankündigung der Coventry-Testfahrt:

> The UK's largest trial to date of connected and autonomous vehicles technology on public roads explor[es] the benefits of having cars that can ‹talk› to each other and their surroundings – with connected traffic lights, emergency vehicle warnings and emergency braking alerts. The vehicles rely on sensors to detect traffic, pedestrians and signals but have a human on board to react to emergencies. *The trials are testing a number of features and most importantly seeking to investigate how self-driving vehicles interact with other road users.*[31]

30 Vgl. Bruno Latour: Social Theory and the Study of Computerized Work Sites, in: Wanda J. Orlikowski u. a.: *Information Technology and Changes in Organizational Work*, Boston 1996, 295–307, doi.org/10.1007/978-0-387-34872-8_18.

31 Ryan Tute: Driverless vehicle testing on public roads hailed as landmark moment, in: *Infrastructure Intelligence*, 24.11.2017, infrastructure-intelligence.com/article/nov-2017/driverless-vehicle-testing-public-roads-hailed-landmark-moment (22.4.2023), Herv. NM.

Die anderen Verkehrsteilnehmer*innen werden hier als Fußgänger*innen dargestellt, ohne dass Zäune, Pylonen oder Sicherheitspersonal im Bild zu sehen sind.

Es überrascht vielleicht nicht, dass ein intelligentes Navigationssystem von Grund auf nicht die Erwartungen erfüllt, die derartige Werbebeschreibungen wecken – etwa dass es in der Lage sei, sein Verhalten mit anderen Verkehrsteilnehmer*innen in situ zu koordinieren. Stattdessen ist dieser KI-Versuch von Verwirrung (*confusion*) geprägt und stützt sich auf alle möglichen Requisiten und Elemente im Raum, einen Zaun mitten auf der Straße, Passant*innen, die nicht ganz verstehen, was vor sich geht, und Wachpersonal, das den Verkehr regelt. Was sagt uns diese etwas konfuse Situation? Ich denke, sie sagt uns, dass wir bei der Betrachtung von KI-Versuchen, die sich als Teil des gesellschaftlichen Lebens entfalten, auf eine ganz andere Art von Situation stoßen, eine, die sich deutlich von stereotypischen Situationen unterscheidet, die in KI-Versuchsdemonstrationen inszeniert werden.

In den Straßen von Coventry konnte ich keine Systeme ausfindig machen, die versuchten, als Menschen oder soziale Akteur*innen eingestuft zu werden. Stattdessen fand ich eine hochgradig künstliche Situation vor, eine, in der nicht klar ist, ob und wie die Technologie funktioniert, in der die Akteur*innen ziemlich desorientiert wirken (und dies auch werden) und in der sehr stark auf Requisiten zurückgegriffen wird. Ich spreche hier also den oben erörterten Punkt der STS an, dass die Intelligenz, die der Maschine zugeschrieben wird, in Wirklichkeit durch ein ganzes Kollektiv von Akteur*innen während der Situation erreicht wird (Zaun, Sicherheitspersonal, Pylonen, Schilder usw.).

Aber eine Testsituation wie diese wirft auch ein Licht auf einen vielleicht weniger offensichtlichen Punkt: Die Einführung von KI in die Gesellschaft bringt Modifikationen des gesellschaftlichen Environments mit sich, die meiner Meinung nach die Unterscheidung zwischen Artefakt und Environment, wie sie Quéré vornimmt, stören und bis zu einem gewissen Grad untergraben. Die Performance jenes selbstfahrenden Fahrzeugs als Artefakt wird durch Eingriffe und Veränderungen des Settings erreicht. In Abbildung 3 gibt es auch andere, weniger sichtbare Veränderungen des Environments, die im Rahmen der Versuche in Coventry vorgenommen wurden: die Installation von Straßenrand-Einheiten – *roadside units* –, die Sensoren enthielten und Kommunikation zwischen Fahrzeugen ermöglichten, sowie die Verbesserung der Beschilderung auf der Straße, damit diese maschinell erkannt werden konnte.

Wenn wir also erstens über die Urteils- und Entscheidungsfähigkeit von Maschinen nachgedacht haben, dann ist das hier nun mein zweiter Punkt: Die Untersuchung von KI-Tests in situ macht für mich deutlich, dass es zwischen diesen verschiedenen konstitutiven Elementen des sozialen Lebens – Artefakt, Environment und Kontext – zu *leakage* kommen kann, mit anderen Worten: dass deren Beziehung von Durchlässigkeit gekennzeichnet ist. Quéré grenzt diese Elemente voneinander ab, indem er argumentiert, dass ein Environment scharf von dem Kontext unterschieden werden muss, in dem sich Alltagserfahrungen entfalten:

> [A]n environment in itself has neither axes nor directions since we are the ones who set them in different ways; these settings give rise to an ‹environing experienced world›. […] *It is the orientation of experience that gets one from the environment to the situation*, because situations come under the register of the organization of experience, which is not the case of environments. Someone who is disoriented is still in an environment.[32]

Meine These ist, dass diese Unterscheidung zwischen Environment und Kontext, und vielleicht auch Artefakt, im Rahmen von realem Testen der heutigen KI sozio-materiell gesehen eine Rekonfiguration erfährt: Da die Einführung von KI in Gesellschaften die Einfügung von rechen- und datenintensiven Technologien (*devices*) in den Hintergrund des sozialen Lebens rückt und in der Tat die Modifikation infrastruktureller Environments in der Gesellschaft mit einbezieht, wird künstliche Intelligenz buchstäblich zur *Verwirklichung dieser Modifikation von Environments*. Das Artefakt kann ohne dieses modifizierte Environment nicht funktionieren, und es sind diese rechnerisch ausgestatteten Umgebungen, die die Navigation und die Kommunikation von Fahrzeug zu Fahrzeug ermöglichen, die eine entscheidende Rolle bei der Orientierung spielen.

Ich glaube, dass die Unterscheidung zwischen Artefakt und Environment bzw. Kontext in Gesellschaften mit KI zunehmend verwischt wird. Der Fall von KI-Tests in der Gesellschaft trägt dazu bei, dies zu verdeutlichen. Die Ausrichtung der Erfahrung, die Quéré unter dem Begriff der Situation zusammenfasst, ist genau das, worum es bei der Gestaltung des Environments geht: Sensoren im Setting leiten die Fahrzeuge, damit sie navigieren können; Zäune lenken die Wahrnehmung des Tests. Die Situation, so könnte man sagen, ist das, was durch die Einbettung rechenintensiver Systeme in das sozio-materielle Environment entsteht. Diese Systeme verändern die Bedingungen für soziale Routinen in den Settings. Sie verändern die Art und Weise, wie sich soziales Leben in ihnen entfalten kann.

Wir sollten jedoch beachten, dass die soziale Situation auf der Straße gestört, ja sogar desorientiert wird, wenn das Environment so modifiziert wird, dass es den Maschinen Orientierung bietet. Um auf die oben erwähnte Verwirrung zurückzukommen und dies etwas dramatischer auszudrücken: Solange der analytische Fokus weiter darauf liegt, wie das KI-System die Situation in realen Tests wie dem in Coventry bewältigt – wie es sich orientiert und mit einem Zusammenbruch (bzw. einer ‹Störung›) umgeht –, sehen wir nicht wirklich, wie soziales Leben durch die Einführung ebendieses Systems aktiv desorientiert wird und in manchen Fällen vielleicht sogar zusammenbricht. In solchen Testsituationen kann die Koordinierung der Interaktionen zwischen Fahrzeugen und Fußgänger*innen nicht mehr wie gewohnt ablaufen. Die restriktiven Maßnahmen, die die KI zum Funktionieren benötigt, machen eine normale Interaktion auf der Straße unmöglich. Und dieses Schema, bei dem die Erleichterung der maschinellen Orientierung zu Desorientierung einer breiteren sozialen Situation führt, wiederholt sich im größeren Maßstab. Ich denke dabei an die

32 Quéré: The still – neglected situation?, 288, Herv. NM.

zutiefst störenden und schädlichen Auswirkungen auf die Welt, die sich aus den fortgesetzten Investitionen in die Automobilität ergeben.

Dies ist ein weiterer Grund, warum wir unsere Darstellung von KI entnaturalisieren sollten, indem wir uns auf Situationen des Testens bzw. der Demonstration konzentrieren. Dieser empirische Fokus ermöglicht es uns insbesondere, die naturalistische Fiktion und die daraus resultierende Täuschung abzulehnen, die mit der Frage einhergeht, wie KI mit Pannen umgeht. Methodisch wird bei Collins suggeriert, KI gelte als intelligent, wenn ihr der Umgang mit Zusammenbrüchen gelingt.[33] Aber was ist eigentlich die Beziehung zwischen KI und Zusammenbruch? Ein naturalistischer Ansatz führt dazu, dass er die Orientierungslosigkeit, die Verwirrung, die Störung und den Zusammenbruch verschleiert, die als Folgen der Einführung von KI in das gesellschaftliche Leben entstehen. Die Sozialwissenschaft, die das Artefakt so behandelt, als ob es ein*e soziale*r Akteur*in wäre, nimmt die obigen Werbebeschreibungen als gegeben hin, anstatt die Situation zu analysieren und zu beobachten, was tatsächlich passiert, wenn KI in das soziale Leben eintritt.

Zusammenfassend lässt sich sagen: Das Testen von KI lädt dazu ein, die prägenden Unterscheidungen zwischen Artefakt, Environment und Kontext neu zu untersuchen. In der Tat wird es bei der Analyse von Gesellschaften mit KI zu unserer Aufgabe, zu untersuchen, wie die Kapazitäten zwischen Artefakt, Environment und Kontext bei der Implementierung von KI und der daraus resultierenden situativen Desorientierung umverteilt werden.

P.S. Vielen Dank, Noortje. Aus ethnomethodologischer Sicht interessiere ich mich erst seit (relativ) kurzer Zeit für KI-Technologien oder Technologien mit KI-Etikett, einschließlich ihrer Nutzung und Entwicklung sowie der Forschung darüber – z. B. für KI im Bereich der Bildungstechnologie (*edtech*), wenn auch nicht ausschließlich. Und natürlich bin ich damit nicht allein.[34]

In Bezug auf unseren Diskussionspunkt, die Frage 2, schließe ich mich den von dir [Noortje Marres] und David Stark vorgebrachten Argumenten für Kontinuität an. In dem Aufsatz mit dem Titel «Put to the test» verbindet ihr «expert-led testing *and* social experimentation».[35] Eine Trennung der beiden hingegen, so schreibt ihr es auch, «risks rendering invisible the testing situations that the sociology of testing should elucidate»,[36] was aber auch jede zeitgenössische Ethnomethodologie des Experimentierens betrifft.

Allerdings habe ich auch hier zwei konzeptionelle Vorbehalte gegenüber der Formulierung dieser Frage aus ethnomethodologischer Sicht. Und ich möchte einen dritten hinzufügen.

Erstens glaube ich nicht, dass die Verteilung von Kapazitäten und die Art und Weise, wie sie zugewiesen werden, ein guter Ausgangspunkt für eine Situationsbeschreibung sind. Wie bereits betont wäre es besser, damit zu beginnen, wie *Kontingenzen* in situ gehandhabt werden und wie sie offenkundig gehandhabt werden, damit sie beschrieben werden können – und sei es nur, um einen

33 Vgl. Collins: *Artifictional Intelligence*.

34 In Bezug auf *edtech* in Interaktion kann ich [Philippe Sormani] auf lehrreiche Gespräche mit meinem Kollegium (Lausanne) verweisen, insbesondere mit Marc Audétat, Julien Bugmann, Farinaz Fassa, Guillaume Guenat und Audrey Hostettler, da wir uns eingehend mit der *Relokalisierung maschineller Intelligenz* befasst haben.

35 Noortje Marres, David Stark: Put to the Test: For a New Sociology of Testing, in: *The British Journal of Sociology*, Bd. 71, Nr. 3, 2020, 423–443, hier 428, Herv. PS.

36 Ebd.

«distributed essentialism»[37] im Sinne der Akteur*innenidentifikation zu vermeiden. Das heißt, eine ethnomethodologische Beschreibung – eine Beschreibung, die sich auf die alltäglichen Methoden praktischer Aktivitäten, ihre besondere Verständlichkeit und ihren situierten Vollzug konzentriert – endet dort, wo ein soziologisches Modell der Erklärung von Handlungen beginnt oder beginnen könnte. Ein solches Modell setzt insofern das voraus, was die Beschreibung liefert – eine erkennbare Situation, eine wahrnehmbare Konfiguration, eine sich entfaltende Interaktion (in Bezug auf Akteur*innen, die identifiziert werden, Kapazitäten, die verteilt werden, Hindernisse, die ausgemacht werden usw.).

Mein *zweiter* Vorbehalt bezieht sich auf die Vorstellung von rechenintensiven Praktiken, die als konstitutiv für Computer-basierte Artefakte aufgefasst werden – seien es Programme, Programme mit Sensoren oder Programme mit Sensoren und Aktoren, um Johnsons und Verdicchios Unterscheidung zu folgen.[38] Auch hier erscheinen weder rechenintensive Praktiken noch computerbasierte Artefakte als guter Ausgangspunkt für die Beschreibung, da sie (als Konzepte) zu eng gefasst sind. Man läuft Gefahr, die beteiligten *kulturellen* Artefakte zu übersehen, die Art und Weise, wie sie in situ produziert werden und welche *Praktiken* sie konstituieren, seien es nun ‹rechenintensive› oder andere Arten von Praktiken. In dem Bild, das Noortje vorhin gezeigt hat (vgl. Abb. 3 und Abb. 4), sehen wir zuerst *ein* Auto oder Fußgänger*innen, d. h., wir sehen sie als kulturelle Artefakte oder verkörperte Akteur*innen und nicht als Computer-basierte oder rechenintensive Akteur*innen. Wenn diese Artefakte und Akteur*innen umgekehrt als «sociotechnical assemblages»[39] zu betrachten sind – *embodied* und *entangled*, *never pure*, *never alone* –, welche Art von Assemblagen sind sie dann, wie werden sie eingesetzt und wie erfüllen sie ihre Funktionen in situ? Und wie sieht dann die situierte Praxeologie eines (wenn nicht des) «cultural life of machine learning» aus?[40]

Ein möglicher *dritter* Vorbehalt ergibt sich aus Quérés wichtiger Unterscheidung zwischen «environment, context *and* situation».[41] Ich stimme dir zu, Noortje, dass KI-Systeme, damit sie als Teil einer Testfahrt funktionieren können, erfordern, dass das Environment modifiziert wird und dass diese instrumentelle Modifikation sich als problematisch, wenn nicht sogar störend für den regulären Verkehr erweisen kann. In diesem Sinne wird die soziale Situation auf der Straße gestört. Aber auch eine gestörte Situation bleibt eine soziale Situation. Quérés Unterscheidung ist also nützlich, um auf den Unterschied zwischen einem spezifischen *Kontext* oder einer selektiven Kontextualisierung eines Straßenenvironments einerseits und der Art und Weise, wie sich eine alltägliche Verkehrs*situation* (unabhängig von ihren Teilnehmer*innen, ihrem Kontext oder ihrer Umgestaltung) in ihren vielfältigen Einzelheiten tatsächlich entfaltet, andererseits hinzuweisen. Eine Situation kann sich per se als irreduzibel auf ein Environment oder einen Kontext erweisen, so wie es David Sudnow beschreibt: «[A] lost newcomer *finds* himself suddenly in the midst of a Mexico City traffic circle.»[42]

37 Steve Woolgar: What Happened to Provocation in Science and Technology Studies?, in: *History and Technology*, Bd. 20, Nr. 4, 2004, 339–349, hier 344, doi.org/10.1080/0734151042000304321.

38 Vgl. Deborah G. Johnson, Mario Verdicchio: Reframing AI Discourse, in: *Minds and Machines*, Bd. 27, 2017, 575–590.

39 Göde Both: *Keeping Autonomous Driving Alive: An Ethnography of Visions, Masculinity and Fragility*, Opladen 2020.

40 Roberge, Castelle: Toward an End-to-End Sociology of 21st-Century Machine Learning.

41 Quéré: The still – neglected situation?, 243, Herv. PS.

42 David Sudnow: *Ways of the Hand. The Organization of Improvised Conduct*, London u. a. 1978, 30, Herv. PS.

Lassen Sie mich nun auf meine drei Beispiele zurückkommen: *edtech* in Interaktion bei der ‹Mars-Mission› im Klassenzimmer, ein SmartShuttle, der einen spontanen Zwischenstopp einlegt, und AlphaGo auf der Bühne. Wenn dies empirische Beispiele sind, wofür sind sie dann Beispiele?

Ich habe zuvor das lokale Management praktischer Kontingenzen als ein Phänomen von ethnomethodologischem Interesse erwähnt. Wie richten die Teilnehmer*innen bestimmte Geräte, Systeme oder Infrastrukturen ein, nutzen sie und interagieren mit ihnen, sodass man sagen kann, ihr Betrieb weise KI-Fähigkeiten auf? Wie tun sie das, und zwar auf erkennbare Weise? Und was sind die Kontingenzen – die «locally lived constraints»[43] –, auf die sie dabei stoßen, mit denen sie zu kämpfen haben und/oder die sie unterlaufen? Jeder der drei genannten Fälle bietet eine empirische Antwort auf die aufgeworfenen Fragen, eine Antwort, die jedes Mal durch die angetroffenen Kontingenzen Quérés Unterscheidung zwischen Kontext und Situation zum Ausdruck bringt.

Im zweiten Spiel des AlphaGo-Exhibition-Matchs im März 2016 kam es zu jenem 37. Zug, der als ein ganz besonderer Zug des KI-Systems bezeichnet wurde: «AlphaGo somehow taught the world completely new knowledge»[44]. Diese an die journalistischen Medien gerichtete Mitteilung, wie sie ursprünglich auf der DeepMind-Website veröffentlicht wurde, fasst auch den Überraschungsmoment der beiden englischsprachigen Spielkommentatoren zusammen, als sie die Besonderheit von AlphaGos Zug 37 während des Spiels zuerst bemerkten.[45] Die Diskrepanz zwischen ihrem Kommentar, der bestimmte Spielzüge antizipiert hatte, und dem tatsächlichen Spielzug zeigt, dass die Spielkommentatoren Mühe hatten, sich einen Reim darauf zu machen. Die Diskrepanz wurde also zu ihren *locally lived constraints* für ihre anschließende Analyse, ganz zu schweigen von Lee Sedols Antwortzug (wie er nach der Partie bestätigte). Im Sinne von Quéré markiert die angetroffene Kontingenz den Unterschied zwischen einem erwarteten, wenn auch projizierten Kontext und der sich tatsächlich entfaltenden Situation.

Ein ähnlicher Fall konnte bei einer Testfahrt mit dem SmartShuttle beobachtet werden, bei dem der Ausgangspunkt ebenfalls eine lokal angetroffene Diskrepanz war, bei der etwas geschah, das die Teilnehmer*innen in diesem Setting nicht erwarten sollten oder konnten. In diesem Fall wurden die Kapazitäten des Shuttles von einem Fahrgast kommentiert, der sagte: «It is very good how it does, going around things. I'm amazed that it goes through the narrow places so easily – yeah.»[46] In diesem Moment hielt der Bus abrupt an, und der Betreiber kommentierte diesen Halt als ein immer wiederkehrendes Problem: «[A]nd here she [the van, *la navette* auf Französisch] does each time the same [thing] to us.» Das heißt, der Shuttle blieb einfach ohne erkennbaren Grund stehen, zumindest für den Betreiber. Auch hier scheint der Kontext, dieses Mal eine Testfahrt, anders zu sein als die Situation, die die Teilnehmer*innen vorfinden und mit der sie umgehen müssen.

43 Garfinkel: *Studies of Work in the Sciences*, 23.

44 Zitat ursprünglich veröffentlicht auf dem DeepMind-Blog der Entwickler*innen als Eintrag «The story of AlphaGo so far». Link nicht mehr gültig, Zitat aber noch einsehbar in diversen Newsartikeln, z. B. Cynthia Harvey: Deep Learning and Artificial Intelligence, in: *Datamotion*, 14.6.2018, datamation.com/applications/deep-learning-and-artificial-intelligence (28.6.2013).

45 Die Analyse des Spielzugs Nr. 37 von den beiden englischsprachigen Kommentatoren Michael Redmond und Chris Garlock kann eingesehen werden im YouTube-Video: Move 37!! Lee Sedol vs. AlphaGo Match 2, hochgeladen von Account Daniel Estrada am 12.3.2016, youtu.be/JNrXgpSEEIE (28.6.2023). Für eine detaillierte Videoanalyse vgl. Philippe Sormani: Interfacing AlphaGo, in: *Social Studies of Science* (im Erscheinen).

46 Dieses und das folgende Zitat stammen aus der Videoaufzeichnung der besprochenen Testfahrt.

Und ein dritter Fall, mein derzeitiger Schwerpunkt: ‹Mars-Missionen›. In meinem Wahlkanton findet dieses Projekt in der Schule statt, wo Schüler*innen eingeladen werden, kleine mobile Roboter zu programmieren, mit denen sie sich virtuell auf dem Mars bewegen und eine Mission erfüllen können, wobei die Marsoberfläche an einer technischen Hochschule inszeniert und den Schüler*innen über YouTube gezeigt wird. Im Klassenzimmer durchbrechen dann *einige* der Schüler*innen mit ihren Kommentaren die allgemeine Begeisterung: «Aber Herr Lehrer, wir sind hier nicht auf dem Mars» (in Bezug auf den Videostream), «Wir werden den Wettbewerb verpassen» (in Bezug auf ihren Sporttag) und «Ich würde gerne filmen» (in Bezug auf die Kameraausrüstung).[47] Die Liste der Kontingenzen in situ ließe sich noch erweitern. Auch hier wird deutlich, dass sich die jeweilige Situation nicht auf einen bestimmten Kontext oder ein vorläufig kontrolliertes Environment reduzieren lässt (z. B. eine im Klassenzimmer inszenierte ‹Mars-Mission›).[48]

Es gibt also verschiedene Arten von Kontingenzen, die bewältigt werden müssen, wenn verschiedene Arten von maschineller Intelligenz bei verschiedenen Demonstrationen von Technologie, Testfahrten und/oder pädagogischen Experimenten inszeniert werden. Natürlich sind diese Demonstrationen, Versuche und Experimente auch so konzipiert, dass die Kontingenzen als Teil ihres praktischen Managements verschwinden, eines Managements, das sie funktionieren lässt, damit maschinelle Intelligenz sich manifestiert, sei es als rhetorischer Effekt, als Navigationsanforderung oder als pädagogische Aufgabe. Diesem beabsichtigten Verschwinden der alltäglichen Praktikabilität sind jedoch Grenzen gesetzt. In einem meiner Lieblingszitate formuliert Lucy Suchman dies wie folgt: «Lived practice inevitably exceeds the enframing moves of its own procedures of order production».[49] Okay, ich glaube, das war's von mir zu dieser zweiten Frage, und ich denke, wir sind wieder bei Noortje.

N.M. Das ist großartig, Philippe, ich werde zwei kurze Punkte ansprechen. Erstens den Umgang mit Kontingenz und vielleicht auch die Unmöglichkeit, kontingente Situationen zu bewältigen. Ich interessiere mich sehr für dieses Thema, zum Teil auch, weil ich im Moment Agnes Hellers sozialtheoretisches Werk *Can Modernity Survive?* lese.[50] Diese Sozialtheoretikerin, die sich an Georg Lukács orientiert, legt großen Wert auf die Kontingenz des Alltagslebens als das, was die Moderne in gewisser Weise auszeichnet: In der Moderne wird das Alltagsleben als kontingent erlebt, es ist eine Form des Lebens, in der Routinen und Praktiken untersucht und in Frage gestellt, tatsächlich getestet und modifiziert werden können, weil sie als kontingent erkannt werden, und das ist ein Schlüsselaspekt von Hellers Verständnis der Moderne, und in der Tat auch von ihrem Verständnis, warum wir wirklich daran arbeiten müssen, damit diese überleben kann. Also, *ja*.

Aber ich denke auch, und das ist mein zweiter Punkt, dass diese Frage der Kontingenz der Situation und die Verteilung der Kapazitäten innerhalb der

47 Zitate von Teilnehmer*innen der Mars-Mission, Feldnotizen PS.

48 Diese lokalen Gegebenheiten bieten wiederum unzählige pädagogische Möglichkeiten, wie ein Teammitglied an der örtlichen Universität für Lehrerbildung feststellte. Für das programmatische Argument vgl. Michael E. Lynch: Garfinkel's Studies of Work, in: Douglas W. Maynard, John Heritage (Hg.): *The Ethnomethodology Program. Legacies and Prospects*, Oxford, New York 2022, 114–138, doi.org/10.1093/oso/9780190854409.003.0004.

49 Suchman: *Feminist STS and the Sciences of the Artificial*, 193.

50 Agnes Heller: *Can Modernity Survive?*, Berkeley 1990.

Situation wirklich eng miteinander verbunden sind. Einer der Gründe, warum ich immer auf der Frage nach der Verteilung oder Umverteilung von Kapazitäten innerhalb einer Situation bestehe, ist, dass die Art und Weise, in der Kapazitäten innerhalb des Artefakts konzentriert oder konsolidiert werden – neben der Aufwertung der Maschine durch die Spezifizierung ihrer Kapazitäten als unglaublich, hochentwickelt, außergewöhnlich … –, einer der Effekte davon ist, dass die Kontingenz verschwindet. Es lässt die Maschine als unentbehrlich erscheinen, als diejenige, die die anstehende Aufgabe notwendigerweise ausführen muss – außergewöhnlich und daher unersetzlich zu sein, dies ist eines der Risiken. Die Feststellung, dass die Kapazitäten verteilt sind, bedeutet hingegen: Jede Verteilung der Kapazitäten ist in der gegebenen Situation kontingent und kann sich ändern. Ich würde also sagen, dass das Beharren auf der Kontingenz und das Beharren auf der Verteilung der Kapazitäten vielleicht gar nicht so sehr im Widerspruch zueinander stehen, wie du, Philippe, vielleicht meinst.

P.S. Vielen Dank, Noortje. Lass mich kurz antworten. Mir ist aufgefallen, dass du in der Tat damit beginnst, Quéré methodologisch zu lesen, und zwar in dem Sinne, dass du seine Frage dahingehend verstehst oder auffasst, wie Forscher*innen zwischen Artefakten, Environment und Kontext (wenn nicht sogar zwischen Kontext und Situation) unterscheiden *sollten*.[51] Und das war auch sein Plädoyer, sein Argument, da er der Meinung war, dass sie zu sehr in einen Topf geworfen werden. Dies galt zumindest zu der Zeit, als er schrieb, und hinsichtlich der Forschungssituation, die Quéré in den späten 1990er Jahren kommentierte, insbesondere in Bezug auf Arbeitsplatzstudien (in *Human-computer interaction* und *Computer-supported cooperative work*) und die objektorientierte Soziologie – die Akteur-Netzwerk-Theorie. In diesem Zusammenhang würde ich auch zustimmen, dass wir dies vielleicht nicht als methodologische Frage behandeln, sondern als Phänomen betrachten können: Wie wurde die obige Unterscheidung von Forscher*innen – Soziolog*innen, KI-Forscher*innen oder auch Teilnehmer*innen – in bestimmten Situationen getroffen? Wir sollten es als empirisches Phänomen betrachten, anstatt über Methodologie zu streiten, ganz zu schweigen von Ontologie.

Damit sind wir wieder bei der Frage nach der Verteilung der Kapazitäten, und ich frage mich: Geht es in deiner Argumentation um multiple Kausalitäten, also darum, wie verschiedene Fähigkeiten zu, sagen wir, einer laufenden Handlung beitragen? Vielleicht ist das eine zu starke Formulierung, aber sie erlaubt mir, einen Kontrast zu dem zu setzen, was Quéré meiner Meinung nach anstrebte. Zumindest auf seiner phänomenologischen Seite scheint sein Hauptinteresse nicht darin gelegen zu haben, wie Kapazitäten verteilt und zugeschrieben werden können, sondern vielmehr darin, wie eine Situation als verständlich hergestellt wird – als ein Ganzes, als eine Gestalt einer bestimmten Art, die es nur unter dieser Voraussetzung erlaubt, bestimmte Akteur*innen zu identifizieren, und zwar im Hinblick auf eine bestimmte Kontextualisierung. Es

51 Vgl. Quéré: The still – neglected situation?

ist also etwas, das vor der Verteilung von Kapazitäten und deren Zuschreibung an verschiedene Akteur*innen kommt. Aber das eine schließt das andere nicht aus – oder bedingt es typischerweise. Wie du sagtest, besteht die politische Gefahr darin, dass die Art und Weise, in der Kapazitäten verteilt werden, auf heikle Weise Kontingenzen verschwinden lässt, obwohl diese Gefahr vielleicht gerade der Zweck eines erfolgreichen Engineerings ist, zumindest in den typischen Begriffen der Ingenieur*innen!
[...]

Offene Fragen und Forschungsperspektiven

So, do we have a situation?
Nein, insofern immer noch ein Situationsdefizit in der Art und Weise besteht, wie KI konzipiert, implementiert und diskutiert wird – entgegen der Behauptung, dass maschinengestützte Systeme zu kontextuellem Lernen fähig sind.

Ja, insofern die Einführung von KI in das gesellschaftliche Leben kritische Momente, öffentliche und politische Situationen hervorruft, die im öffentlichen Diskurs unterbestimmt bleiben.

Wie geht es also weiter?
Ein Ansatz besteht darin, die Testsituationen der KI wiederherzustellen und schließlich neu zu definieren, wobei die Begriffe Experiment und Experimentieren in den Prozess eingebettet und erweitert werden. Dieses Gespräch hat erste Ansätze in diese Richtung gebracht, andere sind schon seit einiger Zeit im Gange[52] oder müssen noch artikuliert werden, insbesondere in Bezug auf KI und die zeitgenössischen Varianten des maschinellen Lernens. In diesem Sinne sind unser Gespräch und das längere Working Paper eine Einladung zu weiterer Ausarbeitung und kritischem Austausch, sowohl on- als auch offline.

52 Vgl. z. B. Tanja Bogusz: *Experimentalism and Sociology: From Crisis to Experience*, Cham 2022; Georgina Born, Andrew Barry: Art-Science: From Public Understanding to Public Experiment, in: dies. (Hg.): *Interdisciplinarity: Reconfigurations of the Social and Natural Sciences*, London u. a. 2013, 247–272; Noortje Marres, Michael Guggenheim, Alex Wilkie (Hg.): *Inventing the Social*, Manchester 2018.

Die englische Langfassung des Gesprächs ist im Mai 2023 erschienen: dx.doi.org/10.25819/ubsi/10332. Wir [Noortje Marres und Philippe Sormani] danken Johannes Schick für die Organisation und Carolin Gerlitz für die Moderation des Gesprächs sowie den Teilnehmer*innen für ihre Teilnahme und Beiträge. Das vorliegende Gespräch wurde gefördert durch die Deutsche Forschungsgemeinschaft (DFG) – Projektnummer 262.513.311 – SFB 1187 «Medien der Kooperation». Philippe Sormanis Überlegungen wurden zudem vom Projekt «Relocating Machine Intelligence» (SNF ProjektNr. 407740_1187541) inspiriert und werden dieses weiter inspirieren. Übersetzung und Redaktion: DeepL, Inga Schuppener, Sebastian Gießmann.

BILDSTRECKE

DAPHNÉ NAN LE SERGENT

Das extraktive Bild. Die Ursprünge der Fotografie

Vorgestellt von NOAM GRAMLICH

Die Fotografie hatte noch nie nur eine Ursprungsgeschichte. Was das Medium magisch macht,[1] ist nicht nur Niépce oder Daguerre zu verdanken, sondern auch der Sonne und dem Silbernitrat. Unterhalb dieser natürlich-technologischen Genealogie der Fotografie liegt aber noch eine andere Geschichte, die seit einiger Zeit gehoben wird: die des Extraktivismus.[2] Neben dem Papier, das aus auf Kolonialplantagen gepflückter Baumwolle hergestellt wurde, kam das Silber der Daguerreotypie vorwiegend aus südamerikanischen Minen wie Taxco und Potosí, welche von Spanien und Portugal ab dem 15. Jahrhundert enteignet und industrialisiert wurden. In der Bildstrecke, deren Bilder aus Daphné Le Sergents Videoessay *L'image extractive* (2021) stammen, zoomt die Künstlerin in die Materialität der Fotoplatte und in die Narben der Erde hinein. Erkennbar werden schwindelerregende Beziehungen zwischen der Fotografie, dem Börsenkurs und dem Abbau von Silber und Gold.

Für Le Sergent ist die Fotografie Zeugin eines noch nie da gewesenen Eingriffs in die Erde, von ökonomischen Umbrüchen zwischen Kolonialismus, Frühkapitalismus und digitalem Kapitalismus. Ab 1887 wird Silber durch Gold als Währungsindex ersetzt und wird zum bloßen Rohstoff. Zeitgleich mit der Verknappung des scheinbar unendlichen Silbers durch die formelle Dekolonisierung Mexikos und dem wachsenden Handelseinfluss von China greift der Goldrausch in Georgia, Australien, Alaska, Nevada, Kalifornien und Guyana um sich. Was wäre, so wird spekuliert, wenn wir Lichtbilder auf Gold- statt auf Silberplatten gebannt hätten? Die Gold-Fotografie, so die Antwort, hätte nicht passieren können, da der Überschuss an Silber in die Fotografie gesteckt wurde. Um 1975 beginnt eine zweite Zäsur, als die Reserven erneut knapp werden und Silber damit enorm teuer wird. Angesichts der drohenden Gefahr, dass die Fotografie aussterben könnte, investiert Kodak in die elektronische Entwicklung eines silberfreien Bilds. Begleitet sind diese Umbrüche und damit der doppelte Ursprung der analogen und digitalen Fotografie von einem *Es ist so gewesen* – und das im materiellen Sinne, wie es im Film heißt: «Die Fotografie ist ein Indiz von Verlust und Verschwendung […]. Es ist ein extraktives Bild, das dem Boden immer mehr Erz abzwingt. Das dem Wirklichen immer mehr Informationen abzwingt.»

1 Vgl. William Henry Fox Talbot: *The Pencil of Nature*, New York 1969 [1844].

2 Vgl. Kevin Coleman, Daniel James (Hg.): *Capitalism and the Camera. Essays on Photography and Extraction*, London 2021.

In Europa,
in Frankreich,
wurden seit der Entdeckung Amerikas
bis zum 19. Jahrhundert
mehr als 150 Bücher,
kleine Schriften und Abhandlungen herausgegeben,
in denen man über Eldorado,
„Das Goldene", redete,
jener letzte Inka-Schatz,
der auf dem amerikanischen Erdteil
der spanischen Gier entrann.

Gleich wie der Goldsucher,
erträumten sich
die Conquistadores
ihre Quelle.

Die Sage von Eldorado
ist jene einer Wunderstadt,
der Stadt Manoa.

Manoa.
Es ist ein brennendes Bild,
die Schutzmauern der Städte
schillern unter der Sonne
und für das gierige Auge
besitzen sie
den Glanz des weissen Metalls.
Die weissen Schutzmauern
schillern unterm Licht
und für das fieberhafte Auge
sind sie eine im Silbernetz
gefangene Aufnahme.

Eldorado ist ein
in der Schachtel des Schädels
umgekehrt liegendes Bild.

Es ist eine vor der Zeit
entstandene Fotografie,
erschienen mit dem Bergbau
von Potosi und Taxco
1700 Silbertonnen.

Das Silber aus Pachuca,
das Silber aus Zacatecas,
das Silber aus Guanjuato.

Die Frage, welche die Photographie
dem Blick entgegenwirft,
lautet nicht: „Was suchen?“,
sondern: „Wo suchen?“
Sobald das Reich des Sehens
sich auf einen geschlossenen Raum
umfasst,
ist des Blickes Bahn
unweigerlich verdammt
zu Spähen, zu Suchen, zu Wühlen.

Cl. Agence Générale des Colonies

93. - GUYANE — Exploitation aurifère

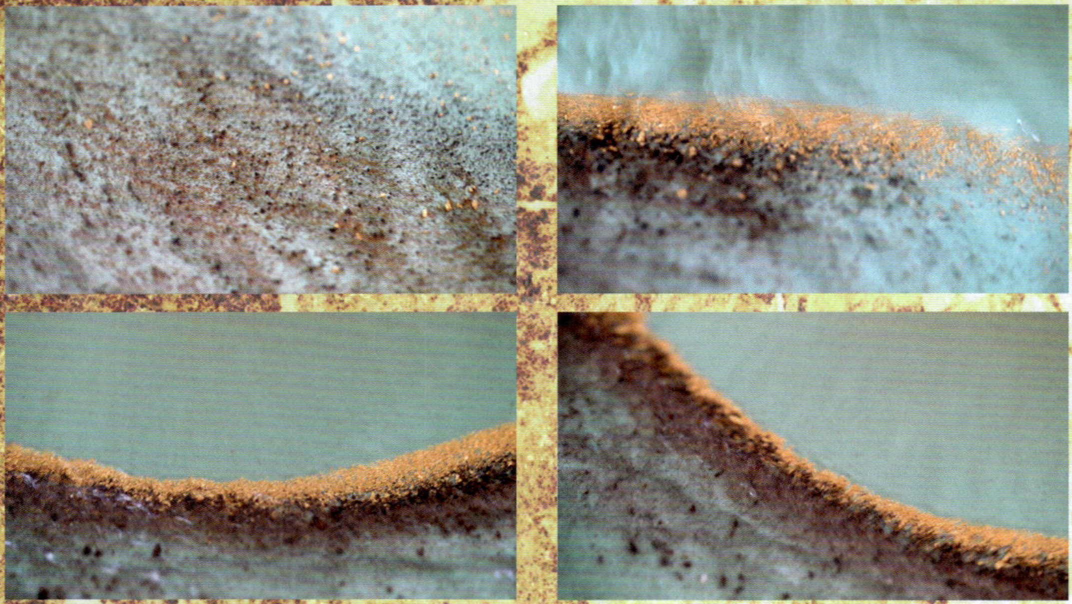

In Brasilien
hat ein Maler
ein Fotografisches Rezept
mit Goldchlorid aufgearbeitet.
Und als er von Daguerres' Entdeckung
in dem Jornal del commercio erfährt,
so antwortet er mit dieser Mitteilung:

„Nun arbeite ich bald schon sechs Jahre
an meinen desenhos photographiados
(fotografischen Zeichnungen).
Ich klemme eigens präparierte Papiere
in die Dunkelkammer
und Goldsalze
fixieren
ein schönes, sehr düsteres Blau.

Bis 1839
wusste ich nicht,
dass in Europa ähnliche Versuche
unternommen worden sind,
folglich
kann man sagen,
dass auch ich
Erfinder
des Licht-Drucks bin."

Vom Währungsindex
ist Silber zum
Wirklichkeitsindex geworden.

Als man 1971
das Bretton-Woodsabkommen
auflöste,
durch welches die Währungen
sich auf den Dollar banden,
dessen Wert sich in Gold sicherte,
spielten die Rohstoffe verrückt
und verursachten
einen heillosen Drang
nach dem Preisaufstieg.

Auf immer steigenden Gipfeln
fliegen die Preiskurven
in die Höhe,
und ganz oben
steht die Silberunze.

Für Kodak bedeuten
die Fabriken
eine Ruine.
Die Fabriken,
da wo man Eisenbahnwagen
mit Silberbarren befrachtete,
die dann in die Säure
geschüttet wurden.

Das Silber in die Säure.

Der Handel mit dem Silbergehalt
ist zu einem Abgrund geworden.

Kodak verringert die Kosten
miniaturisiert seine Filme.
Vergebens.
Nichts vermag den Verlust
einzudämmen.
In einer letzten Anstrengung
beruft sich die Firma
auf Steven Sasson
und einige Elektronikingenieure,
damit sie ein silberfreies Bild
herstellten.

1979,
als die Unze Silber
von 11 auf 50 Dollar steigt,
verfasst Roland Barthes
„Die helle Kammer“
und spricht von der Fotografie
als einem „Es-ist-so-gewesen“.

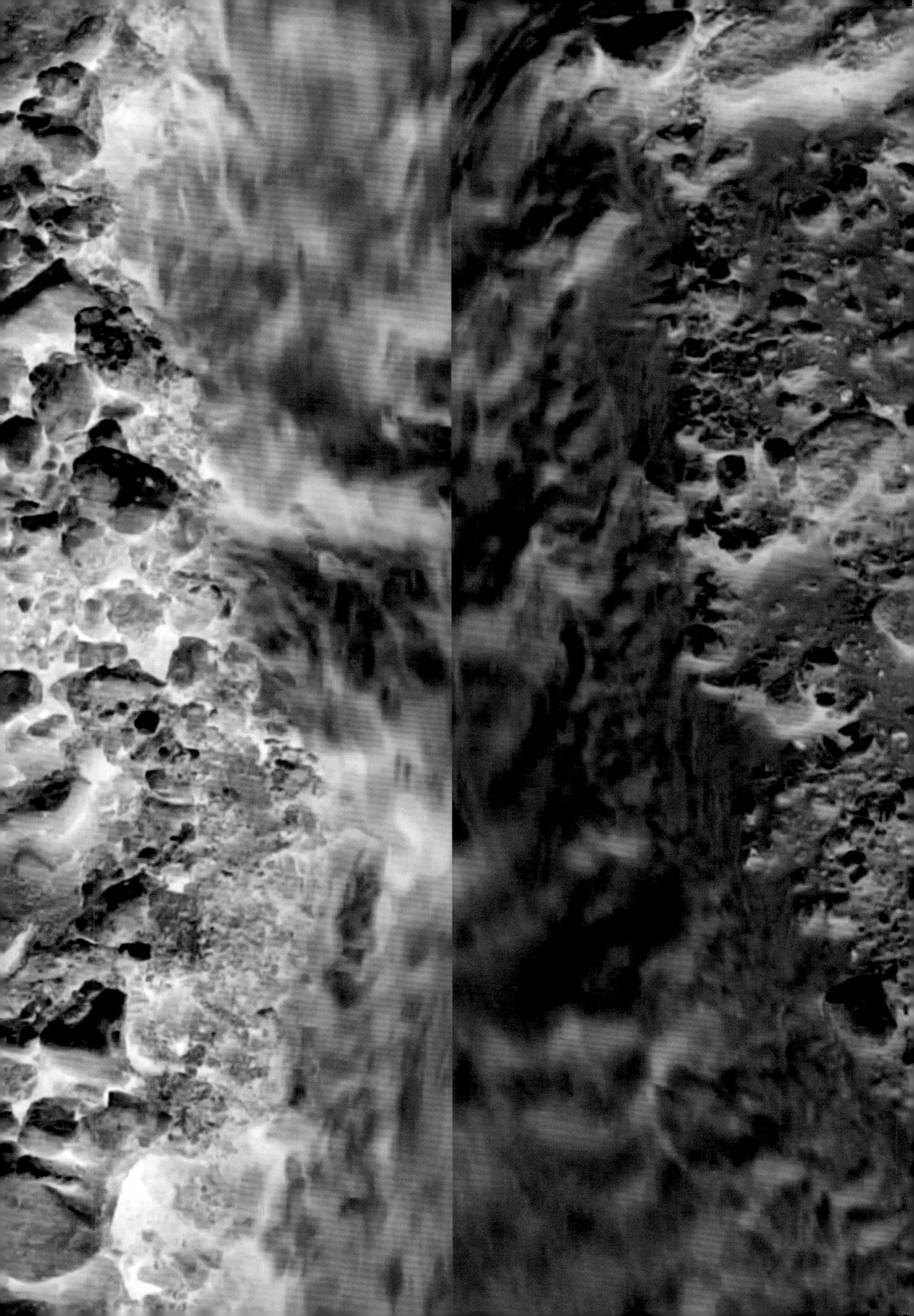

Der Aufstieg des Digitalen
hatte also nicht einen,
sondern einen doppelten Ursprung;
der erste
bestand im Aufstieg
der Börsenkurse.
Der zweite
in der drohenden Erschöpfung
des Silbers.

LABORGESPRÄCH

SUSANNE NIKOLTCHEV und MARTIN KANZLER
im Gespräch mit JUDITH KEILBACH und FLORIAN KRAUTKRÄMER

SIMPLE ZAHLEN UND NEUTRALE INFORMATIONEN

—

Produktionsforschung durch Studien des European Audiovisual Observatory

Das European Audiovisual Observatory (EAO, dt. Europäische Audiovisuelle Informationsstelle) befindet sich in Straßburg in unmittelbarer Nachbarschaft zum Europarat. In der Villa Schutzenberger sammelt ein Team von gegenwärtig 27 Mitarbeiter*innen Daten und juristische Informationen zum Europäischen Film- und TV-Markt, die regelmäßig in verschiedenen Studien veröffentlicht werden. Diese werden kostenfrei auf der Website des EAO veröffentlicht (www.obs.coe.int) und zu besonderen Gelegenheiten wie den Filmfestspielen in Cannes auch der Öffentlichkeit vorgestellt. Neben Studien über die Verteilung von Marktanteilen in Kinos und bei VOD-Anbietern sowie den Zahlen der Filmproduktionen in Europa, in denen sich die Industrienähe des EAO manifestiert, werden auch zunehmend Studien veröffentlicht, die besondere Perspektiven einnehmen, z. B. Studien zur Zugänglichkeit audiovisueller Inhalte von TV-Sendern und Streaminganbietern für Personen mit Einschränkungen oder zu den Zahlen weiblicher Beschäftigter in Europäischen Film- und TV-Produktionen.

Judith Keilbach und Florian Krautkrämer sprachen mit der geschäftsführenden Direktorin Dr. Susanne Nikoltchev und dem stellvertretenden Leiter der Abteilung für Marktinformationen Martin Kanzler. Nikoltchev ist Juristin in den Bereichen Medien, Telekommunikation, internationales Handelsrecht und EU-Wettbewerbsrecht und seit 1998 beim EAO tätig. Kanzler hat Internationale Betriebswirtschaft in Wien studiert und ist seit 2017 in Straßburg. Für die Film- und Medienwissenschaft sind die Studien des EAO interessant, weil sie – trotz oder gerade wegen ihrer Industrienähe – oft die einzigen detaillierten und umfassenden Zahlen liefern, die für die Produktionsforschung zur Verfügung stehen. Gleichzeitig steht die Arbeit des EAO auch in einem politischen Zusammenhang: So ist die Erhebung von Daten, die darüber Auskunft geben, aus welchen Ländern die Produktionen in den Katalogen der Streaming-Anbieter stammen, wichtig für die Quotenregelung der EU. Aber auch der Brexit und seine Auswirkungen auf die Märkte werden in der Datensammlung reflektiert. Die Zahlen zur Kinoauswertung sind darüber hinaus vor dem Hintergrund der Covid-19-Pandemie auch für lokale Akteur*innen wichtig. Zudem publiziert das EAO jährlich Daten zur Geschlechtergerechtigkeit in der Branche und beginnt seine Aufmerksamkeit auch auf Fragen der ökologischen Nachhaltigkeit in der Film- und Fernsehindustrie zu richten. Von Interesse war daher, etwas über die institutionellen Hintergründe des EAO sowie die von ihm zusammengestellten Daten zu erfahren.

Judith Keilbach / Florian Krautkrämer **Wann und mit welchem Ziel wurde das EAO gegründet?**

Susanne Nikoltchev Das war Ende der 1980er Jahre mit dem grenzüberschreitenden Fernsehen. Damals stellte man fest, dass der Sektor durch mehr Transparenz gestärkt werden sollte, denn bis dato hatten Institutionen damit zu kämpfen, dass man lediglich Wissen über sein eigenes Land und möglicherweise auch noch über ein Nachbarland hatte. Das machte es für Unternehmen schwierig, grenzüberschreitende Aktivitäten zu planen und nicht nur in einem Land zu agieren. Daher gab es ein Bedürfnis nach Informationen und nach Leuten, die den Status quo der Industrie im weiteren Europa und möglichst auch noch den rechtlichen Rahmen dazu erklären können.

Man hat diese Informationsstelle dann zum erweiterten Teilabkommen des Europarats gemacht, wodurch sie den Status des Unparteiischen bekam. Sie können sich das Ganze als Aktivität des Europarats vorstellen. Unsere Mitglieder sind 39 Länder, die im Europarat vertreten sind, plus Marokko und die EU, wobei am Anfang, 1992, einige dieser Länder noch gar nicht Mitglied des Europarats waren. Denken Sie z. B. an die Balten oder Polen.[1] Dort bestand ein großes Interesse an der Öffnung der Märkte. Die Zusammenarbeit war für diese Länder ungeheuer wichtig.

Das EAO ist Teil des Europarates, allerdings mit einer besonders großen Unabhängigkeit, insbesondere einer eigenen Budgethoheit, die uns von allen anderen Bereichen des Europarats unterscheidet. Unser Budget ist isoliert von dem des Europarats, und das ist auch bei der Gründung ganz klar so festgelegt worden.

Die Informationsstelle war als eine Drehscheibe gedacht, um Informationen zu sammeln, die schon existieren, diese zu harmonisieren und eine gemeinsame Methodologie zu entwickeln, damit das alles vergleichbar wird. Damit sollte auch die bessere Zusammenarbeit zwischen den verschiedenen Institutionen ermöglicht werden. An diesem Grundgedanken halten wir nach wie vor fest. Zwar gibt es von einigen Bereichen keine Daten, aber wo wir die Möglichkeit haben, Daten zusammenzuführen, tun wir das. Inzwischen decken wir so viele Bereiche ab, dass wir 27 festangestellte Mitarbeiter*innen haben.

1 Dass hier nicht gegendert wird, ist der Mündlichkeit des Gesprächs und der Wiedergabe der darin verwendeten Sprache geschuldet. Eine gendersensible Schreibweise wurde hier nur an den Stellen angepasst, an denen es für das Verständnis oder den Diskurs zwingend notwendig war.

Unsere Kompetenz ist mittlerweile für das Analysieren von Daten gefragt und wir geben den politisch Verantwortlichen eine Orientierungshilfe, wobei ganz wichtig ist, dass wir deren Entscheidung nicht ersetzen. In unserem Statut ist fest verankert, dass wir uns nicht politisch engagieren und dass wir strikt zu Neutralität und Objektivität verpflichtet sind.[2] Durch Informationen schaffen wir eine Verständnisgrundlage, auf der dann hoffentlich sinnvolle und vernünftige Entscheidungen getroffen werden können.

J.K./F.K. Gibt es ein Beispiel, bei dem die Analyse der Daten Orientierung geschaffen hat?
S.N. Als der Krieg gegen die Ukraine begann, gab es große Besorgnis über die russische Einflussnahme durch diverse Fernsehsender. Dank unserer MAVISE-Datenbank (mavise.obs.coe.int) haben wir feststellen können, welche Sender von außerhalb nach Europa reinsenden und wer dafür die juristische Zuständigkeit hat in Europa. Die Kommission hat sich dieser Information bedient für ihre Entscheidung, diese Sender zu verbieten. Und die Verordnung der Kommission haben wir dann wiederum den Leuten erklärt.[3]

J.K./F.K. Zwischen den Daten und politischen Entscheidungen gibt es also durchaus einen Zusammenhang?
S.N. Häufig ist es so, dass jemand mit einem bestimmten politischen Ziel an uns herantritt, beispielsweise wenn es aufgrund von Marktverzerrung zu Regulierungen kommen soll. Wenn wir Daten haben, stellen wir diese zur Verfügung, sagen aber: Ob das eine Marktverzerrung ist, müsst ihr selbst feststellen. Haben wir keine Daten dazu, erheben wir diese aber nicht extra.
Martin Kanzler Ein anderes Beispiel wäre der Anteil europäischer Filme in den VOD-Katalogen. Wir haben diese als Status quo analysiert, bevor die Kommission die Zahl der Quote festgelegt hat. Wir haben also keine Ratschläge gegeben, sondern lediglich dokumentiert, wie viel Prozent die europäischen Filme in den Katalogen ausmachen.
S.N. Das ist ein Dauerthema der Kommission: der Erfolg ihrer Unterstützung von europäischen Werken.

J.K./F.K. Das ist ein großer Anteil Ihrer Studien: Auswertung, Produktionen, Marktwert. Mit den regelmäßig veröffentlichten Zahlen zu den Marktanteilen verschiedener Anbieter lassen sich nicht nur Technikentwicklungen und -einführungen nachverfolgen, z. B. im Bereich des Streaming, sondern auch, wie sich diese auch im Krisenjahr 2020 im Vergleich zum Zeitraum davor und danach entwickelt haben. Durch die Fokussierung auf ganz Europa lässt sich zudem auch die unterschiedliche Entwicklung in den verschiedenen Regionen nachzeichnen.[4]
M.K. Wir versuchen uns auf die Bereiche zu konzentrieren, zu denen wir als Observatory Daten haben, die sonst niemand hat, sodass wir einen Mehrwert

2 Dazu heißt es in der Satzung konkret: «1.1 Ziel der Europäischen Audiovisuellen Informationsstelle – im folgenden ‹die Informationsstelle› – ist es, den Informationsfluß innerhalb der audiovisuellen Industrie zu verbessern und den Überblick über den Markt sowie dessen Transparenz zu fördern. Dabei soll die Informationsstelle besonderen Wert darauf legen, Verläßlichkeit, Kompatibilität und Vergleichbarkeit der Informationen zu gewährleisten.» Council of Europe/Committee of Ministers: *Entschließung CM/Res(2020)49 betreffend Ergänzungen zur Satzung der Europäischen Audiovisuellen Informationsstelle*, 8.12.2020, hier 1, rm.coe.int/09000016800a0c25e (9.6.2023).

3 Das Vorgehen war dabei auch unter Jurist*innen nicht unumstritten, vgl. z. B. die Analyse dazu von Prof. Dr. Wolfgang Schulz: Informationsfreiheit im Ausnahmezustand, in: *Legal Tribune Online*, 23.4.2022, lto.de/recht/hintergruende/h/russia-today-verbot-der-eu-zulaessig-oder-nicht-kompetenzueberschreitung (28.6.2023).

4 Vgl. European Audovisual Observatory/Council of Europe: *Yearbook 2022/2023: Key Trends. Television, Cinema, Video and On-Demand Audiovisual Services. The Pan-European Picture*, Straßburg 2023, 36 f., rm.coe.int/yearbook-key-trends-2022-2023-en/1680aa9f02 (31.5.2023).

schaffen können und nicht einfach wiederholen, was es ohnehin schon von anderer Seite gibt. Mit dem Aspekt der paneuropäischen Auswertung, sowohl im Kino als auch im Bereich VOD, sind wir einzigartig.

J.K./F.K. Wie kam es dazu, dass Sie inzwischen auch andere Themen als nur Marktzahlen bei Film und Fernsehen bearbeiten?

S.N. Der Markt hat sich schlichtweg weiterentwickelt. Zu Beginn ging es hauptsächlich um Informationen zum Fernsehen und zum Film, Telekommunikation hat damals keine Rolle gespielt. Das ist heutzutage anders. Durch die Konvergenz und neue Distributionsformen wie on demand kamen weitere Bereiche hinzu, die wir dann angehängt haben.

Es gibt natürlich auch Bereiche, die wir gerne bedienen würden, aber an denen wir uns die Zähne ausbeißen, wie z. B. steuerrechtliche Aspekte oder das Arbeitsrecht. Aktuell diskutieren wir, ob unsere Ressourcen für Videospiele ausreichen. Also: Es entwickelt sich pragmatisch.

M.K. Games können wir aus Kapazitätsgründen nicht abdecken. Manchmal verhindert auch der erschwerte Zugang zu den Daten, dass wir mehr machen können.

J.K./F.K. Können Sie ein Beispiel für einen Bereich nennen, für den Sie keine Daten haben?

M.K. Ein Beispiel für einen Bereich, zu dem es Daten gibt, aber zu prohibitiv hohen Preisen, waren die Verkaufszahlen von DVDs auf Titelbasis.[5] Wir wollen nicht nur Kino, sondern eben auch den Videomarkt erfassen, damit wir den Marktanteil europäischer Filme berechnen können. Wir hatten sogar ein Kaufkonsortium von interessierten Filminstituten gebildet, um gemeinsam einen Datensatz pro Jahr zu kaufen. Aber der Preis war so hoch, dass das unerschwinglich war.

Ein anderes Beispiel sind die Zuschauerzahlen, also die Quoten der Fernsehsender. Die gibt es, aber sie sind vertraulich. Wir könnten sie zwar zu einem entsprechenden Preis kaufen, aber wir dürfen sie nicht publizieren. Das ist für uns dann wenig sinnvoll. Wir folgen ja keinem Eigenzweck, sondern wir brauchen Daten, die wir teilen können.

Und in anderen Bereichen, wie *sustainability*, gibt es zurzeit noch keine echten Daten. Es gibt einzelne Fallstudien, aber es gibt keine Organisationen, die landesweit bestimmte Indikatoren erheben und mit denen man ein Netzwerk aufbauen und kooperieren könnte.

Es gibt also unterschiedliche Gründe, weshalb wir zu bestimmten Bereichen keine Daten haben.

J.K./F.K. Wo kommen die Daten her, die Sie haben? Werden alle Daten gekauft oder gibt es auch andere Wege?

M.K. Das ist von Thema zu Thema unterschiedlich. Die meisten film- und kinospezifischen Daten bekommen wir von EFARN (European Film Agency Research

5 Aufgrund von Vertraulichkeitsvereinbarungen kann das EAO keine Anbieter und Preise nennen.

Network), einem lange bestehenden und gut funktionierenden Netzwerk von den nationalen Filminstituten. Die Zahlen werden jeweils für den eigenen Markt erhoben. Wir arbeiten mit vier oder fünf Fragebögen pro Jahr, mit denen wir die Zahlen beziehen und dann aggregieren. Das ist auch die Basis für die Kinoauswertung. Wir kaufen hier also keine Daten, sondern bekommen diese von den Filminstituten auf Titelbasis.

Die VOD-Daten werden hingegen gekauft von ein, zwei, drei unterschiedlichen Datenprovidern. Die Daten für die MAVISE-Datenbank werden in Kooperation mit den nationalen Regulierungsbehörden ebenfalls kostenfrei bezogen.

Grundsätzlich prüfen wir, ob es Möglichkeiten gibt, von Partnerschaften und Netzwerken verlässliche Daten kostenlos oder zu niedrigen Preisen zu beziehen. In vielen Bereichen ist das allerdings nicht möglich, und dann schauen wir, ob wir mit den verlässlichsten Datenprovidern eine Vereinbarung treffen können, die es erlaubt, die Daten zu nutzen und zu publizieren.

J.K./F.K. Machen Sie bei den Daten Stichproben, kontrollieren Sie?
M.K. Ja, wo immer wir können. Wenn wir zu einem Thema zwei Datensätze haben, dann machen wir Plausibilitätschecks. Nicht immer, aber bei der Auswahl eines Datenproviders schauen wir uns das an. Wir vergleichen Daten und versuchen auf der Grundlage unseres Wissens und unserer Kenntnis aus anderen Bereichen einzuschätzen, wie verlässlich die Daten sind. Wir fragen auch immer nach der Marktabdeckung, d. h., wie viel Prozent des Marktes werden durch die Zahlen abgedeckt, und danach, wie die Daten zustande kommen.

J.K./F.K. Inwiefern haben Sie aufgrund Ihrer Stellung und Expertise Zugang zu Daten, die andere nicht bekommen können?
M.K. Es bedarf bestimmter Vertraulichkeitsvereinbarungen, aber im Filmbereich z. B. bekommen wir seit fünf Jahren wirklich detaillierte Finanzierungpläne aus verschiedenen Ländern von bis zu fünf-, sechshundert Kinofilmen, die pro Jahr produziert werden. Wir sehen, wie viel von der öffentlichen Förderung kommt, wie viel von *presales*, was von den Produzenten eingebracht wird etc. Diese Daten sind strengstens vertraulich. Die bekommen erstens nur wir, zweitens bekommen wir sie auf anonymer Basis und drittens verpflichten wir uns, diese Daten wirklich nur in aggregierter Form zu publizieren. Durch diese Kombination von Vertraulichkeitsvereinbarungen, Publikation und Analyse nur auf aggregierter Basis bekommen wir Daten, zu denen wahrscheinlich sonst niemand Zugang hat.
S.N. In diesem Zusammenhang sollten wir unseren Beratenden Ausschuss erwähnen, zu dem europäisch organisierte Verbände gehören, die verschiedenste Gruppierungen der audiovisuellen Welt vertreten – von den Nutzer*innen über die öffentlich-rechtlichen Rundfunkanstalten, die Privaten, die VOD-Betreiber, die Vertreiber von Kinowerken bis zu den nationalen Regulierungsbehörden. Der Beratende Ausschuss ist so eingerichtet, weil unsere Arbeit an den realen

Bedürfnissen des Marktes orientiert sein soll. Aber die Zusammensetzung ist auch der Einsicht geschuldet, dass wir unsere Arbeit nur machen können, wenn der Sektor mit uns zusammenarbeitet. Die Leute im Beratenden Ausschuss haben entweder Daten oder spezifische Kenntnisse, die sie beisteuern können. Das ist eigentlich eine ganz gute Zusammenarbeit, auch wenn sie natürlich nicht unproblematisch ist, da wir objektiv bleiben müssen. Die einzelnen Mitglieder haben ja auch eigene Interessen und da müssen wir schon eine gewisse Distanz wahren. Insgesamt haben wir aber durch unseren Beratenden Ausschuss nicht nur eine hervorragende Zuarbeit, sondern auch ein gutes Einschätzungsvermögen, was machbar ist.

J.K./F.K. Können Sie auch Beispiele für Themen nennen, die auf Ablehnung stoßen?

S.N. Es gibt immer wieder Nachfragen nach der Vergütung von Kreativkräften. Um hierzu solide Auskunft geben zu können, müsste man allerdings die Verträge einsehen – und wenn man das im Beratenden Ausschuss anspricht, wird relativ schnell deutlich, dass die Lust, diese offenzulegen, sehr gering ist. Und wenn wir's nicht einmal von den Leuten in unserem Beratenden Ausschuss bekommen, dann bekommen wir's von niemandem.

Es ist auch möglich, dass wir Institutionen ansprechen, ob sie Mitglied im Beratenden Ausschuss werden wollen, eine Entscheidung, die letztlich durch das Führungsgremium der EAO getroffen wird. Das ist natürlich da wichtig, wo ganz neue Bereiche in unserer Arbeit auftauchen. Wenn wir morgen Videogames machen würden, dann wäre es sinnvoll zu gucken, wo ist denn da ein europäisch organisierter Vertreter für die Branche?

J.K./F.K. Zu den Schwerpunkten des European Audiovisual Observatory gehört seit acht Jahren das Thema Gender, bei dem nicht nur die Zahlen der Beschäftigten in den Kreativberufen der Film- und TV-Branche untersucht werden, sondern auch, wie hoch die Beschäftigung von Frauen in den unterschiedlichen Gewerken ist (neben Regie auch Komposition, Kamera, Schnitt etc.). Hat hier der Beratende Ausschuss auch ein Bedürfnis signalisiert, oder woher kam der Impuls?

S.N. Grundsätzlich arbeiten wir mit einer Fünfjahresstrategie, d.h., wir legen mittelfristig fest, mit welchen Themenbereichen wir uns beschäftigen wollen. Hierfür konsultieren wir den Beratenden Ausschuss und den Exekutivrat,[6] der die mittelfristige Strategie absegnen muss. Darüber hinaus arbeiten wir mit jährlichen Aktionsplänen. Neben dem Sammeln von Informationen, die wir ohnehin abfragen, um kohärente Daten zu haben und somit arbeitsfähig zu sein, enthält so ein Aktionsplan auch weitere Themen. Es kommt vor, dass diese vom Beratenden Ausschuss vorgeschlagen werden, aber wir diskutieren auch viel mit unseren Netzwerken und machen dann einen Vorschlag, den wir dem Exekutivrat vorlegen.

6 Dem Exekutivrat gehören 40 Länder sowie die EU an. Er ist das wichtigste Leitungsgremium der EAO.

M.K. Letztendlich entscheidet der Exekutivrat, der aber in der Regel unseren Vorschlägen folgt. Unsere Vorschläge basieren einerseits auf dem, was funktioniert, was etabliert ist und wonach eine Nachfrage besteht, und andererseits auf der Diskussion mit dem Beratenden Ausschuss und dem gesamten Netzwerk. Wenn wir merken, dass bestimmte Themen virulent sind, dann suchen wir aktiv den Austausch, wodurch unsere Schwerpunkte relativ organisch entstehen.

J.K./F.K. Und wie kam es zum Thema Gendergerechtigkeit, das ja politisch durchaus aufgeladen ist? In den Studien sieht man ja beispielsweise auch die Unterschiede zwischen Ländern mit einer aktiven Förderungspolitik wie Schweden im Vergleich zu anderen.

M.K. Beim Thema Gender haben beispielsweise tatsächlich ein oder zwei Mitglieder aus dem Beratenden Ausschuss Interesse bekundet und wir haben das dann aufgegriffen und dem Exekutivrat vorgeschlagen. Damals hatten wir die Regisseure in unserer Datenbank nicht mit Geschlecht erfasst, und es war eine sehr aufwändige Arbeit, den Regisseuren das – hoffentlich – korrekte Geschlecht zuzuordnen.

S.N. Und um ein Beispiel aus der jüngeren Geschichte zu nennen: Martin hatte vor drei, vier Jahren die Idee, dass wir uns langsam mal mit Umweltschutz beschäftigen sollten. Wir hatten das Thema also schon im Kopf, als 2021 von unserer – jährlich rotierenden und damals britischen – Präsidentschaft der Wunsch kam, *sustainability* zum Thema unserer Jahreskonferenz zu machen.[7] Wir haben das dann weiterentwickelt, haben überlegt, was strukturell überhaupt vorstellbar ist, und in diesem Bereich dann auch für die Europäische Kommission gearbeitet.

J.K./F.K. Zum Thema *sustainability* ist es ja schwierig, Daten zu bekommen, weil diese nicht überall erhoben werden. In Großbritannien misst man schon länger den CO_2-Fußabdruck von Filmproduktionen, in Deutschland wird das seit Kurzem auch gemacht, aber in anderen Ländern gibt es dazu noch keine Auflagen. Machen Sie Vorschläge, dass die nationalen Filminstitute systematisch Daten erheben?

M.K. Nein, wir machen keine Vorschläge im Sinne von «Ihr solltet dies und jenes machen». Aber wir fragen nach – im konkreten Fall z.B., ob die Filminstitute eine *sustainability*-Strategie haben; wenn ja, ob sie diese mit uns teilen können, und wenn nicht, ob *sustainability* ein Thema ist, an dem sie in den nächsten ein bis zwei Jahren zu arbeiten gedenken; welche Daten sie dazu erheben und zu welchem Zweck. Wir beschränken uns auf das Nachfragen und sehen uns nicht in der Rolle, anderen Organisationen zu sagen, mit welchen Themen sie sich beschäftigen sollen. Beim Thema *sustainability* nahm das Interesse aber rasch zu, und inzwischen steht es auf der Agenda jedes Filminstituts. Da bedarf es unseres Ratschlags auch überhaupt nicht. Wir sind da – zumindest mit der

7 Vgl. European Audiovisual Observatory: Green cinema conference – Boosting sustainable film through international collaboration, *YouTube*, 17.6.2021, youtu.be/_85iiw5Fts8 (31.5.2023).

Datensammlung – eher hintendran, denn vorher müssen diese ja durch jemand anderes erhoben werden. Wir haben nicht die Ressourcen, um eigene Daten auf Projektbasis zu sammeln.

J.K./F.K. Beim Thema *sustainability* wäre es aber doch sehr sinnvoll, wenn eine Organisation wie das EAO definieren würde, welche Daten erhoben werden. So sind verschiedenen CO_2-Rechner im Umlauf, die ganz unterschiedliche Daten liefern. Einige Länder wie Großbritannien oder Deutschland haben ihre eigenen Rechner entwickelt.

M.K. Das liegt an den verschiedenen Stakeholdern und daran, was diese für sinnvoll erachten. Was die CO_2-Rechner anbelangt, gibt es seitens der Kommission Bemühungen um eine Harmonisierung. Die Kommission hat ja viel größeres Gewicht als wir! Wir müssen aber noch abwarten, inwieweit diese Diskussionen zu einer Harmonisierung der Berechnungsmethodik führen und inwieweit dies mit den Geschäftsmodellen der einzelnen CO_2-Rechner vereinbar ist.[8]

Wir haben eine *feasibility study* gemacht, um zu schauen, wer welche Daten mit welcher Methodologie sammelt, und durch dieses Nachfragen ein gewisses Bewusstsein geschaffen, welchen Wert es hätte, wenn Dinge frühzeitig harmonisiert würden. Außerdem machen wir dieses Jahr ein Pilotprojekt, in dem wir versuchen, die Daten von den CO_2-Rechnern und von den *green labels* zu bekommen. Wir haben Fragebögen verschickt und werden sehen, was zurückkommt und ob man mit diesen Daten arbeiten kann. Es bewegt sich im Moment so viel bei den Filminstituten, in Deutschland ist die CO_2-Kalkulation seit diesem Jahr obligatorisch, in Frankreich glaube ich ab nächstem Jahr. Damit gehen viele Reporting-Verpflichtungen einher, es werden Daten und Standards kommen. Das entwickelt sich gerade erst. Was dabei idealerweise sinnvoll wäre und was hingegen in der Praxis geschieht, ist aber nicht notwendigerweise identisch.

Wobei zu sagen ist, dass wir selbst keine Expertise in Sachen *sustainability* haben. Unsere Expertise liegt im Sammeln paneuropäischer Daten, in einer gewissen Harmonisierung, um die Vergleichbarkeit in einem pragmatischen Rahmen zu gewährleisten. Aber wir wissen nicht, wie die richtige *carbon footprint calculation* aussieht oder was die *best practices* sind. Das machen andere und wir versuchen nicht, uns zu diesem Thema als Daten-Hub zu positionieren.

J.K./F.K. Das Datensammeln ist ja nie neutral. Setzen Sie mit Ihrer Nachfrage nicht doch auch Veränderungen in Gang?

S.N. Das kann schon passieren. Aber letztendlich erheben wir ja nur Daten, und die Leute reagieren drauf, je nachdem ob ihnen die Informationen nützen oder nicht. Aufgrund unserer Objektivität muss uns das allerdings egal sein. Ob wir wirklich etwas in Gang setzen, das weiß ich nicht.

M.K. Beim Thema der Gendergerechtigkeit habe ich tatsächlich den Eindruck, dass plötzlich etwas in Bewegung geraten ist. Wir haben nur ganz einfache

8 Mehrere Länder haben inzwischen ihre eigenen CO_2-Rechner entwickelt, um den Fußabdruck der nationalen Filmproduktionen zu messen. Ein gemeinsamer europäischer Rechner wird häufig mit dem Argument abgelehnt, dass die Voraussetzungen in den einzelnen Ländern sehr unterschiedlich seien und sich dies in den Rechnern widerspiegeln müsse.

Zahlen recherchiert, nämlich welche Filme von weiblichen Regisseur*innen hergestellt worden sind. Ganz simple Zahlen, die eigentlich nichts erklären und deren Prozentsatz sich auch kaum verändert hat. Aber diese Zahl bietet die Möglichkeit, Bewusstsein zu schaffen. Das Thema ist dann explodiert, es hat politische Bedeutung bekommen und ist von vielen Agenturen aufgegriffen worden. Es gibt inzwischen viel detailliertere Studien, die auf die Gründe der Genderungleichheit im audiovisuellen Sektor abzielen und das Umfeld und weitere Faktoren miteinbeziehen, was wir gar nicht können. Ich kann es nicht beweisen, aber ich habe den Eindruck, dass das Thema Gender, das lange nur marginal interessiert hat, aufgrund der Verfügbarkeit von – wenn auch nur wenigen – Zahlen auf einmal Dynamik entwickelt hat. Vielleicht war unsere Datensammlung tatsächlich ein Anstoß, der zu dieser Entwicklung mit beigetragen hat.

EXTRA

CHRISTOPHER A. NIXON

«WORKING TO TRANSFORM THE IMAGE»

Postkoloniale Bildkritik, Bildpolitik und die zeitgenössische Queer-of-Color-Fotografie

And it struck me that for black people, the pain of learning that we cannot control our images, how we see ourselves (if our vision is not decolonized), or how we are seen is so intense that it rends us. It rips and tears at the seams of our efforts to construct self and identify.[1]

I

Am 17. März 2017 protestierte der Schwarze Künstler Parker Bright öffentlich im Whitney Museum of American Art. Bright richtete seine Empörung damals live auf Facebook gegen das Ölgemälde *Open Casket*, das die *weiße* Künstlerin Dana Schutz anfertigte.[2] Bei diesem Protest entstand ein ikonisches Foto. Es zeigt, wie Bright mit uns zugewandtem Rücken an dem ausgestellten Gemälde steht. Sein graues T-Shirt trägt den Schriftzug «BLACK DEATH SPECTACLE». Links und rechts sind zwei Personen angeschnitten, die diesen Protest mit ihren Mobiltelefonen aufnehmen. Diese Szene enthält somit bereits ihre eigene mediale Kommentierung.

Bright kritisierte, dass eine *weiße* Künstlerin den Mord an dem 14-jährigen Schwarzen Emmett Till in diesem Bild ökonomisch und ideologisch ausbeutete. Till hatten 1955 zwei *weiße* Männer entführt, gefoltert und gelyncht. Sie gestanden die Tat nach ihrem Prozess und Freispruch. Strafrechtlich wurden sie jedoch niemals belangt. Mamie Elizabeth Till-Mobley entschied sich dazu, den Leichnam ihres Sohnes in einem offenen Sarg aufzubahren. Zehntausende, insbesondere Schwarze Menschen aus Chicago, betrachteten sein von den beiden Tätern entsetzlich entstelltes Gesicht. Eine mit Till-Mobleys Erlaubnis im Schwarzen *Jet Magazine* publizierte Fotografie, die den Jungen im offenen Sarg zeigte und auch *Open Casket* zugrunde lag, mobilisierte entscheidend die afroamerikanische Bürger*innenrechtsbewegung.[3] Diese gestaltete auch Till-Mobley nach dem Tod ihres Sohnes als politische Aktivistin mit.

Die fotografische Dokumentation von Gewalt an BIPoC kann somit auch zu einem subversiven Protestmoment werden. Zuletzt geschah dies durch ein

1 bell hooks: *Black Looks: Race and Representation*, New York, London 2015 [1992], 3 f.

2 Vgl. Antwaun Sargent: Unpacking the Firestorm around the Whitney Biennial's «Black Death Spectacle», in: *Artsy*, 22.3.2017, artsy.net/article/artsy-editorial-unpacking-firestorm-whitney-biennials-black-death-spectacle (28.4.2023).

3 Ein großer Teil der *weißen* Bevölkerung in den USA nahm die Fotografie überhaupt erst 1987 durch die PBS-Dokumentationsserie *Eyes on the Prize* des afroamerikanischen Regisseurs Henry Hampton zur Kenntnis.

Handyvideo, das die Ermordung George Floyds am 25. Mai 2020 bei seiner Festnahme durch die Polizei zeigte und weltweit Black-Lives-Matter-Demonstrationen auslöste.[4] Die 2021 begonnene Gerichtsverhandlung, die zunächst gegen den Polizisten Derek Chauvin in drei Anklagepunkten geführt wurde, hat bei Afroamerikaner*innen erneut Befürchtungen ausgelöst, dass sich wie im Fall Emmett Till die ‹Rassenpolitik› des Souveräns ein weiteres Mal darin zeigt, «welches Leben getötet werden kann, ohne dass ein Mord begangen wird».[5]

Die Videoaufnahmen, die Floyds Ermordung zeigen (und auf YouTube jederzeit abgerufen werden können), schreiben sich in das kollektive Bildgedächtnis von *weißen* und Schwarzen Betrachter*innen ein, das übervoll ist mit Bildern von erniedrigten, gequälten und ermordeten Schwarzen Menschen. Es liegt offensichtlich in ihrem kontextabhängigen Gebrauch, ob sie als Protest gelesen werden oder ob sie am Ende selbst zu einem *Black death spectacle* beitragen, indem sie die rassistische Gewalt und die den Bildern inhärenten kolonialen Bildregime reproduzieren.[6]

Mit Jacques Rancière denke ich nicht, dass durch die bloße Menge an solchen Gewaltbildern «das Grauen banalisiert wird».[7] Es tragen dazu die Darstellungsweisen von zu vielen *namenlosen* Körpern bei, die den verdinglichenden, voyeuristischen und gewaltvollen Betrachter*innen-Blick nicht erwidern können.[8] Diese Aufnahmen nämlich markieren visuell ein sprach- und handlungsunfähiges Subjekt und sollen uns bildpolitisch «lehren, dass nicht [jede*r] in der Lage ist zu sehen und zu sprechen».[9] Sprachfähigkeit und Agency werden zu einem Privileg von wenigen.[10] Eine damit notwendige Bildkritik, wie sie Stuart Hall in seinem Aufsatz «New Ethnicities» feststellt, soll die etablierten Repräsentationsverhältnisse kritisieren und somit Schwarze Künstler*innen als Bildproduzent*innen stärken. Sie soll zudem die hegemonialen Repräsentationsregime durch neuartige Bildpolitiken herausfordern.[11]

Das ‹Soziale› prägt ebenso die Bildwelten wie diese das ‹Soziale› und die lebensweltlichen Begegnungen mit anderen mitgestalten.[12] Die visuelle Sinngebung bestimmt die historisch-politische Handlungsfähigkeit von (marginalisierten) Subjekten.[13] Ich analysiere im Folgenden an zwei fotohistorischen Beispielen zunächst bildkritisch die visuelle Rassifizierung und Stereotypisierung in den hegemonialen Repräsentationsregimen. Die zwei Beispiele sind die Agassiz-Zealy-Daguerreotypien und US-amerikanische Lynchfotografien. Anschließend diskutiere ich zwei zeitgenössische Queer-of-Color-Fotoarbeiten. Sie zeigen paradigmatisch die Möglichkeit von postkolonialen Bildpolitiken, Schwarze Menschen als geschichtliche und visuelle Subjekte in ihrer Pluralität sichtbar zu machen.

Die Fotografie bietet sich dabei besonders als Medium an. Fotos prägen bis heute die analoge wie digitale massenmediale Kommunikation. Zeitungen und Zeitschriften, auch (Werbe-)Plakate und Postkarten, distribuierten und institutionalisierten mit den Fotografien, die in bzw. auf ihnen abgebildet werden, lange schon eine koloniale Phantasmagorie des Schwarzseins. Die Fotografie teilte mit Kolonialismus und Rassismus im 19. und 20. Jahrhundert eine Geschichte. Ihre

4 Die Bewertung der Tat als Mord ist hier eine politische und keine juristische Setzung.

5 Giorgio Agamben: *Homo sacer. Die souveräne Macht und das nackte Leben*, Berlin 2016 [1995], 151.

6 Vgl. Jalen Banks: Black Death as Spectacle: An American Tradition, in: *Berkeley Political Review*, 23.11.2019, bpr.berkeley.edu/2019/11/23/black-death-as-spectacle-an-american-tradition/ (28.4.2023).

7 Jacques Rancière: Das unerträgliche Bild, in: ders.: *Der emanzipierte Zuschauer*, Wien 2009 [2008], 101–123, hier 114.

8 Vgl. ebd.

9 Ebd.

10 Eine rein quantitative Kritik an Gewaltbildern verdeckt somit eine bestimmten Bildern zugrunde liegende Bildpolitik, die Menschen zu leidenden *und* sprach- und handlungsunfähigen ‹Objekten› macht und die den Bildsubjekten angetane dargestellte Gewalt dadurch potenziert.

11 Vgl. Stuart Hall: New Ethnicities, in: James Donald, Ali Rattansi (Hg.): *‹Race›, Culture and Difference*, London u. a. 1992, 252–259.

12 Vgl. zu diesem Zusammenhang in den Visual Studies William J. T. Mitchell: Showing Seeing: A Critique of Visual Culture, in: *Journal of Visual Culture*, Bd. 1, Nr. 2, 2002, 165–181, doi.org/10.1177/147041290200100202.

13 Vgl. Homi K. Bhabha: *The Location of Culture*, London, New York 2004 [1994], 18.

‹Indexikalität› und die daraus resultierenden gesellschaftlichen Zuschreibungen boten Fotografien als Mittel an, um ‹Rasse(n)› mutmaßlich objektiv darzustellen.[14] Das Foto wurde zum anthropologischen Hilfsmittel und Dokument, mit dem sich sozial konstruierte Rassenhierarchien begründen und naturalisieren ließen. Im Folgenden geht es somit auch darum, die Fotografie als «oppressive weapon» *und*, wo sie Verbrechen und marginalisierte ‹Lebensweisen› dokumentiert, als «liberating device» in den Blick zu nehmen.[15]

II

Die Agassiz-Zealy-Daguerreotypien

Daguerreotypie und Fotografie begründeten mit ihren frühen Aufnahmen ein bis heute anwachsendes Bildarchiv, das Allan Sekula «shadow archive» nennt.[16] Dieses «archive of images of the body»[17] umfasst das gesamte soziale ‹Feld›, dessen Herrschaftsverhältnisse sich in den (an-)geordneten Körperabbildungen widerspiegeln. Neben den gesellschaftlich ‹normalisierten› (*weißen*, männlichen, gesunden, bürgerlichen) Körpern beinhaltet das Schattenarchiv auch die davon abweichenden «embodiments of the unworthy», wie Sekula schreibt.[18] Sie wurden mittels Physiognomie und Phrenologie, die im 19. Jahrhundert ganz im Sinne des klassifikatorischen Zeitgeists arbeiteten, pseudowissenschaftlich stigmatisiert. Mithilfe des fotografischen und mutmaßlich objektiven Archivs konnte man diese Körper(-vorstellungen) einteilen, überwachen und disziplinieren. «Thus photography came to establish and delimit the terrain of the *other*, to define both the *generalized look* – the typology – and the *contingent instance* of deviance and social pathology.»[19]

Eine kritische Archivarbeit kann, folgt man Mark Sealy in *Decolonising the Camera*,[20] die diesen Bildern immanente Logik des Othering zutage fördern.[21] Dies lässt sich an den 15 Daguerreotypien demonstrieren, die Joseph T. Zealy 1850 anfertigte.[22] Auf ihnen sind in Afrika und den USA geborene versklavte Schwarze Menschen zu sehen, die Robert W. Gibbes in Columbia, South Carolina, Jean Louis Rodolphe Agassiz in situ ‹vorführte›. Die Ober- und Ganzkörperaufnahmen zeigen die versklavten Menschen nackt, frontal, im Profil und in Rückansicht.[23] Gibbes beauftragte Zealy und ließ die Aufnahmen zu Agassiz nach Cambridge schicken. Am 27. September 1850 präsentierte Agassiz diese bei einem Treffen des Cambridge Scientific Club,[24] um durch den mutmaßlich objektiven Kamerablick seine polygenetische ‹Rassentheorie› zu bekräftigen.[25] Die Daguerreotypien sollten folglich dokumentieren, dass die unterschiedlichen ‹Menschenarten› keinen gemeinsamen Ursprung haben, um den *weißen* Überlegenheitsanspruch zu begründen. Es sind Typologien eines rassistischen und kolonialen Repräsentationsregimes,[26] die den individuellen Menschen in einem verdinglichenden Körperbild zum Schweigen bringen. Während die Porträtfotografie des 19. Jahrhunderts Adel und Bürgertum als selbstbewusste Individuen inszenierte, wird beispielsweise die

14 Vgl. David Green: Veins of Resemblance: Photography and Eugenics, in: *The Oxford Art Journal*, Bd. 7, Nr. 2, 1984, 3–16, doi.org/10.1093/oxartj/7.2.3; Nicholas Mirzoeff: The Shadows and the Substance: Race, Photography, and the Index, in: Coco Fusco, Brian Wallis (Hg.): *Only Skin Deep: Changing Visions of the American Self*, New York 2003, 111–127.

15 Mark Sealy: *Decolonising the Camera: Photography in Racial Time*, London 2019, 1.

16 Allan Sekula: The Body and the Archive, in: *October*, Bd. 39, 1986, 3–64, hier 10, doi.org/10.2307/778312.

17 Ebd.

18 Ebd. Dazu zählen nicht-*weiße*, jüdische, weibliche, queere, erkrankte und kriminalisierte Personen sowie Menschen mit Behinderungen.

19 Sekula: The Body and the Archive, 7, Herv. i. Orig.

20 Vgl. Sealy: *Decolonising the Camera*, 107.

21 Vgl. zu diesem Begriff der Alterisierung Gayatri Chakravorty Spivak: The Rani of Sirmur: An Essay in Reading the Archives, in: *History and Theory*, Bd. 24, Nr. 3, 1985, 247–272, doi.org/10.2307/2505169.

22 Vgl. zu den von Agassiz beauftragten Fotoarbeiten während eines ‹Forschungsaufenthalts› in Brasilien 1865/66 Margrit Prussat: *Bilder der Sklaverei. Fotografien der afrikanischen Diaspora in Brasilien 1860–1920*, Berlin 2008, 75–79.

23 Vgl. Ilisa Barbash u. a. (Hg.): *To Make Their Own Way in the World: The Enduring Legacy of the Zealy Daguerreotypes*, New York 2020, 26–55.

24 Danach zeigte Agassiz die Daguerreotypien öffentlich kein weiteres Mal. Vgl. zu den Gründen John Stauffer: «Not Suitable for Public Notice»: Agassiz's Evidence, in: Barbash u. a. (Hg.): *To Make Their Own Way in the World*, 279–295.

25 Vgl. Brian Wallis: Black Bodies, White Science: Louis Agassiz's Slave Daguerreotypes, in: Fusco, Wallis (Hg.): *Only Skin Deep*, 163–181, hier 165–172.

26 Vgl. ebd., 177.

auf einigen Agassiz-Zealy-Daguerreotypien abgebildete und im Kongo geborene Person Renty auf ein bloßes Objekt reduziert und kommodifiziert.[27] Die Agassiz-Zealy-Daguerreotypien nämlich implizieren ein Besitzverhältnis. «Only the photograph could begin to claim the legal status of a *visual* document of ownership.»[28] Als Schwarze Menschen in die frühe Fotogeschichte lediglich als rechtlose Objekte eingingen (mit ihren Körpern, die sie de jure nicht besaßen), wiederholten die Aufnahmen ihre gewaltvolle Inbesitznahme. Susan Sontag hat in einem anderen Kontext bereits auf die mörderische Objektivation und Gewaltrhetorik des Fotografiert-Werdens hingewiesen.[29]

Lynchfotografien als Postkarten

Eine kritische Fotogeschichte muss sich damit auseinandersetzen, dass die Fotografie ein integrales Moment des ritualisierten Lynchens in den USA nach dem Sezessionskrieg gewesen ist.[30] Wie die Kleidungsstücke, Haarbüschel und Knochen von gelynchten Menschen wurden auch Fotografien des Lynchmords trophäenähnlich gesammelt und zirkulierten als Postkarten in den USA.[31] Sie zeigen den misshandelten, mutilierten und nicht selten verbrannten Schwarzen Leib mit dem lustvollen Blick von Mörder*innen, um dadurch die souveräne Macht zum Töten als ein *weißes* Privileg zu markieren. Diese Postkarten gehörten wie das Lynchen selbst zu einem öffentlichen ‹Spektakel›, das *weiße* nationale Identität formte, ein rassistisches Terrorregime aufrechterhielt und – nach der formalen Abschaffung der Versklavung durch den dreizehnten Verfassungszusatz – in käuflich erwerbbaren Bildern die Kommodifizierung des Schwarzen Körpers fortführte.[32]

Die Lynchfotografien wurden allerdings auch zu einem Moment des antirassistischen Widerstands. Die National Association for the Advancement of Colored People (NAACP) publizierte einige Postkarten und Fotografien in ihrem Magazin *The Crisis*, das der Soziologe W. E. B. Du Bois herausgab. Zum ersten Mal geschah dies 1912, als die Zeitschrift eine an ein *weißes* NAACP-Mitglied, Reverend John Haynes Holmes, gesendete Postkarte mit dem folgenden Schreibmaschinentext abdruckte: «This is the way we do them down here. The last lynching has not been put on card yet. Will put you on our regular mailing list. Expect one a month on the average.»[33]

Die Postkarte zeigt einen um einen gelynchten Schwarzen Mann gruppierten *weißen* Mob. Der Leichnam wird dem Betrachter*innen-Blick wie eine Jagdtrophäe dargeboten. Die *weißen* Personen auf dem Foto blicken direkt in die Kamera, ohne Angst, erkannt und bestraft zu werden. Durch eigene Recherchen und begleitende Berichte, die das Geschehen des abgebildeten Lynchings wiedergaben, strafte *The Crisis* die von *weißen* Presseleuten aufbereiteten konventionellen Erzählungen Lügen, die das Lynchen etwa als Strafjustiz und die *weiße* Mehrheitsgesellschaft als eigentlich Leidtragende inszenierten.[34] Fotografien wurden zu Mitteln, die die alltägliche rassistische Gewalt dokumentierten und belegten.[35] Afroamerikaner*innen konnten sich im Widerstand gegen dieses Unrecht zu einem historisch-politischen Subjekt des Protests formieren.

27 Vgl. Barbash u. a. (Hg.): *To Make Their Own Way*, 34–37; zu den auf den Daguerreotypien abgebildeten Personen vgl. darin Gregg Hecimovich: The Life and Times of Alfred, Delia, Drana, Fassena, Jack, Jem, and Renty, 71–117.

28 Sekula: The Body and the Archive, 6, Herv. i. Orig.

29 Vgl. Susan Sontag: In Plato's Cave, in: dies.: *On Photography*, London 1979, 3–24, hier 14 f. Wie Sontag beschrieb auch Roland Barthes (*Die helle Kammer. Bemerkungen zur Photographie*, Frankfurt / M. 2008 [1980], 18–24) das Fotografiert-Werden als Objektwerdung, ‹kleine› Todeserfahrung und Selbstbesitzverlust.

30 Vgl. Leigh Raiford: The Consumption of Lynching Images, in: Fusco, Wallis (Hg.): *Only Skin Deep*, 267–273, hier 269; Mirzoeff: The Shadow and the Substance, 120–123.

31 Vgl. Raiford: The Consumption of Lynching Images, 268 f.

32 Auch die deutsche Kolonialgeschichte konstituierte ein umfangreiches Bildarchiv, in dem sich ebenfalls zahlreiche Postkarten finden lassen, die, in Privatalben abgelegt, zu kolonialpropagandistischen Zwecken rassifizierte, exotisierte und getötete Schwarze Menschen abbildeten, vgl. Felix Axster: *Koloniales Spektakel in 9 x 14. Bildpostkarten im Deutschen Kaiserreich*, Bielefeld 2014, 81–120, doi.org/10.15151/transcript.9783839422090.

33 The Crisis, Bd. 3, Nr. 3, 1912, 110.

34 Vgl. Astrid Kusser Ferreira: Die Bilder der Toten zum Sprechen bringen. Lynching-Fotografien als Instrumente politischer Auseinandersetzung um 1900, in: *Mittelweg 36*, Jg. 30, Nr. 2: *Widerständigkeit*, April/Mai 2021, 34–56, hier 40 f.

35 Vgl. ebd., 48–54.

Stereotypisierung und visuelle Rassifizierung

Die zwei soeben erläuterten Beispiele, die sich im Übrigen auch im deutschen Kontext mühelos um weitere Kolonialfotografien, Minstrelfotos, Völkerschauaufnahmen, historische wie aktuelle Pressefotos und rassistische Werbebilddarstellungen ergänzen ließen – sie liegen zum Teil noch unerschlossen in Archiven und ethnologischen Sammlungen –, haben alle die visuelle Verdinglichung, Stereotypisierung und Fetischisierung des Schwarzen Körpers gemeinsam.[36] In Anlehnung an Rancière nenne ich dieses Bildarchiv ein ‹polizeiliches› Sichtbarkeitsregime, das Schwarze Menschen in fremdbestimmten Körperdarstellungen erscheinen lässt.[37] Als eine hegemoniale ‹Aufteilung des Sinnlichen› distribuieren sie dadurch eine vom *weißen*/kolonialen Blick konstruierte und naturalisierte Vorstellung von ‹Rasse›.

«[B]odies are inscriptive surfaces that are discursive texts», schreibt Ronald L. Jackson II.[38] Sie werden in diesem Sinn auch durch die ästhetischen Stereotypisierungen des fotografischen Archivs mit rassifizierten Bedeutungen überschrieben. «[B]ody politics is the lifeline for race and racism.»[39]

Im Fall von Rodney King[40] etwa sprachen die Geschworenen die angeklagten Polizisten trotz eines Amateurvideos, das deren unverhältnismäßige Brutalität festhielt, frei. Dies bestätigt, wie schon Judith Butler in ihrem lesenswerten Aufsatz «Endangered/Endangering: Schematic Racism and White Paranoia» feststellt,[41] dass eine lange Geschichte von rassifizierten Bildregimen die Wahrnehmung vorbelastet, sodass Schwarze (‹männlich› gelesene) Menschen wie King genuin gefährlich scheinen. Und dies kann tödliche Folgen haben.[42]

Dass die kolonisierten und versklavten Menschen als gewalttätig, unzivilisiert und ausbeutbare ‹Werkzeuge› visuell markiert wurden, konsolidierte freilich die kolonialen Körpervorstellungen und Ordnungen, als man die Versklavten auf den Plantagen gewaltvoll in harte physische Arbeit zwang, die man ihnen als mutmaßlich naturgemäße Arbeitsform zuschrieb. Lynchfotografien und die dokumentierte koloniale Lynchjustiz sollten am konsequenzlos tötbaren Schwarzen Leib das *weiße* Schutzbedürfnis visuell befriedigen und zeigten doch in Wahrheit das *tremere* des Terrors.

Die rassifizierte Sinngebung des Schwarzen Körpers im fotografischen Bild, die ihm die historisch-politische Handlungsfähigkeit aberkennt, nennt Monique Roelofs «*aesthetic racialization*, a term that refers to the ways in which aesthetic elements support racializing processes».[43] Die durch Stereotypisierung und ästhetische Rassifizierung erzeugte visuelle Überdeterminierung im fotografischen Schattenarchiv macht Schwarze Menschen, insofern ihre ‹Präsenz› in kulturellen und sozialen Institutionen nicht ohnehin schon fehlt, eigentlich ‹unsichtbar›. Paul C. Taylor beschreibt *black invisibility* als Nichtanerkennung bzw. Anerkennungsverweigerung in Hinsicht auf das Person-Sein, die Perspektiven und Pluralität von Schwarzen Menschen.[44] Im Gegensatz dazu eröffnen die nun folgenden zwei Beispiele der Bildpolitik zeitgenössischer Queer-of-Color-Fotografie eine den, mit Du Bois gesprochen, ‹Schleier› ablegende Sichtbarkeit,[45] die Schwarze Menschen

36 Vgl. Stuart Hall: The Spectacle of the «Other», in: ders., Jessica Evans, Sean Nixon (Hg.): *Representation*, Los Angeles u. a. 2013 [1997], 215–271, hier 247 f.; Bhabha: *The Location of Culture*, 97–120.

37 Vgl. Jacques Rancière: Die Aufteilung des Sinnlichen. Ästhetik und Politik, in: ders.: *Die Aufteilung des Sinnlichen. Die Politik der Kunst und ihre Paradoxien*, hg. v. Maria Muhle, Berlin 2008, 21–73.

38 Ronald L. Jackson: *Scripting the Black Masculine Body: Identity, Discourse, and Racial Politics in Popular Media*, Albany 2006, 5.

39 Ebd.

40 Der Afroamerikaner Rodney King wurde am 3. März 1991 von Polizisten des Los Angeles Police Department (LAPD) brutal verhaftet. Ein Anwohner filmte dies mit seiner Videokamera. Die Polizisten wurden im Strafverfahren freigesprochen, wobei die Jurymitglieder überwiegend *weiß* positioniert waren. Die Empörung über das Urteil löste die Unruhen in Los Angeles 1992 aus.

41 Judith Butler: Endangered/ Endangering: Schematic Racism and White Paranoia, in: Robert Gooding-Williams (Hg.): *Reading Rodney King/Reading Urban Uprising*, New York, London 1993, 15–22.

42 Vgl. George Yancy: The Violent Weight of Whiteness: The Existential and Psychic Price Paid by Black Male Bodies, in: Naomi Zack (Hg.): *The Oxford Handbook of Philosophy and Race*, Oxford 2017, 587–597; konkret zu Schwarzen männlichen Körpereinschreibungen Jackson: *Scripting the Black Masculine Body*, 73–102.

als *visuelle Subjekte* darstellt und anerkennt. Es geht in diesen Bildpolitiken somit darum, das gesellschaftsverändernde Potenzial des Visuellen zu entfalten.

III

Zwei Schwarze Menschen, Nana und Razak, liegen zusammen auf einem Sofa (Abb. 1). Helles Sonnenlicht scheint durch eine geöffnete Jalousie und fällt in die intime Szene fast wie im Spiel weich hinein. Ein ärmelloses weißes Shirt reflektiert leuchtend die wärmenden Lichtstrahlen. In dem abgebildeten Raum liegt eine fürsorgliche Atmosphäre. Wie im Traum liegen die Liebenden weltvergessen und zurückgezogen umschlungen, was durch die leichte Unschärfe des Fotos unterstützt wird.

Ein anderes Bild des 1990 in Ghana geborenen Fotografen Eric Gyamfi zeigt Ama und Shana, die sich ebenso liebevoll wie Nana und Razak in die Augen blicken, beim Lunch (Abb. 2). Die Schwarz-Weiß-Fotos aus Gyamfis Serie *Just Like Us* (2016–2019) sind alle in dem Sinn unaufgeregt, dass sie das Leben selbst festzuhalten suchen. Das Kameraauge fetischisiert die fotografierten Menschen, mit denen Gyamfi teils befreundet ist, nicht. Eine Exotisierung und Fetischisierung des Schwarzen Körpers bleibt selbst bei Kwasi und Annertey (Abb. 3) aus, die Gyamfi in einem paradiesisch anmutenden Wasserfallszenario nackt und im Ganzkörperprofil fotografiert.

In Ghana sind homosexuelle ‹Handlungen› zwischen Männern illegal und werden mit Gefängnisstrafe bis zu drei Jahren bedroht. Diese Kriminalisierung hat ihren Ursprung in den britischen Kolonialgesetzen.[46] Koloniale Vorstellungen von Heteronormativität wurden auch im antikolonialen und antirassistischen Widerstand ungebrochen fortgeführt und das koloniale/rassistische Machtverhältnis selbst metaphorisch vergeschlechtlicht. Dies stärkte die nationalen Identitätsdiskurse und internalisierte hypermaskuline (patriarchale) Geschlechtervorstellungen. Nationaldiskurs und Patriarchat begriffen und inszenierten sich als eine emanzipatorische Wiedergewinnung von Unabhängigkeit und Macht.[47] Gyamfis Fotos gelingt es durch ein neues Sehen (das ein ‹Verlernen› ist)[48] mühelos, «[postkoloniale und queerfeministische] Theoriestränge in eine produktive Krise zu bringen»[49] und damit hegemoniale koloniale Männlichkeit und Heteronormativität ‹intersektional› zu dekonstruieren, «ohne klassische Stereotype zu bedienen und damit bestehende Machtkonfigurationen zu stabilisieren».[50]

Die Fotos, auf denen LGBTQIA+-Menschen zu erkennen sind, dokumentieren und archivieren intersektionale Identitäten. Ihre Bildpolitik, die sich gegen die vorherrschende Repräsentationsordnung richtet, hinterfragt und transformiert den heteronormativen und *weißen* Blick. Sie sind Teile eines stetig anwachsenden dekolonialen/postkolonialen Bildarchivs, das selbstbestimmte Körperdarstellungen, Körpervorstellungen und Körperbeziehungen einführt, die den kolonialen Diskurs auf ‹wachsame› Weise mehrdimensional dekonstruieren.[51] Sie bewirken die visuelle Anerkennung eines postkolonialen queeren Subjekts.[52]

43 Monique Roelofs: Race-ing Aesthetic Theory, in: Paul Taylor, Linda Alcoff, Luvell Anderson (Hg.): *The Routledge Companion to the Philosophy of Race*, New York 2017, 365–379, hier 366, doi.org/10.4324/9781315884424, Herv. i. Orig. Im Weiteren bestimmt Roelofs «*racialized aestheticization*» als einen Begriff, «that denotes the contributions that racial constellations make to aesthetic phenomena», ebd., Herv. i. Orig. Vgl. zu dem Begriff auch dies.: Racialization as an Aesthetic Production: What does the Aesthetic do for Whiteness and Blackness and Vice Versa?, in: George Yancy (Hg.): *White on White/Black on Black*, Lanham 2005, 83–124, sowie die Diskussion bei Paul C. Taylor: *Black is Beautiful: A Philosophy of Black Aesthetics*, Hoboken 2016, 22.

44 Ebd., 43–63.

45 Vgl. W. E. B. Du Bois: The Souls of Black Folk [1903], in: ders.: *The Souls of Black Folk with «The Talented Tenth» and «The Souls of White Folk»*, New York 1989, 1–199.

46 Vgl. Raymond A. Atuguba: Homosexuality in Ghana: Morality, Law, Human Rights, in: *Journal of Politics and Law*, Bd. 12, Nr. 4, 2019, 113–126, doi.org/10.5539/jpl.v12n4p113.

47 Vgl. María do Mar Castro Varela, Nikita Dhawan: Spiel mit dem «Feuer» – Post/Kolonialismus und Heteronormativität, in: *Femina Politica*, Jg. 14, Nr. 1, 2005, 47–58, hier 48–50; Kobena Mercer: *Welcome to the Jungle. New Positions in Black Cultural Studies*, New York, London 1994, 131–170; hooks: *Black Looks*, 87–113.

48 Vgl. Walter Mignolo: Decolonial Aesthetics: Unlearning and Relearning the Museum Through Pedro Lasch's *Black Mirror/Espejo Negro*, in: Pedro Lasch (Hg.): *Black Mirror/Espejo Negro*, Ausstellungskatalog des Nasher Museum of Art at Duke University, Durham 2010, 86–103.

49 Castro Varela, Dhawan: Spiel mit dem «Feuer», 56.

50 Ebd.

51 Castro Varela und Dhawan weisen in diesem Zusammenhang auf die von Spivak «geforderte dekonstruktive Wachsamkeit» hin, ebd., 57.

52 Vgl. Gloria Anzaldúa: *Borderlands/La Frontera: The New Mestiza*, San Francisco 2012 [1987].

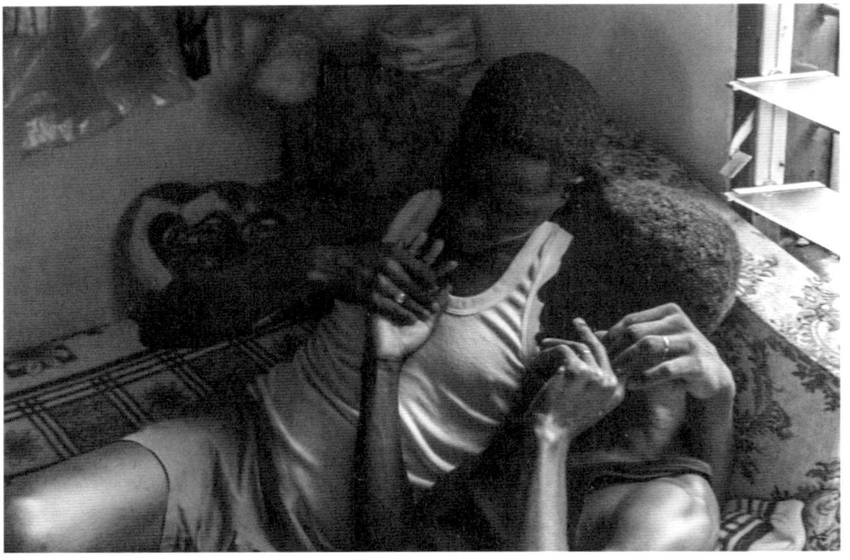

Abb. 1 Eric Gyamfi: *Nana and Razak*, 2016

Abb. 2 Eric Gyamfi: *Ama and Shana at lunch*, 2016

Abb. 3 Eric Gyamfi: *Kwasi and Annertey*, 2016

Gyamfi unterläuft die kolonialen Stereotype mit queeren Bildsubjekten und bezeugt mit seinen Fotos, *dass* queere Menschen in Ghana leben, arbeiten und lieben. Paul Mpagi Sepuya, geboren 1982 in den USA, verfolgt in seinen Arbeiten eine andere Strategie, um das koloniale/rassifizierte Fotoarchiv mit gegenhegemonialen Bildern zu dekonstruieren. Stuart Hall hat solche die rassifizierten Repräsentationsregime herausfordernden Gegenstrategien in seinem Aufsatz «The Spectacle of the ‹Other›» beschrieben. Ein Strategem, das Sepuyas Fotoarbeiten gut fasst, charakterisiert Hall folgendermaßen:[53]

> [This] counter-strategy locates itself *within* the complexities and ambivalences of representation itself, and tries to *contest it from within*. It is more concerned with the *forms* of racial representation than with introducing a new *content*. It accepts and works with the shifting, unstable character of meaning, and enters, as it were, into a struggle over representation […]. Thus, instead of avoiding the black body […], this strategy positively takes the body as the principal site of its representational strategies, attempting to make the stereotypes work against themselves. Instead of avoiding the dangerous terrain opened up by the interweaving of ‹race›, gender and sexuality, it deliberately contests the dominant gendered and sexual definitions of racial difference by *working on* black sexuality […]. However, this strategy makes elaborate play with ‹looking›, hoping by its very attention, to ‹make it strange› – that is, to de-familiarize it, and so make explicit what is often hidden – its erotic dimensions.[54]

In diesem Sinn thematisiert Sepuya in seinen Arbeiten Situation und Moment des Fotografierens selbst und fragt grundsätzlich, *wie* Schwarze und queere (Selbst-)Repräsentation in seinen bildlich, räumlich und motivisch komplexen Studioaufnahmen gelingen kann, die das überdeterminierte Schwarze Subjekt

53 Vgl. Hall: The Spectacle of the «Other», 259–267; *Paul Mpagi Sepuya*, Ausstellungskatalog des Contemporary Art Museum St. Louis, New York 2020.

54 Hall: The Spectacle of the «Other», 263 f., Herv. i. Orig.

Abb. 4 Paul Mpagi Sepuya, *Mirror Study (0X5A1317)*, 2017, Orig. i. Farbe

mit Bedeutungsfragmenten und Interpretationsunsicherheiten lustvoll überschreiben. Seine Arbeiten ‹verfremden› *Sehen* und *Gesehenwerden*. Wie in dem Foto *Mirror Study (0X5A1317)* (Abb. 4) richtet Sepuya das schwarze Kameraobjektiv in seinen ‹Spiegelstudien› nämlich nicht bloß auf die Betrachter*innen. Durch die aufgebauten Spiegelanordnungen fotografiert Sepuya in räumlich oft uneindeutigen Formationen zugleich sich selbst. Dadurch enthüllt sich die fotografische Situation und Sepuya dekonstruiert die im Bild durch seine Geschichte eingeschriebenen kolonialen Machtverhältnisse, indem er die Differenz zwischen dem begehrenden Subjekt und dem begehrten Objekt im abgebildeten nackten Schwarzen Leib des Fotografen plötzlich zusammenfallen lässt.

Evan Moffitt schildert, wie Sepuya bei seinem Fotoshooting unzählige Ausschnitte mit Körperfragmenten auf dem Studiofußboden ausbreitete und ein ausgewähltes Unterarmfragment neben seinem Gesicht an einem Spiegel befestigte.[55] Moffitt fragte sich, ob diese ‹Zerstückelung› am Ende auch seinem Bild widerfahren soll und sein Körper(-bild), als Teil dieses widerständigen fotografischen Community-Archivs,[56] dadurch in neue bedeutungskonstituierende Beziehungen mit anderen gebracht wird.

Sepuya behandelt den menschlichen Leib wie auch seine Fotografien wie Texte, deren in einem reichen Gewebe aus Bezügen verortete ‹Lektüre› Bedeutungsfragmente zusammenfügt und sogleich wiederum trennt. Dieses Bedeutungsspiel kann, im Gegensatz zum oben beschriebenen stereotypisierten und deshalb überdeterminierten Foto, prinzipiell nicht abgeschlossen werden. Fremde, zum Teil homoerotische Fotografien (auch in ihnen taucht *mise en abyme* das Kameraobjektivmotiv auf), Zeichnungen, Katalogseiten überlagern in *Studio (05XA0173)* noch Sepuya selbst sowie sein Kameraobjektiv und sind in *Studio Wall (_1000021)* und *Studio (_2150762)* komplett zu Wandcollagen arrangiert. Sepuya eröffnet dadurch einerseits konkrete inhaltliche Bezüge etwa zu den malerischen Arbeiten von Richard Bruce Nugent und Patrick Angus sowie dem schriftstellerischen Werk von Langston Hugh. Andererseits erinnern seine Fotos formal an Félix González-Torres, insofern in dessen wie auch Sepuyas (Selbst-)Porträts Identität in Fragmente eines interrelationalen Gewebes zerfällt und überdies beide das dialektische Spiel des Zu-sehen-Gebens (Anwesenheit) im simultanen Nicht-zu-sehen-Geben (Abwesenheit) beherrschen. Aus diesem Grund ist auch in beiden Werken das Spuren-Motiv so zentral. Die bei beiden offenkundige theoretische Nähe zu Roland Barthes macht die in der Forschung zu wenig beachtete Trennung zwischen *jouissance* (Wollust) und *plaisir* (Lust) als eine Dekonstruktion des hegemonialen heteronormativen gesellschaftlichen Lustbegriffs deutlich,[57] die dadurch auch einem anderen (homosexuellen) Begehren einen Möglichkeitsraum eröffnet. Die Umwertung des reproduzierten und reproduzierbaren sowie kontrollierten und kontrollierbaren intellektuellen Begehrens erfolgt durch die selbstreferentielle narzisstische Wollust, die auch Betrachter*innen im begehrenden Spiel mit den Arbeiten von Gyamfi und Sepuya erfahren können.

55 Vgl. Evan Moffitt: Grease on Glass, in: *Paul Mpagi Sepuya*, 20–25, hier 21.

56 Vgl. Wassan Al-Khudhairi: Interview with Paul Mpagi Sepuya, in: *Paul Mpagi Sepuya*, 11–19, hier 17.

57 Vgl. Roland Barthes: *Die Lust am Text*, Frankfurt/M. 2016 [1973], 22.

In Sepuyas *Dark-Room-Plates* wird das homosexuelle Begehren, natürlich auch in Anspielung auf den Darkroom als sexuelle Heterotopie,[58] nochmals thematisiert. *Darkroom Mirror (_2070386)* zeigt den sich im Spiegel fotografierenden Sepuya mit dem Kameraobjektiv in seinen Händen, während ein Mann ihn mit seinen Armen umschlingt und selbst nach hinten in den schwarzen Hintergrund blickt. Auch in *Darkroom Mirror (_2060999)* ist kein Gesicht zu sehen (die Anonymität des Darkrooms), was unseren Fokus auf die Hände lenkt (die Metonymie des Begehrens). Die Fotografien strahlen wie Sepuyas frühe Porträts eine Intimität aus, die auch an Gyamfi erinnert. *Orifice (0X5A6982)* zeigt ein Stofftuch, das oben links und rechts von den gerade noch im Bildausschnitt sichtbaren Fingerspitzen Sepuyas gehalten wird. Durch eine in den Stoff geschnittene Öffnung blickt die Kameralinse, die uns die auf dem Spiegel hinterlassenen Verschmierungen zu sehen gibt.[59] Wie Narziss sich in seinem Spiegelbild, das ihm eine ruhige Seeoberfläche zurückwirft, selbst lieben lernt (so die Umdeutung des Mythos eines Schwarzen Narziss), können Sepuya und die Betrachter:innen diesen beschwerlichen und unabschließbaren Weg gemeinsam beschreiten. «By destabilizing signs of race, gender and sexuality, […] artists draw critical attention to the cultural *constructedness*, the artifice, of the sexual roles and identities we inhabit.»[60]

Die präsentierten queeren Schwarzen Gegenarchive, die Gyamfi und Sepuya mit ihren Fotoarbeiten erzeugen, stören schließlich auch das tradierte koloniale Schattenarchiv. Sie schaffen Sichtbarkeit, indem sie Schwarze Anwesenheit in oft *weiß* dominierten Räumen ermöglichen, Schwarze Menschen als Personen und Persönlichkeiten, ohne ihre Stereotypisierung im Bild, zeigen und sowohl die Bilddiskurse durch marginalisierte Perspektiven als auch die Schwarzen Emanzipationsdiskurse durch eine intersektionale Pluralität erweitern. Diese Repräsentationspolitiken fordern eine umfassende Solidarität und rufen die Betrachter*innen aktiv zur Verantwortung.[61] Gyamfi und Sepuya ändern mit ihren Bildern nachhaltig unsere Wahrnehmung und üben in eine bedingungslose Anerkennung ein, was einen unmittelbaren Einfluss auf die historisch-politische Handlungsfähigkeit von marginalisierten Menschen haben kann.[62]

Das Foto des toten Emmett Till im *Jet Magazine*, die Agassiz-Zealy-Daguerreotypien und Lynchfotografien, die Videoaufnahmen von Rodney King und George Floyd bezeugen nicht allein den strukturellen Rassismus, dem ausschließlich ein aktives Engagement etwas entgegensetzen kann. Sie fordern – aus der Empörung über ihre eigene Existenz (das ‹Es-ist-so-gewesen›[63] trägt ein Es-darf-nicht-so-gewesen-Sein) – überdies eine postkoloniale Bildwelt, die BIPoC als selbstbestimmte und polyphone Subjekte zeigt. Bright sandte mit seinem Protest im Whitney Museum of American Art diese Forderung in die Welt hinaus. «Working to transform the image», gibt bell hooks den Bildmacher*innen und Bildtheoretiker*innen auf.[64]

58 Vgl. Michel Foucault: *Die Heterotopien. Der utopische Körper. Zwei Radiovorträge*, Frankfurt / M. 2013 [1966].

59 Vgl. Al-Khudhairi: Interview with Paul Mpagi Sepuya, 19.

60 Mercer: *Welcome to the Jungle*, 141, Herv. i. Orig.

61 Vgl. Hall: New Ethnicities, 254–255.

62 Vgl. Christopher A. Nixon: *Den Blick erwidern. Epiphanie und Ästhetik postkolonial*, Wien 2023.

63 Vgl. Barthes: *Die helle Kammer*, 86–90.

64 hooks: *Black Looks*, 2.

DEBATTE

Medienwissenschaft und Bildung

Christian Werner: *Remote Control*, 2023

IST MEDIENKOMPETENZ BULLSHIT?

von HARUN MAYE

In Debatten über den Zusammenhang von Medien und Bildung spielt der Begriff der Medienkompetenz seit den 1990er Jahren als Schlagwort der Bildungspolitik sowie als Grundbegriff der Medienpädagogik eine zentrale Rolle. In der Regel versteht man darunter die Fähigkeit, bewusst und verantwortlich mit Medien umzugehen, medienvermittelte Informationen zu kontextualisieren und sich kritisch mit Medieninhalten auseinanderzusetzen. Eine so verstandene Medienkompetenz, die angeblich nur unzureichend im alltäglichen Medienumgang erworben werden kann und daher pädagogisch angeleitet in Bildungseinrichtungen vermittelt werden soll, wird als notwendige Ergänzung zu einer rein technischen Kompetenz des Mediengebrauchs betrachtet. Medienkompetenz, so der Tenor sehr vieler Arbeiten zum Thema, bedeutet ausdrücklich nicht, einen Computer bedienen zu können oder sich im Internet zurechtzufinden.[1] Vielmehr soll man lernen, unterschiedliche Medientechnologien und Medieninhalte vergleichen sowie ihre Wirkung auf psychische und soziale Systeme kritisch beurteilen zu können. Medienreflexion soll Mediennutzung begleiten und kontrollieren – was das in konkreten Fällen bedeuten soll, wird bewusst unscharf belassen.

Das klingt alles mehr oder weniger vernünftig. Dennoch ist diese Auffassung von Medienkompetenz unterbestimmt und einseitig, denn sie etabliert implizit eine Trennung von Technik und Kultur, Kompetenz und Bildung. Der Begriff wird zumeist auf den Umgang mit Bildschirmmedien und ihren (potenziell schädlichen) Einfluss auf Heranwachsende verengt. Eine genuin medienkulturwissenschaftliche Perspektivierung steht noch aus. Die Unschärfe des Begriffs wird durch viele Synonyme und alternative Konzepte nicht gerade vermindert: Zur Medienkompetenz gesellen sich auch noch die Informationskompetenz, die kommunikative Kompetenz, die digitale Kompetenz, die digitale Mündigkeit, die digitale Souveränität usw. Die englischsprachige Diskussion, die unter den Begriffen *media literacy*, *computer literacy* oder *digital literacy* geführt wird, unterscheidet sich nicht wesentlich von der deutschsprachigen, ist aber insgesamt pragmatischer und weniger besorgt.[2]

Eine leicht erkennbare Schwäche von weit gefassten Kompetenzen wie Medienkompetenz, Sozialkompetenz oder auch Demokratiekompetenz ist ihre Allgemeinheit und ‹empirische Leere›.[3] Um diese Leere zu füllen, hat Dieter Baacke Medienkompetenz in Anlehnung an Pierre Bourdieu, Noam Chomsky, Jürgen

Habermas und Niklas Luhmann als Ausdifferenzierung einer allgemeinen kommunikativen Kompetenz bestimmt und sie in vier Dimensionen unterteilt: Medienkritik, Medienkunde, Mediennutzung und Mediengestaltung.[4]

Trotz des heterogenen theoretischen Hintergrunds – denn die Ansätze von Bourdieu, Chomsky, Habermas und Luhmann lassen sich nicht überzeugend als Werkzeugkästen für ein einheitliches Konzept der Kompetenz plündern – gelten die ersten Bestimmungsversuche von Baacke immer noch als Ausgangspunkt der medienpädagogischen Diskussion, die man entweder kritisch hinterfragt oder fortschreibt und erweitert. In Beiträgen, die an Habermas' Theorie des kommunikativen Handelns anschließen, gilt Medienkompetenz als «Reduktion» der kommunikativen Kompetenz,[5] als zu sehr «medienorientiert» und zu wenig «menschendienlich».[6] Die Orientierung am Menschen scheint für große Teile der Medienpädagogik aus disziplinären Gründen Ausgang und Ende aller Überlegungen zur Medienkompetenz zu sein, da immer «die Perspektive der Menschen» eingenommen werden soll, «die mit Medien handeln».[7] Ein Perspektivwechsel scheint ausgeschlossen, «die Medien sollen sich den Menschen anpassen», damit «zu ihrer Nutzung so wenig Medienkompetenz wie möglich notwendig» ist.[8] Im Gegensatz zur Medienkompetenz, «die sich an einem technischen Phänomen, den Medien», ausrichtet, ist die kommunikative Kompetenz auf die «pädagogischen Subjekte» und deren Face-to-Face-Kommunikation bezogen: «Die Zieldimension als eine auf den Menschen und seine Emanzipation gerichtete wird hier schon im Begriff deutlich.»[9]

Komplementär dazu findet eine Erweiterung des Begriffs Medienkompetenz statt, mit dem Ziel, dessen empirische Leere zu kompensieren und begriffliche Allgemeinheit besser zu definieren. Konkret handelt es sich dabei um Ergänzungen der vier Dimensionen von Baacke, sowohl durch Umbenennungen als auch durch die Addition von weiteren Dimensionen. Kaum überraschend führen Umbenennungen und Hinzufügungen von weiteren Dimensionen eines Begriffs nicht zu dessen Schärfung, das Gegenteil ist vielmehr der Fall, wie Harald Gapski in seiner Analyse unterschiedlicher Definitionsversuche von Medienkompetenz gezeigt hat.[10] Der Call for Papers für die 23. Ausgabe der *Ludwigsburger Beiträge zur Medienpädagogik* lautet nicht umsonst: «50 Jahre Medienkompetenz und kein bisschen weiter?»[11] Sowohl in der Ablehnung als auch in der Arbeit an unterschiedlichen Fassungen des Begriffs der Medienkompetenz zeigt sich die Fortsetzung einer medienpädagogischen Theorietradition, die «in ihrer theoretischen Reichweite und in ihrer praktischen Problemlösungskompetenz» zu kurz greift, gerade weil sie subjekt- und sprachzentriert ist, technische Medien nur als sekundäre oder tertiäre Werkzeuge zur Distribution von Kommunikation denkt und die Medienkompetenz von Institutionen, Organisationen und der Medien selbst ausblendet, gerade weil sie menschendienlich sein möchte.[12]

Während Teile der Medienpädagogik in diesen disziplinbegründenden Fragestellungen verblieben zu sein scheinen, herrscht in der Medienkulturwissenschaft ein fröhliches Desinteresse.[13] Der Begriff der Kompetenz gilt entweder als intellektuell reizlos oder als neoliberaler *Bullshit*, als eine Phrase der Bildungspolitik, mit der man sich aus intellektuellen oder politischen Gründen nicht beschäftigen möchte. Die Auffassung, dass vor allem Medienkompetenz Bullshit ist, erscheint zunächst plausibel, wenn man unter Bullshit nicht bloß das Verbreiten von Lügen oder Unsinn versteht. In einem berühmten Essay zum Thema hat Harry Frankfurt argumentiert, dass Bullshit keine Frage von Wahrheit oder Lüge, sondern eine kommunikative Strategie ist. Es handelt sich um eine Form des Marketings, die darauf zielt, andere zu beeindrucken oder Meinungen ohne Wissen zu verbreiten.[14] Medienkompetenz erscheint aus der Sicht der Medienkulturwissenschaft immer dann als Bullshit, wenn es nicht darum geht, ein bestehendes Problem zu lösen, sondern Medienkompetenz als Erlösungsvokabular zu etablieren, dem man die Lösung fast aller medieninduzierten Probleme und Widersprüche der Informationsgesellschaft zutraut.[15]

Die Kompetenzorientierung im Bildungswesen hatte Odo Marquard bereits 1973 mit der Behauptung ironisiert, die Philosophie habe in der Moderne leider nur eine einzige Kompetenz vorzuweisen: die «Inkompetenzkompensationskompetenz».[16] Spätestens seit den 2000er Jahren ist es bei den Gegner*innen des Begriffs üblich geworden, Bildung gegen Kompetenzen in Stellung zu bringen und die Genealogie der Kompetenz als neoliberales Konstrukt zu entlarven.[17] Als ein routiniertes, jederzeit «abrufbares Können», das es ermöglicht, «ohne langes Nachdenken Entscheidungen zu treffen», gilt Kompetenz als Ausweis eines «vorrangig technizistisch-instrumentellen Selbst- und Weltverhältnisses».[18] Wer von Kompetenzen redet oder gar schwärmt, gerät leicht in Verdacht, Ressentiments gegenüber historischem und theoretischem Wissen zu hegen und einen unmittelbaren Praxisbezug an deren Stelle setzen zu wollen.

Diese Verlagerung von Wissen auf Können orientiere sich am unternehmerischen Modell des sich selbst optimierenden Subjekts als Führungskraft sowie am militärischen Modell des Subjekts als Feldherrn: «Das Subjekt als Feldherr seiner selbst transformiert fortwährend Wissen in Können und Lernen in Üben.»[19] An die Stelle des diskreditierten Begriffs der Medienkompetenz soll entweder die ästhetische Erfahrung mit und durch Medien (bevorzugt in den Kulturwissenschaften) oder eben Medienbildung (bevorzugt in der Pädagogik) treten. Gemeinsam beharren die Ansätze jedoch auf der Vorstellung von einer Sonderstellung des menschlichen Subjekts, entweder im Zeichen einer ganzheitlichen Persönlichkeitsbildung oder der ästhetischen Resonanz, die beide durch Kompetenzen weder abgedeckt noch überhaupt erfasst werden können. Die Unterscheidung von Bildung und Kompetenz erlaubt zudem auch eine Verteilung der Zuständigkeiten und Dimensionen, die sonst alle im Container-Begriff der Medienkompetenz verstaut worden sind. Medienkompetenz ist aus dieser Sicht dann nur noch auf den Mediengebrauch im engeren Sinne bezogen, wohingegen Medienbildung alle Reflexionshorizonte meint, «die sich aus Forderungen für das Subjekt ergeben und nicht aus jenen, die das Medium auferlegt».[20] Das trifft vor allem für pädagogische Lieblingsvokabeln wie ‹Kritikfähigkeit› oder ‹Orientierungswissen› zu, die exklusiv für die Bildung reserviert sind, ja diese Bildung eigentlich erst ausmachen. Aber auch diese Alternativen bleiben, wie die Medienkompetenz, im Kern subjektzentriert sowie an Sprache und Alphabetisierungstechniken (oder im Fall von ästhetischer Erfahrung an Kunstwerke) gebunden, auch wenn es um Bilder, Zahlen und Codes geht. Überzeugen kann der Kategorienwechsel zur ästhetischen Erfahrung oder zur medialen Erfahrung oder zur Medienbildung «als transformatorisches Prozessgeschehen» nicht wirklich, zu deutlich sind auch hier die altbekannten Aktualisierungsprobleme des Humboldt'schen Bildungsbegriffs eingeschrieben.[21]

Es scheint an der Zeit zu sein, kulturtechnische Alternativen auszuprobieren.[22] Interessant an Baackes Klassifikation und Begriffsbestimmung scheinen mir zwei Hinweise zu sein, die es erlauben, von Seiten der Medienwissenschaft an den Begriff der Medienkompetenz anzuschließen: Erstens geht es um die Einsicht, dass Habermas' kommunikatives Handeln und das davon abgeleitete pädagogische Konzept einer kommunikativen Kompetenz immer an die Sprache als Leitmedium und die unmittelbare Lebenswelt als Erfahrungsraum gebunden bleiben. Medienkompetenz ist daher keine verzichtbare Reduktion einer umfassenderen kommunikativen Kompetenz, sondern ein notwendiger Begriff, der die Veränderung der Kommunikationsstrukturen im medialen Wandel explizit thematisiert:

> Die über Medien beeinflusste und beschleunigte ästhetische Wahrnehmung ist es, die heute auch in die alltäglichen Lebenslagen zurückstrahlt und sie nicht mehr zum Grundmuster von Kommunikationssituationen erklärt. Insofern erlaubt der Begriff Medienkompetenz, die derzeitigen Kommunikationsveränderungen pointiert und fokussiert aufzugreifen.[23]

Zweitens weist Baacke explizit auf die «pädagogische Unspezifität» des Begriffs hin, der sich nicht wie «Erziehung» oder «Bildung» «dem pädagogischen Diskurs» verdankt, sondern eine Schnittmenge unterschiedlicher Diskurse ist.[24] Die Lizenz für eine medienkulturwissenschaftliche Aneignung ist also gegeben, denn die Erziehung ist nur ein Feld neben anderen Feldern (Kunst, Politik, Recht, Wirtschaft), in denen Medienkompetenz relevant ist und diskutiert wird, der Medienpädagogik muss daher keine Vorrangstellung zukommen.

Die Kulturtechnikforschung bietet sich als theoretische Neufassung des Begriffs schon deshalb an, weil es zu ihrer Grundlegung gehört, keine Trennung von Technik und Kultur, Kompetenz und Bildung vorzunehmen. Obwohl der Begriff der Kompetenz üblicherweise als «ein Bündel von Kenntnissen, Fertigkeiten und Fähigkeiten» gilt, «die in einem bestimmten Anwendungsfeld handlungsfähig machen»,[25] sind mit Medienkompetenzen in der Regel keine konkreten Körper- oder Kulturtechniken gemeint, sondern eher so etwas wie die Fähigkeiten, reflektiert über Medien zu sprechen, verantwortungsbewusst und kritisch mit Medien umzugehen, die Qualität medialer Inhalte zu bewerten, Medienzeit einzuschränken, die Kontrolle über persönliche Daten zu behalten usw. Dabei kann man aber nicht stehen bleiben. Es muss daran erinnert werden, dass Medienkompetenz ohne die Beherrschung von konkreten Kulturtechniken nicht zu haben ist. Sie sind die Basis nicht nur für Kultur und Bildung, sondern auch für die Begriffe, die wir uns von den Medien und dem Umgang mit ihnen machen. Es geht darum, Medienkompetenz als ein Set von Kulturtechniken zu begreifen, die weit über die geläufige Rede von elementaren Kulturtechniken hinausgehen. Solche Kulturtechniken umfassen auch Wissenstechniken, Repräsentationsverfahren sowie politische, juristische, administrative, künstlerische und andere Techniken der Hervorbringung. Es geht grundsätzlich um die Analyse von Kommunikation, insofern sie als technisches Verfahren beschrieben werden kann. Im Zentrum dieser Analyse steht nicht die Großsemantik der Aufklärung, es geht nicht um Emanzipation, Kritik, Orientierung oder Verantwortung, sondern um die vielen unterschiedlichen Tätigkeiten und Operationen, aus denen Medien- und Kulturleistungen hervorgegangen sind. Erst in dieser Neuorientierung werden Bildung, Kompetenz, Medien und der sogenannte Mensch nicht mehr als getrennte Einheiten, sondern als gleichberechtigte Akteure in einem Verbund oder in einer Verkettung gedacht.

—

1 Das lässt sich bereits an diversen Broschüren ablesen, die Jugendliche und ihre Eltern über die Bedeutung von Medienkompetenz aufklären sollen, vgl. z. B. das Informationsmaterial, das sich auf den Seiten der Landesanstalt für Medien NRW (*medienanstalt-nrw.de/publikationen.html*) oder auf der Plattform *Jugend und Medien – Informationsportal für die Förderung von Medienkompetenz* (*jugendundmedien.ch*) finden lassen.

2 Vgl. Silke Grafe: ‹Media literacy› und ‹media (literacy) education› in den USA: ein Brückenschlag über den Atlantik, in: Heinz Moser, Petra Grell, Horst Nyesito (Hg.): *Medienbildung und Medienkompetenz. Beiträge zu Schlüsselbegriffen der Medienpädagogik*, München 2011, 59–77.

3 Die Unschärfe oder auch Leere des Konzepts, das sich an der Großsemantik der Aufklärung orientiert, wurde bereits bei der Inthronisation der Medienkompetenz durch den Diskursbegründer bemerkt, vgl. Dieter Baacke: Medienkompetenz als Netzwerk. Reichweite und Fokussierung eines Begriffs, der Konjunktur hat, in: *medien praktisch. Zeitschrift für Medienpädagogik*, Jg. 22, Nr. 2, 1996, 4–10, hier 8.

4 Am Anfang steht Dieter Baacke: *Kommunikation und Kompetenz. Grundlegung einer Didaktik der Kommunikation und ihrer Medien*, Weinheim, München 1973. Den Begriff der Medienkompetenz hat Baacke dann später in einer Vielzahl von Aufsätzen eingeführt und populär gemacht, vgl. nur ders.: Medienkompetenz – Begrifflichkeit und sozialer Wandel, in: Antje von Rein (Hg.): *Medienkompetenz als Schlüsselbegriff*, Bad Heilbrunn 1996, 112–124; ders.: Medienkompetenz: theoretisch erschließend und praktisch folgenreich, in: *Medien und Erziehung*, Jg. 43, Nr. 1, 1999, 7–12. Zum theoretischen Wandel und der Ausdifferenzierung des Konzepts von der kommunikativen Kompetenz zur Medienkompetenz vgl. Alessandro Barberi: Von Kompetenz, Medien und Medienkompetenz. Dieter Baackes interdisziplinäre Diskursbegründung der Medienpädagogik als Subdisziplin einer sozialwissenschaftlich orientierten Kommunikationswissenschaft, in: Christine Trültzsch-Wijnen (Hg.): *Medienpädagogik. Eine Standortbestimmung*, Baden-Baden 2017, 143–161; ders.: *Diskurspragmatik, Medienkompetenz, Emanzipation und Freiheit. Dieter Baackes «Kommunikation und Kompetenz». Eine diskursanalytische Tiefenanalyse*, Bielefeld 2019.

5 Bernd Schorb: Medienkompetenz, in: Jürgen Hüther, Bernd Schorb (Hg.): *Grundbegriffe Medienpädagogik*, München 2005, 257–262, hier 257.

6 Bernward Hoffmann: Medienkompetenz, in: ders.: *Medienpädagogik. Eine Einführung in die Theorie und Praxis*, Paderborn 2003, 31–36, hier 31.

7 Stefan Aufenanger: Medienpädagogik und Medienkompetenz. Eine Bestandsaufnahme, in: *Medienkompetenz im Informationszeitalter*, hg. v. der Enquete-Kommission Zukunft der Medien in Wirtschaft und Gesellschaft. Deutschlands Weg in die Informationsgesellschaft, Bonn 1997, 15–22, hier 19.

8 Ebd.

9 Bernd Schorb: Medien oder Kommunikation – wofür soll sich Kompetenz entfalten?, in: *Medien-Impulse. Beiträge zur Medienpädagogik*, Jg. 36, Nr. 9, 2001, 12–16, hier 12.

10 Vgl. Harald Gapski: Medienkompetenzen messen? Eine Annäherung über verwandte Kompetenzfelder, in: ders. (Hg.): *Medienkompetenzen messen? Verfahren und Reflexionen zur Erfassung von Schlüsselkompetenzen*, Düsseldorf, München 2006, 13–28.

11 Call for Papers für die 23. Ausgabe der *Ludwigsburger Beiträge zur Medienpädagogik*: 50 Jahre Medienkompetenz und kein bisschen weiter? Von der *Kommunikativen Kompetenz zu DigComp*, hg. v. Thomas Knaus, Olga Merz, Thorsten Junge, 1.9.2022, *medienpaed-ludwigsburg.de/public/journals/1/cfp/LBzM-Heft23_CfP-50_Jahre_Medienkompetenz.pdf* (26.6.2023). Die Publikation ist für den Juni 2023 angekündigt.

12 Aus dem Fach selbst wurde diese Kritik bisher am eindrücklichsten formuliert von Harald Gapski: *Medienkompetenz. Eine Bestandsaufnahme und Vorüberlegungen zu einem systemtheoretischen Rahmenkonzept*, Wiesbaden 2001; ders.: Zu den Fragen, auf die «Medienkompetenz» eine Antwort ist, in: Heinz Bonfadelli u. a. (Hg.): *Medienkompetenz und Medienleistungen in der Informationsgesellschaft. Beiträge zu einer internationalen Tagung*, Zürich 2004, 22–34; Tilmann Sutter, Michael Charlton: Medienkompetenz – einige Anmerkungen zum Kompetenzbegriff, in: Norbert Groeben, Bettina Hurrelmann (Hg.): *Medienkompetenz. Voraussetzungen, Dimensionen, Funktionen*, Weinheim, München 2002, 129–147.

13 «Schaut man sich die Auseinandersetzung mit bildungsbezogenen Gegenständen in der *Zeitschrift für Medienwissenschaft* an, so bringt eine Suchanfrage zu ‹Bildung› im Heftarchiv bei insgesamt 634 Artikeln in der Datenbank zunächst 94 Treffer hervor, von denen sich nach inhaltlicher Durchsicht nur eine Handvoll tatsächlich mit Bildung beschäftigt. Gibt man als Suchbegriff ‹Medienkompetenz› ein, erhält man fünf Treffer, bei ‹Medienbildung› sind es drei. In der *Kanonkritischen Literatursammlung Medienwissenschaft* (KLM) finden sich keine Treffer zu ‹Medienkompetenz›, ‹Medienbildung› oder ‹education› und zu ‹Bildung› lediglich drei, zu ‹pedagogy›/‹pedagogies› zwei Treffer, die jedoch mehrheitlich von Autor*innen mit eher erziehungs- und sozialwissenschaftlichen sowie fachdidaktischen Hintergründen verfasst wurden». Andreas Weich, Adrianna Hlukhovych: Bildungsauftrag. Was Medienwissenschaft im Kontext von Medien und Bildung tut, tun könnte und tun sollte, in: *Zeitschrift für Medienwissenschaft*, Jg. 15, Nr. 28 (1/2023): *Protokolle*, 138–148, hier 140, *doi.org/10.25969/mediarep/19403*.

14 «It does seem that bullshitting involves a kind of bluff. It is closer to bluffing, surely, than to telling a lie.» Und weiter: «The realms of advertising and of public relations, and the nowadays closely related realm of politics, are replete with instances of bullshit so unmitigated that they can serve among the most indisputable and classic paradigms of the concept.» Harry G. Frankfurt: *On Bullshit*, Princeton, Oxford 2005, hier 22, 46. Für einen anderen schillernden Begriff aus dem Bereich der Medienwissenschaft und der Games Studies wurde dieser Bezug bereits durchdekliniert, vgl. Ian Bogost: Why Gamification is Bullshit, in: Steffen P. Walz, Sebastian Deterding (Hg.): *The Gameful World. Approaches, Issues, Applications*, Cambridge (MA) 2015, 66–79.

15 Pointiert dazu Konrad Paul Liessmann: Und erlöse uns von dem Übel. Bildung als säkularisierte Religion, in: ders.: *Bildung als Provokation*, Wien 2017, 36–43.

16 Odo Marquard: Inkompetenzkompensationskompetenz? Über Kompetenz und Inkompetenz der Philosophie, in: *Philosophisches Jahrbuch*, Jg. 81, Nr. 2, 1974, 341–349. Ob auch die Medienpädagogik sich angesichts der Digitalisierung, der freiwilligen oder erzwungenen Aufgabe eines bewahrpädagogischen Selbstverständnisses sowie eines schwindenden gesellschaftlichen Einflusses in einer ‹Kompetenznostalgie› befindet, die durch die Erfindung des Begriffs der Medienkompetenz kompensiert werden soll, wird diskutiert von Melanie Kretschmer-Elser: *Kritische Reflexionen zur Medienkompetenz*, Frankfurt/M. 2011, 42–52. Wie sich die Medienkompetenz-Diskussion zur ‹Herausforderung› des Web 2.0 verhält, lässt sich nachverfolgen anhand von Bardo Herzig u. a. (Hg.): *Jahrbuch Medienpädagogik*, Bd. 8: Medienkompetenz und Web 2.0, Wiesbaden 2010.

17 Vgl. Andreas Gelhard: *Kritik der Kompetenz*, Zürich 2011; Hans-Dieter Kübler: Kompetenz der Kompetenz der Kompetenz ... Anmerkungen zur Lieblingsmetapher der Medienpädagogik, in: *medien praktisch*, Nr. 2, 1996, 11–15.

18 Jürgen Gunia: Kompetenz. Versuch einer genealogischen Ideologiekritik, in: *Textpraxis. Digitales Journal für Philologie*, Bd. 4, Nr. 1, 2012, *uni-muenster.de/textpraxis/juergen-gunia-kompetenz* (26.6.2023).

19 Ebd.

20 Manuela Pietraß: *Mediale Erfahrungswelt und die Bildung Erwachsener*, Bielefeld 2006, 36–40, 76–111.

21 Benjamin Jörissen: Medienbildung – Begriffsverständnisse und Reichweiten, in: *Medien-Pädagogik. Zeitschrift für Theorie und Praxis der Medienbildung*, Bd. 20, 2011, 211–235, hier 220.

22 Erste Ansätze finden sich dazu in Heiko Christians: *Wilhelm Meisters Erbe. Deutsche Bildungsidee und globale Digitalisierung. Eine Inventur*, Wien u. a. 2020; Petra Missomelius: *Bildung – Medien – Mensch. Mündigkeit im Digitalen*, Göttingen 2021; Roberto Simanowski: *Digitale Revolution und Bildung. Für eine zukunftsfähige Medienkompetenz*, Weinheim, Basel 2021.

23 Baacke: Medienkompetenz als Netzwerk, hier 8.

24 Ebd.

25 Hans Werner Heymann: Basiskompetenzen – gibt es die?, in: *Pädagogik*, Jg. 53, Nr. 4, 2001, 6–9, hier 7.

Medienpraxis und Lehre

© Paul Heinicker

Medienpraktische Module und Praktika sind fester Bestandteil medienwissenschaftlicher Studiengänge im deutschsprachigen Raum. Oft sind sie aber Ausdruck einer strikten Trennung von Theorie und Praxis, weil sie dem wissenschaftlichen Teil des Studiums unverbunden gegenüberstehen. Mit dem Auftakttext von Johannes Paßmann und Florian Sprenger sowie der dazugehörigen Materialstudie von Paul Heinicker, Armin Beverungen, Paul Hoffstiepel, Mace Ojala und Antonia Wulff, die beide im Rahmen eines Forschungsprojekts zu Medienpraxiswissen entstanden sind, möchten wir dazu einladen, Ideen für andere Praxisformate zu skizzieren und das Verhältnis von Theorie und Praxis für die Medienwissenschaft weiterzuentwickeln.

GEPFLEGTE MEDIENPRAXIS

von JOHANNES PAßMANN und FLORIAN SPRENGER

Zum Curriculum fast aller deutschsprachigen medienwissenschaftlichen Studiengänge gehören Module, die ‹medienpraktische› Fähigkeiten vermitteln sollen – von Schnittkursen über Einführungen in das Programmieren bis hin zu Übungen in Öffentlichkeitsarbeit. Diese Veranstaltungen sind bei den Studierenden zwar beliebt, werden von den Instituten aber häufig als ein Addendum begriffen, eine Ergänzung der wissenschaftlichen Inhalte um berufsqualifizierende ‹Skills› und ‹praktische› Fähigkeiten. Entsprechend sind sie mit dem Studium nur lose verschränkt und werden meist durch Lehraufträge mit prekären Arbeitsbedingungen abgedeckt. An Universitäten wird Praxis – anders als an Fach-, Film- und Kunsthochschulen – als etwas behandelt, das Studiengänge sich anzubieten gezwungen sehen, um die Erwartung zu erfüllen, auch ‹was mit Medien› zu machen. Die Anforderungen ändern sich aber zugleich rapide: War bislang primär Praxiskompetenz in Schnitt, Kamera- oder Redaktionsarbeit gefragt, so gibt es heute ein breiteres Spektrum an Anforderungen. Diese spiegeln sich in neuen Berufsbildern, die *data literacy* sowie Kompetenzen der Visualisierung und Verarbeitung von Daten oder Programmierung verlangen. Mit den Innovationszyklen medialer Berufswelten können medienwissenschaftliche Curricula aber kaum Schritt halten.

Folglich ist das, was Studierende an praktischen Skills im universitären Studium lernen, zum Zeitpunkt ihres Abschlusses häufig schon veraltet und meist nicht auf dem Niveau der Lehre an angewandten Hochschulen oder in handwerklichen Medienausbildungen. Zudem – und vielleicht auch vor allem – ist dieses praktische Wissen, so unsere These, einem erweiterten Verständnis medienwissenschaftlicher Fragestellungen und Forschungspraktiken nicht zuträglich – und das, obwohl doch gerade medienwissenschaftliche Forschung häufig auf einem Verständnis von Medientechnologien und -praktiken fußt. Unseren Beobachtungen zufolge ergibt sich daher eine zunehmend problematische Entkopplung von medienpraktischer und medienwissenschaftlicher Lehre. Im Hintergrund dieser Entkopplung steht vermutlich die Dominanz einer dichotomen Gegenübersetzung von Theorie und Praxis, die angesichts sowohl medienkultureller Entwicklungen als auch praxeologischer Erwägungen obsolet erscheint. Diese Differenz hatte lange Zeit eine wichtige Funktion für das Selbstverständnis der Geisteswissenschaften, ist aber nicht zuletzt von der Medienwissenschaft selbst in Frage gestellt worden. Dieses selbstreflexive Wissen spielt für die curriculare Umsetzung von medienpraktischen Modulen jedoch kaum eine Rolle. Zudem haben unsere Recherchen und Interviews gezeigt (vgl. dazu den Text von Paul Heinicker, Armin Beverungen, Paul Hoffstiepel, Mace Ojala und Antonia Wulff), dass in der medienpraktischen Lehre vor Ort ein weitaus differenzierteres Verhältnis vorherrscht, das der wissenschaftspolitischen und forschungsstrategischen Vereinnahmung von Medienpraxis für wissenschaftliche Studiengänge – Stichwort ‹was mit Medien› – eine Alternative entgegensetzt. Unser Ziel ist es, ausgehend von diesen Beobachtungen eine Diskussion über eine integrative, der medienwissenschaftlichen Forschungspraxis ebenso wie den Medientechnologien der Gegenwart angemessene Praxislehre zu initiieren.

Medienwissenschaftliche Studiengänge können die nicht nur von Studierenden, sondern auch von Evaluationskommissionen an die Standorte herangetragene Praxis-Erwartung unserer Einschätzung nach eher nur in Ausnahmefällen erfüllen. Das ist erwartbar und nicht schlimm, weil es sich um Studiengänge und nicht um Ausbildungen handelt. Evaluationen und Benchmarks sollten nicht unsere Maßstäbe sein. Schnittkurse bleiben stets hinter einem Filmstudium, Designkurse hinter einem Mediengestaltungsstudium zurück, und beides bietet auch allzu oft keine besseren Zugänge zu medienwissenschaftlichen Fragestellungen. Medienpraxis wird so zu einer Zusatzqualifikation, zu etwas, das man neben den theoretischen Inhalten zusätzlich anbietet, um diese Inhalte vermeintlich ‹anwendbar› zu machen. Das funktioniert nicht immer, bindet Ressourcen und sorgt mitunter für Verdruss. Berichtet wird von enttäuschten Erwartungen – und entsprechenden Gegenmaßnahmen auf Homepages und in Studieneingangsinformationen, die betonen, dass es sich bei den BA- und MA-Programmen um wissenschaftliche Angebote, die durch Praxisangebote ergänzt werden, und nicht um Ausbildungen handelt. Der Versuch, durch einzelne Module eine Praxisausbildung zu ermöglichen und mit Fachhochschulen zu konkurrieren, führt zu einer Spannung im Fach, die bislang meist standortspezifisch im Dialog – nicht selten auch in Konfrontation – mit Studierenden ausgehandelt, als Problem des Fachs aber nicht diskutiert wird.

Der Versuch, sich mit beliebigen, mit dem Rest des Studiums nicht verbundenen Praxisveranstaltungen aus der Verantwortung zu stehlen, führt nicht nur in eine Sackgasse. Er ist auch eine vertane Chance für eine gute wissenschaftliche Lehre zu aktuellen Gegenständen. Aus unserer Sicht gibt es auch fachlich und nicht nur strategisch zunehmend dringliche Gründe, sich mit dem Status medienwissenschaftlicher Praxislehre auseinanderzusetzen. Deshalb schlagen wir vor, eine Debatte über ein medienwissenschaftliches Verständnis von Medienpraxis in der Lehre zu führen, das gegebenenfalls in neue Lehrformate und curriculare Weiterentwicklungen einfließen kann, zumindest aber zu einer Reflexion dieser Lehrbestandteile anregt. In diesem Text möchten wir einige Fragen formulieren und Herausforderungen für eine solche Debatte identifizieren. Unsere Hoffnung ist, dass durch eine solche Debatte auch das Verhältnis unserer Forschung zur Praxis profitiert könnte, um die Theorie/Praxis-Dichotomie hinter uns zu lassen.

Im Rahmen des von der Stiftung Innovation in der Hochschullehre geförderten Projekts «Medienpraxiswissen» haben wir uns mit neuen Lehrformaten für medienpraktische Inhalte, aber auch mit dem Status quo dieser Lehre beschäftigt. Interviews mit Verantwortlichen medienwissenschaftlicher Standorte sowie an Kunst- und Fachhochschulen und eine Datenanalyse der Bochumer Vorlesungsverzeichnisse seit 2002 (vgl. den Beitrag von Paul Heinicker, Armin Beverungen, Paul Hoffstiepel, Mace Ojala und Antonia Wulff) haben gezeigt, dass die reduktive Gegenüberstellung von Theorie und Praxis zwar rhetorisch genutzt, vor Ort aber vielschichtige Positionen gepflegt, d. h. zugleich differenziert und eingeübt werden. Diese fließen jedoch nur selten in die Curricula ein. Ausgehend von der Beobachtung dieser (un-)gepflegten Differenz möchten wir mit diesem Text dafür plädieren, die Frage medienpraktischer Lehre nicht abzuschieben, sondern als strukturelles und mitunter reflexives Fachproblem zu begreifen, die Differenz also besser zu pflegen. Anhand der im Fach abgebildeten Praxis und Theorie der Medienpraxis plädieren wir dafür, ein medienwissenschaftliches Praxisverständnis zu (re-)konstruieren und in die Lehre sowie die Curricula einzuspeisen.

Wir glauben, dass der bisherige Umgang mit der zumeist von außen an das Fach herangetragenen Praxiserwartung die Spannungen noch verschärft. Deshalb stellt sich uns die Frage, welche Funktion diese Praxiserwartung im Fach, aber auch in anderen Disziplinen und im Wissenschaftssystem allgemein spielt. Hinter dieser Erwartung steht oft die altbekannte und bekanntermaßen problematische Gegenüberstellung von Berufswelt und ‹Elfenbeinturm›. Um dieser unproduktiven Differenz zu entgehen, möchten wir über die bereits geführten Interviews hinaus eine Diskussion der Verhältnisse von wissenschaftlicher und praxisorientierter Lehre anregen. Unser Anliegen für die Debatte ist, vorhandene, aber oft implizite lokale Praxisbegriffe aufzunehmen und zu differenzieren. Dabei plädieren wir, kurz gesagt, für einen in der regulären Lehre verankerten Praxisbegriff, der nicht von der Handfestigkeit und Berufsbezogenheit der Praxis ausgeht, sondern von Anfang an die differenzierten Fachtraditionen des Umgangs mit Praxis berücksichtigt.

Es lassen sich viele Gründe finden, die zu der angedeuteten Lage geführt haben. Ein struktureller Grund ist fraglos, dass Karrieren im deutschsprachigen Universitätssystem eher über ‹gute Forschung› gemacht werden (oder deren vermeintliche Quantifizierung in Form von Drittmitteln) und ‹gute Lehre› in aller Regel eine untergeordnete Rolle spielt. Ein organisatorischer Grund besteht darin, dass sich über Lehraufträge für Praxisveranstaltungen ein nicht unerheblicher Teil des Lehraufwands ohne reguläre Deputatsbelastung abdecken lässt. Kreditierte Praktika und Lehraufträge für Gebiete, die im Lebenslauf nicht prämiert werden, sind daher eine naheliegende, aber problematische Lösung. Ein lokaler, für die universitäre Medienwissenschaft vielleicht sogar exklusiver Grund ist eine mangelnde Reflexion des Verhältnisses von Theorie und Praxis. In der Lehre selbst werden, wie unsere Interviews gezeigt haben, durchaus differenzierte Beschreibungen gegeben, die auf curricularer Ebene aber selten integriert werden.

Wie auch in der Diskussion um den *practice turn* immer wieder angemahnt, gilt es dabei, nicht dem scholastischen Fehlschluss aufzusitzen, Theorie als einen der Praxis enthobenen Bereich aufzufassen.[1] Theoretisieren ist, so unsere erste, auch auf die Interviews zurückgehende Schlussfolgerung, selbst eine Praxis; ‹Theorie und Praxis› ist folglich «eine Distanzrelation zweier sozialer Praktiken».[2] Häufig ist damit die «epistemologische Differenz von Theorie und Empirie» gemeint.[3] Wenn das für die Medienwissenschaft der Fall ist, müssten wir konsequenterweise davon ausgehen, dass es uns nicht um Praxisbereiche, sondern um Empiriebereiche geht, oder – terminologisch näher – um *Medienforschungspraxis*. In der Tat wäre dies eine Option, Medienpraxisbereiche in Medienforschungspraxisbereiche weiterzuentwickeln; sicher nicht die einzige, aber eine gangbare, zumal damit auf der bestehenden ‹Medienpraxis› aufgebaut werden kann.

Medienempirisch grundierte Lehre hat auch ‹medienpraktische› Anteile im hergebrachten Sinne: Interviewformate, Videografien, digitale Methoden, Programmierübungen,

Reverse Engineering, das Lesen von Quelltext und vieles mehr. Dies kann prinzipiell von wissenschaftlichem Personal gelehrt werden, weil es unser Kerngeschäft betrifft, insofern es sich um Forschungspraktiken von Medienwissenschaftler*innen handelt. Wie können wir also medienpraktische und -empirische Bestandteile besser in Veranstaltungen integrieren, die im Curriculum nicht als Praxislehre tituliert sind? Brauchen wir überhaupt Praxismodule, wenn wir Praxis auf diese Weise in die Lehre einbauen? Wie könnten Open Educational Resources aussehen, die solche Inhalte in Form von kleinen Übungen oder Lehrbausteinen bereitstellen, die dann in anderen Lehrveranstaltungen für eine andere Einbindung solcher Praxis genutzt werden können?

Wenn das Problem immer wieder die Art und Weise der Unterscheidung zwischen Theorie und Praxis ist, lässt sich noch eine zweite Schlussfolgerung ziehen, die auch durch die Befragungen im Rahmen unseres Projekts gestützt wird: An Film-, Kunst- und Fachhochschulen wird das diagnostizierte Problem nicht oder kaum artikuliert. Die Bestimmung der begrifflichen Differenz zwischen Theorie und Praxis hat dort einen konstitutiven, im institutionellen Rahmen regulär praktizierten Status: Qualifizierend für eine Professur an diesen Hochschulen ist in der Regel neben einer Promotion eine mehr oder weniger umfangreiche ‹Praxiserfahrung›. Theorie steht an Film-, Kunst- und Fachhochschulen deshalb allein schon personell grundsätzlich im Kontext von ‹Praxis›. Wenn an den Hochschulen für angewandte Wissenschaften das Theorie-Praxis-Problem dadurch gelöst wird, dass sie praxisrelevante Theorie anbieten – müssten dann nicht die Universitäten theorierelevante Praxis lehren? Wie könnte solche Lehre aussehen und wie verhält sie sich zu den Erwartungen, die an sie gestellt werden? Was muss Theorie leisten, um selbst praxisförmig gelehrt zu werden? Was sind Unterschiede zwischen *Medienempirie* und *theorierelevanter Praxis*? Und ließe sich beides als *Medienforschungspraxis* zusammenfassen?

Eine dritte Schlussfolgerung wäre, die Theorie-Praxis-Diskussion der Soziologie auf die Medienwissenschaft zu beziehen. Diese Diskussion lief unter dem Vorzeichen der «Verwissenschaftlichung einer unwissenschaftlichen Welt»; Ziele waren Popularisierung, Implementation und Transfer sozialwissenschaftlichen Wissens.[4] Niklas Luhmann kommentierte in diesem Kontext, dass dabei ein Missverständnis hinsichtlich dessen vorliege, was Wissenschaft tue. Diese könne «Alltagsrelevanz gar nicht riskieren», da ihre Probleme grundlegend andere seien als die von «Gesellschaft».[5] Der soziologische Lösungsvorschlag lief auf eine «gepflegte Differenz»[6] oder «gepflegte Distanz»[7] hinaus, also auf ein Verhältnis zwischen Theorie und Praxis, das Pflege verlangt, die ein Fach zu leisten hat, d. h. differenzierende, aber auch einübende Aufmerksamkeit.

Wir können unsere Problemdiagnose vor diesem Hintergrund reformulieren: ‹Theorie und Praxis› bezeichnet in deutschsprachigen universitären Studiengängen der Medienwissenschaft eine ungepflegte Differenz. Es gibt gute Gründe für ungepflegte Differenzen, mitunter gibt es auch gute Gründe, ungepflegte Differenzen nicht zu thematisieren. Für die Lage der Medienpraxis an deutschsprachigen Universitäten ist das nicht der Fall. Wie kann also die Medienwissenschaft angesichts ihrer sehr unterschiedlichen tradierten Praxisbegriffe diese Differenz pflegen? Was ist die Lehre, die wir aus unserer Praxis ziehen?

1 Vgl. Gregor Bongaerts: Soziale Praxis und Verhalten – Überlegungen zum Practice Turn in Social Theory, in: *Zeitschrift für Soziologie*, Bd. 36, Nr. 4, 2007, 246–260, hier 254 f., doi.org/10.1515/zfsoz-2007-0401.

2 Ebd., 254.

3 Jörg Volbers: Theorie und Praxis im Pragmatismus und in Praxistheorie, in: Thomas Alkemeyer, Volker Schürmann, Jörg Volbers: *Praxis denken. Konzepte und Kritik*, Wiesbaden 2015, 193–214, hier 196, doi.org/10.1007/978-3-658-08744-9_9.

4 Stephan Wolff: Wie kommt die Praxis zu ihrer Theorie? Über einige Merkmale praxissensibler Sozialforschung, in: Herbert Kalthoff, Stefan Hirschauer, Gesa Lindemann (Hg.): *Theoretische Empirie. Zur Relevanz qualitativer Forschung*, Frankfurt / M. 2008, 234–259, hier 234 f.

5 Niklas Luhmann: *Die Wissenschaft der Gesellschaft*, Frankfurt / M. 1990, 325 f.

6 Wolff: Wie kommt die Praxis zu ihrer Theorie, 237.

7 Ebd., 255.

MEDIENPRAXISLEHRE IN DER MEDIENWISSENSCHAFT
Empirie und Exploration

von PAUL HEINICKER, ARMIN BEVERUNGEN, PAUL HOFFSTIEPEL, MACE OJALA und ANTONIA WULFF

Wer denkt Medienpraxis? Wann ist Medienpraxis? Für wen ist Medienpraxis? Solche Fragen nach dem Ort und der Integration der Medienpraxis in medienwissenschaftliche Studiengänge sind das zentrale Anliegen des Projekts *Medienpraxiswissen* an der Ruhr-Universität Bochum. Die Ergebnisse unserer empirischen, datenanalytischen und durch Interviews begleiteten Forschung zu diesen Fragen möchten wir in diesem Text vorstellen. Sie geben Aufschluss über den Status quo medienpraktischer Lehre im deutschsprachigen Raum und deuten an, in welche Richtung zukünftige Entwicklungen gehen könnten.

Der erste Schritt des Projekts bestand darin, zu untersuchen, wie Medienpraxis bisher konzipiert und realisiert wurde. Vor Ort am Institut für Medienwissenschaft in Bochum starteten wir mit ersten Flurgesprächen und einer Recherche zur mehr als 20-jährigen Geschichte des Moduls Medienpraxis. Aus den abgeleiteten Daten (die meisten Daten wurden erst nachträglich erstellt, denn es gibt bis auf die Vorlesungsverzeichnisse keine etablierte Archivierungspraxis) entstand eine Datenvisualisierung, die schon erste Hinweise auf die institutionelle Dynamik der Medienpraxis zumindest in Bochum gab: Über 80 Prozent der Veranstaltungen werden von externen Lehrkräften getragen, nur zwei Professor*innen haben dieses Modul überhaupt jemals gelehrt, und von allen Kursen thematisieren fast zwei Drittel audiovisuelle Medien. An der auf der Projekt-Homepage abrufbaren Visualisierung werden aber auch Tendenzen, Kontinuitäten und Moden medienpraktischer Lehre deutlich (etwa zwei Hochphasen von Lehre zu digitalen Medien Anfang der 2000er Jahre und seit 2015), die in einem nächsten Schritt mit Daten anderer Institute verglichen werden könnten.[1]

Auf Grundlage dieser ersten Beobachtungen entstand der Impuls, anderen Narrativen und Modellen der Medienpraxis vergleichend zu begegnen. Dazu haben wir bisher 27 Interviews mit Dozierenden verschiedener Institute im deutschsprachigen Raum geführt, an denen medienpraktische Lehre angeboten wird. Im Fokus standen hier ‹klassische› Studiengänge der Medienwissenschaft, interdisziplinäre (zumeist Master-)Studiengänge sowie Angebote an Gestaltungs- und Kunsthochschulen mit medientheoretischen Schwerpunkten.

Auf personeller Ebene haben wir mit Promovierenden, Lehrenden aus dem Mittelbau, Professor*innen und Initiator*innen von Studiengängen gesprochen.

Zusätzlich haben wir alle auf der von der Gesellschaft für Medienwissenschaft angebotenen Webseite *medienwissenschaft-studieren.org* gelisteten BA-Studiengänge auf Medienpraxis-Inhalte hin durchsucht. Dabei stützt sich unsere Analyse auf Studienordnungen, Modulhandbücher, Studienverlaufspläne und Webauftritte der Studiengänge – und hier somit auf die formelle Darstellung der Studiengänge, die die reflektierten, teils anekdotischen Berichte und Erzählungen aus den Interviews ergänzt und flankiert. Auf Grundlage dieser Zugänge wollen wir einen ersten groben Überblick über die derzeitige Situation der Medienpraxislehre in Deutschland erstellen.

Über Medienpraxis sprechen

Ein erster Befund aus unseren Interviews war: Es ist gar nicht so einfach, Gespräche über Medienpraxislehre zu initiieren. Gerade unsere ersten Einladungen trafen zwar auf allgemeines Interesse, aber oftmals merkten die Angesprochenen an, dass sie nichts zu dem Problem sagen könnten oder gar sagen wollten, weil die Theorie-Praxis-Spannung am eigenen Institut so festgefahren sei. Über eine Schneeballstichprobe konnten wir dennoch Interviewpartner*innen gewinnen. Um eine offene Gesprächsatmosphäre bei einem persönlichen Treffen oder per Zoom zu schaffen, wurden Gespräche nicht aufgenommen und die im Ansatz teilstrukturierten Interviews wurden relativ informell geführt. Es besteht also Gesprächsbedarf, bestimmte Bedingungen erschweren jedoch den fachlichen Austausch.

Eine solche Bedingung ist die große Vielfalt an Verständnissen von Medienpraxis, die auch in unseren Interviews deutlich wurde. Aussagen reichten hier von «Theorie ist ein grundlegend anderer Ansatz als Praxis» bis hin zu «Praxis ist auch Theorie». Die heutige Medienwissenschaft hat diverse Praktiken und Praxisverständnisse von verschiedenen Disziplinen, aus denen sie hervorgegangen ist, also von Kommunikationswissenschaft, Publizistik, Philosophie, Germanistik, Musik-, Film- und Theaterwissenschaft, Gestaltung usw., übernommen und weiterentwickelt. Weder in der Forschung noch in der Lehre sind die Verhältnisse von Theorie, Praxis und Medien dabei immer expliziert. Innerhalb der Medienwissenschaft wurden Relationen von Medien und Praxis immer wieder neu verhandelt: von einer vom medialen Apriori geprägten Praxis über Medien als Praktiken in der Kulturtechnikforschung und den aktivistischen Cultural Studies geprägten Ansätzen bis hin zur Medienpraxeologie.

Diese Vielfalt an Konzepten von Medienpraxis spiegelt sich unseren Recherchen zufolge nur bedingt in der Medienpraxislehre wider. Ob durch Verweigerung des Transfers oder aus anderen Gründen: Oftmals erscheint die Differenz zwischen Theorie und Praxis sowohl auf fachwissenschaftlicher als auch institutioneller Ebene nicht besonders ‹gepflegt›. Es schien uns zumindest so, als ob nur wenige kollegiale, kaum institutionalisierte Gespräche über die Inhalte von und Ansätze zu Medienpraxislehre stattfinden, zumindest an den verschiedenen Orten, an denen unsere Interviewpartner*innen lehren. Unsere Interviewpartner*innen waren demnach vornehmlich die Kolleg*innen, die sich mit medienpraktischer Lehre befassen und insofern eher eine Affinität für ein ‹gepflegtes› Theorie-Praxis-Verhältnis zeigten. So sind auch unsere hier präsentierten Einsichten dementsprechend von einer generellen Offenheit und Problematisierungslust geprägt.

Im weiteren Dialog mit unseren Interviewpartner*innen fanden sich viele biografische Erzählungen, die Ambitionen einzelner

Akteur*innen mit hochschulpolitischen Realitäten innerhalb einer wissenschaftlichen Rahmung verbinden. Das sich aus den Biografien ergebende Engagement für Medienpraxislehre steht dabei offensichtlich oft im Konflikt zu den formellen Rahmenbedingungen für Medienpraxislehre, die durch Studienordnungen vorgegeben sind; Freiräume müssen hier gesucht und erkämpft werden. Während wir in der Analyse der Studiengänge und der Interviews auf unterschiedliche Muster gestoßen sind, möchten wir hier zwei wesentliche Aspekte fokussieren: Erstens besteht das *strukturelle* Problem der curricularen Einbettung der Medienpraxislehre in den Studienaufbau. Zweitens stellt sich die Frage der *Ausrichtung* von Medienpraxislehre. Hierzu haben sich vier Herangehensweisen aus den Interviews kristallisiert: *Berufsfeldlehre*, *medientechnische Ausbildung*, *Medienreflexivität* und *Wissenspraxis*.

Strukturen

An Universitäten besteht prinzipiell das strukturelle Problem, wie medienpraktische Lehre in vorwiegend theoretisch ausgerichtete Studiengänge der Medienwissenschaft integriert werden soll. Durch die Analyse von im deutschsprachigen Raum angebotenen BA-Studiengängen wurden verschiedene Lösungen sichtbar: dezidierte Praxismodule, praktische Modulelemente, Projektmodule, Praktika sowie extracurriculare Angebote. In unserer Auflistung sind dezidierte Praxismodule das Mittel, das am häufigsten gewählt wurde, um Medienpraxislehre in Studiengängen zu verankern. Es gibt nur wenige Studiengänge – je nachdem, wie man Medienpraxislehre formell definiert,[2] bis zu fünf –, die nominell ohne dezidierte Praxismodule auskommen. Seltener als in dezidierten Praxismodulen ist Medienpraxislehre als Teil von theoretischen Modulen vorgesehen, auch wenn hier im Lehralltag – so zeigen unsere Interviews an – wohl häufiger von den entsprechenden Vorgaben abgewichen werden kann.

Unserer Recherche nach sind Praktika fast immer möglich; oft sind sie durch Studienordnungen vorgegeben. Allerdings sind sie oft nicht Teil des Fachs, sondern in anderen Elementen der Studiengänge verankert, wo zusätzlich auch noch andere Angebote der Berufsorientierung oder Professionalisierung angesiedelt sind. Nur selten sind Praktika in fachliche Praxismodule integriert oder können dort Praxisseminare ersetzen. Ob Praktika organisatorisch vom Fach betreut und so integriert werden, bleibt hier eine offene Frage. An vielen Standorten stehen für Medienpraxislehre besondere Räumlichkeiten wie Medienlabore zur Verfügung, und an vielen Standorten werden auch extracurriculare Aktivitäten etwa in Radio- oder Fernsehsendern oder auch im Theater angeboten, die oft studentisch organisiert und nur selten im Studienablauf eingebunden sind (z. B. als praktische Modulelemente).

In den von uns geführten Gesprächen wurden die großen Unterschiede im Aufbau medienwissenschaftlicher Studiengänge deutlich, die auf standortspezifische Besonderheiten reagieren (oder sie hervorbringen). Das Ausmaß medienpraktischer Anteile an den Studiengängen und ihre Organisation wird unterschiedlich gehandhabt. Nicht selten beschränkt sich der Anteil der Medienpraxislehre formell auf 9 oder 10 ECTS, üblicherweise auf ein Modul mit zwei Elementen (Seminar, Übung). Wenn Medienwissenschaft in einer kleinen Variante als Teil eines 2-Fach-BAs oder als Nebenfach gewählt wird, kann Medienpraxis oft ganz abgewählt werden. In manchen Fällen werden aber auch mehrere Module angeboten; wenn Praktika und andere Elemente hinzukommen, werden bis zu 30 ECTS in der Medienpraxislehre abgeleistet, selten auch noch wesentlich mehr (50 ECTS oder mehr). Praxisanteile sind erwartbarerweise besonders in künstlerischen oder gestalterischen Studiengängen ausgeprägt. Medienpraxislehre ist also für fast alle Studiengänge wesentlicher Teil des Angebots, in vielen macht sie auch einen quantitativ großen Teil der Lehre aus. Dabei scheint Medienpraxislehre jedoch nur an wenigen Standorten integriert: Meist verweisen einzelne Module nicht aufeinander und bauen auch nicht aufeinander auf.

Unsere Interviews haben bestätigt, was die Studienordnungen und Darstellungen der Studiengänge bereits andeuten: Medienpraktische Lehre ist oft schlecht in Curricula einbezogen, denn es gibt kaum Verweise zwischen theoretischen und praktischen Studienelementen. Teilweise – das wäre genauer zu ergründen – scheint dies auch ein Schutzwall gegen die «Neoliberalisierung der Universität» zu sein, in der «wirtschaftsnahe» Praxis gegenüber Theorie privilegiert wird, wie ein*e Interviewpartner*in berichtete. Nur an einer Handvoll Studienorten scheint Medienpraxislehre formell gut integriert, weil z. B. Praxiselemente in theoretischen Modulen zusammengeführt sind, Module aufeinander aufbauen und verweisen und/oder Praktika curricular eingebunden sind. Doch unsere Interviews belegen, dass die alltägliche Lehre mit einer «klaren Trennung in Personal und Inhalt» vom Rest des Studiengangs vonstatten gehen kann. Die große Mehrheit der Studiengänge setzt formell also auf eine Trennung von Theorie und Praxis in der Lehre, wobei Medienpraxis, so berichteten einige Interviewpartner*innen, von Studierenden im besten Fall als Bereicherung des Curriculums, im schlimmsten Fall als abgetrennte Lernerfahrung oder «Ablenkung» von den «eigentlichen» Studieninhalten wahrgenommen wird.

Neben der curricularen Trennung sind in unserer Recherche zwei weitere, sich auch mit unseren institutionellen Erfahrungen deckende Aspekte aufgetreten, die die Integration von Theorie und Praxis weiter erschweren: Erstens wird die Differenz zwischen Theorie und Praxis in der Lehre auch in ihrer personellen Besetzung sichtbar: Diese Einheiten werden in großen Teilen vom Mittelbau – z. B. entfristeten Lehrkräften für besondere Aufgaben, aber auch nicht-entfristeten wissenschaftlichen Mitarbeiter*innen – und besonders von externen Lehrbeauftragten getragen. «Wir müssen es [die Medienpraxislehre] nicht selber machen, zum Glück», ist ein Satz, der sinngemäß nicht nur einmal gefallen ist. Nur in Ausnahmefällen tragen Professor*innen zur Medienpraxislehre bei. Gerade externe Dozierende haben jedoch kaum Einsicht bzw. kommen schlecht in den Dialog mit den restlichen Inhalten des Studiums, weswegen sich ihre Lehre eher als optionale Ergänzung positionieren kann. Diese personelle Trennung ist nur schwer zu überbrücken, z. B. durch das Engagement eines vermittelnden und organisierenden Mittelbaus. Lehrbeauftrage sind aufgrund der prekären Arbeitsbedingungen schwer zu gewinnen und zu halten, sodass selbst produktive Lehrsituationen oft nicht über mehrere Semester fortgeführt werden können.

Zweitens zeigte sich in unserer Recherche eine Kluft zwischen historisch etablierten Ausprägungen der Medienpraxislehre und Entwicklungen in der Medientheorie und -praxis. In nicht wenigen Studiengängen ist die Medienpraxislehre auch formell schon stark vordefiniert, z. B. wenn Module dezidiert für Film oder Radio ausgewiesen werden. An Standorten, die auf Traditionen der Publizistik und Kommunikationswissenschaft aufbauen, spielt die Trias von (Bewegt-)Bild, Ton und Schrift, oft übersetzt in Film oder Fernsehen, Radio oder Sound und Zeitung oder Journalismus, eine bedeutende Rolle. An Standorten mit einer Geschichte in der Film- oder der Theaterwissenschaft spielt oft der Film respektive das Theater eine dominante Rolle. Diese Fokussierungen mögen nicht nur historisch gewachsen, sondern weiterhin gewollt sein; sie schließen jedoch praktisch anders gefasste medienpraktische Angebote aus – auch weil z. B. Labore für Film oder Ton, viel seltener aber für Virtual Reality oder Datenanalyse existieren.

In einigen Interviews und auch in einigen Selbstdarstellungen von Studiengängen wird bemerkt, dass Medienberufe einem ständigen Wandel unterliegen und das Lehrangebot daran angepasst werden muss. Trotzdem gibt es vergleichsweise wenige in den Curricula verankerte Angebote zum Web oder zu sozialen Medien, zu Game Studies oder zum Programmieren, um nur ein paar Beispiele zu nennen. Uns scheinen diese Verfestigungen daher meist nicht ‹gepflegt›, auch weil Angebote nicht systematisch oder konsequent auf diese Entwicklungen einzugehen scheinen. So berichten einige Interviewpartner*innen sinngemäß, dass in der Weiterentwicklung der Angebote eher unstrukturiert «gedaddelt» wird. Auch gegenüber einer Medientheorie, die mit einem produktiv offengehaltenen Medienbegriff verschiedenste mediale Phänomene oder auch medientechnische Entwicklungen wie das Internet der Dinge, virtuelle Umwelten oder künstliche Intelligenz fokussiert, scheint die Medienpraxislehre sowohl auf curricularer Ebene als auch in der Lehrpraxis eher verschlossen. Wie mit diesen Entwicklungen an einzelnen Standorten umgegangen wird, bleibt hier eine offene Frage; durch die Interviews wurde jedoch sehr deutlich, dass in dieser Hinsicht wenige institutionelle Verhandlungen stattfinden.

Ausrichtungen

Wie Medienpraxis verstanden wird, hat Konsequenzen für die institutionelle Praxis. Medienpraxis als grundsätzliche Leitidee der Lehre zu diskutieren war ein wesentlicher Schwerpunkt vieler unserer Gespräche. In einer Art Schematisierung haben wir vier wiederkehrende konzeptionelle und pädagogische Ausrichtungen ausmachen können, die sich nicht zwingend ausschließen: Medienpraxislehre als *Berufsfeldlehre*; als *medientechnische Ausbildung*; als die Herstellung einer *Medienreflexivität*; und ein integriertes Verständnis von Medienpraxis als *Wissenspraxis*.

Berufsfeldlehre

Unter dem Stichwort Berufsfeldlehre verstehen wir einen Medien-Studiengang, der vermeintlich einen Beruf in der Medienbranche verspricht. Dies steht vor dem Hintergrund, dass medienwissenschaftliche Studiengänge immer noch – auch aus universitätspolitischen Gründen – als berufs- und praxisorientiert beworben werden, um Studierende anzuziehen, die «etwas mit Medien» machen wollen. Medienpraxis bedeutet hier eine Lehre mit dem Ziel, Studierende auf eine bestimmte Medienindustrie vorzubereiten bzw. sogar schon im Studium Kontakte dorthin zu ermöglichen. Eine berufsvorbereitende Medienpraxis, die mehr in kulturell-wirtschaftliche Praktiken als in konkrete Medientechniken einführt, hat vor allem das Ziel, möglichst viele Absolvent*innen beruflich abzusichern. Dieser Ansatz ist zumindest formell weit verbreitet, da alle Studiengänge den Anspruch der Berufsorientierung bedienen müssen, und wird z. B. durch Lehrbeauftragte aus den Medien- und Kulturbranchen vertreten. Dabei scheint dieser Ansatz selten aus der Medienwissenschaft selbst heraus entstanden zu sein und wird dort oft angefochten. In einigen Interviews wurde das berufspraktische Versprechen von medienwissenschaftlichen Studiengängen sogar als «Ursünde» des Fachs und als »Etikettenschwindel» bezeichnet, weil es nie eingelöst werden kann. Eine Medienwissenschaft, die als ein «Problematisierungsverfahren», das «kein Problemlösungsversprechen» liefert,[3] verstanden wird, steht in einem grundsätzlichen Konflikt mit einer berufsbildenden Medienpraxislehre.

© Paul Heinicker

In unseren Gesprächen sind zwei besondere Aspekte dieser Herangehensweise aufgefallen. Erstens ergibt sich bei der Fokussierung auf Berufsfelder eine einfache Frage: Welche sind damit gemeint? Neben klassischen Berufen wie Journalismus oder Medienproduktion wird in den Selbstbeschreibungen der Studiengänge eine Vielzahl von (imaginiert) relevanten Berufsfeldern genannt, etwa Eventorganisation, Kulturmanagement, Kurator*innentätigkeit, Marktforschung, Medienpädagogik, Öffentlichkeitsarbeit oder Webdesign. Diese Berufe sollen sowohl in Medienbranchen als auch in verschiedenen Kulturindustrien sowie der Unternehmensberatung oder Werbeindustrie ausgeübt werden können. Nur selten wird Studierenden explizit kommuniziert, dass das universitäre Studium keine Berufsausbildung darstellt. Gleichzeitig soll das Studium für ein breites Berufsfeld qualifizieren; dabei wird die Notwendigkeit zusätzlicher Qualifikationen sehr selten erwähnt. Die Berufsfeldorientierung – wie sie in der Selbstdarstellung, teilweise auch in Praxismodulen formuliert wurde – schien uns selten systematisch konzipiert; oft scheinen Berufsfelder mehr oder weniger arbiträr oder lokal kontingent ausgewählt. Auch Interviewpartner*innen wiesen auf diesen Zustand hin.

Zweitens ergibt sich die Frage nach den Zielen und Erwartungen dieser berufsorientierten Medienpraxislehre: Dient sie als Schnupperkurs, damit Studierende z. B. Software für Filmschnitt «schon mal gesehen» haben? Oder wird sich an Industriestandards orientiert, damit Studierende gleich als Editor in den Beruf einsteigen können? Sollen rein technische Kenntnisse und/oder zusätzliche Kompetenzen in Organisation oder Kommunikation vermittelt werden? In unseren Interviews bekamen wir hierzu verschiedenste und dabei oft pragmatische Antworten; in den Studienangeboten scheinen diese Fragen oft nicht geklärt. Gleichzeitig wird Studieninteressierten eine Vielzahl von Kompetenzen versprochen: analytische, beratende, bewertende, gestaltende, kommunikative, konzeptionelle, organisatorische, produzierende, redaktionelle, schöpferische oder auch (kultur- oder wissens-)vermittelnde. Die Medienpraxislehre wird von diesen Versprechen vorgeprägt. Den Gesprächen mit unseren Interviewpartner*innen nach zu urteilen, wird mit der Anforderung zur Berufsorientierung meist pragmatisch umgegangen, indem z. B. die Vermittlung von technischen oder organisatorischen Kompetenzen betont wird; auch die teils überspannten Versprechen an Studieninteressierte verblassen vermutlich im Lehralltag.

Medientechnische Ausbildung

Eine ähnlich berufsvorbereitende, aber konkret medientechnische Herangehensweise findet sich in diesem zweiten Modell. Hier liegt der Schwerpunkt auf der Vermittlung medienhandwerklicher Fertigkeiten, etwa Expertise in Bild-, Video- und Tonbearbeitung oder (wesentlich seltener) in Programmierung und im Umgang mit ihren jeweiligen (Software-)Werkzeugen. Die medientechnische Ausbildung stellt die am stärksten institutionalisierte Herangehensweise an Medienpraxislehre dar, denn sie löst das Versprechen der Berufsbildung zumindest teilweise ein und korrespondiert weitgehend mit einem Selbstverständnis der Medienwissenschaft, gemäß dem medientechnische Kompetenz auch zur wissenschaftlichen Ausbildung gehört. So wird in vielen Teilen der Medienwissenschaft angenommen, dass eine praktische, handwerkliche Auseinandersetzung mit technischen Medien sogar unabdinglich für eine medienwissenschaftliche Praxis ist. Auch wenn z. B. ein medienarchäologisches Nachspüren technologischer Operationen im Archiv nicht unbedingt ‹alltagstauglich› ist.

Es besteht dabei also (weiterhin) eine Spannung zwischen den Anforderungen einer wissenschaftlichen und beruflichen Praxis. Zwischen der Idee des *critical making* oder Filmschnitt als kritischer Praxis und berufsqualifizierenden Fähigkeiten besteht eine wichtige Differenz, die für das Selbstverständnis von Studiengängen konstitutiv sein kann. In unseren Interviews wurde deutlich, dass unterschiedliche Ansätze koexistieren, die zwischen Berufsausbildung und Wissenspraxis angesiedelt sind. Auch hier treffen verschiedene Ansprüche aufeinander, insbesondere was das Niveau der zu vermittelnden handwerklichen, medientechnischen Fertigkeiten betrifft. Aus den Interviews ergibt sich der Eindruck, dass in einer spielerischen Vermittlung einiger grundlegender Kenntnisse, den Studierenden Medientechniken in ihrer Materialität nahegebracht werden sollen. Die Medienpraxislehre wurde sinngemäß öfter als produktives «fortschreitendes Scheitern» beschrieben. Nur an einigen Standorten, an denen Medienpraxislehre besonders ausgeprägt oder besonders auf bestimmte Medientechniken oder Berufsfelder fokussiert ist, werden höhere Erwartungen und Ansprüche bezüglich der praktischen Fähigkeiten und medientechnischen Kompetenzen der Studierenden formuliert.

Unsere Interviews haben einige Lehrangebote zum Vorschein gebracht, die diesen Ansatz stärken und erweitern, gerade über eine Berufsfeldorientierung hinaus. Hervorzuheben sind aus unserer Sicht insbesondere Ansätze, die man einer ‹Hacker-Ethik› zuordnen könnte, wie sie z. B. Christopher M. Kelty mit dem Begriff der «recursive publics» beschrieben hat[4] und wie sie in den Digital Humanities Anklang findet. Die reflexive Aneignung und Öffentlichmachung von Computer-Software und -Hardware steht hier im Mittelpunkt einer Medienpraxis, die lehrt, dass Medien nicht verschlossen bleiben müssen und anders gestaltet werden können.

Medienreflexivität

Im Gegensatz zu den zwei vorherigen Modellen beschrieben manche unserer Interviewpartner*innen eine Herangehensweise, die nicht auf eine (Berufs-)Qualifikation abzielt, sondern auf die Hervorbringung einer medienreflexiven Haltung. Es geht hierbei nicht um Berufsfelder oder Umsetzungsexpertisen, sondern um ein kritisches Anwendungswissen – ein Denken mit und in Medien. Im Zentrum dieser Lehre steht dann nicht der Zugang zu Medienzusammenhängen, sondern die Selbstermächtigung über sie: ein «kritisches Individuum» das sich seiner «eigenen Agency bewusst» wird. Es wird kein Handwerk gemeistert, sondern eine Praxis situiert und ein Spektrum aufgezeigt. Trotzdem kann das vermittelte Wissen eine Berufsorientierung ergänzen, so wie im Sinne einer *liberal arts education* Reflexionswissen Anwendungswissen bereichern kann. Jedoch geht dieser Ansatz mit der Annahme, dass Medienreflexivität nicht nur im Beruf, sondern in vielen Bereichen des alltäglichen Lebens gebraucht wird, über eine Berufsorientierung hinaus. Auch Philip Agres «critical technical practice», um ein öfter zitiertes Beispiel zu nennen, sprengt die Grenzen einer eng gefassten berufsorientierten Medienpraxis.[5]

Gleichzeitig entfernt sich die Medienpraxislehre hier potenziell von medientechnischen, handwerklichen Medienpraktiken, z. B. wenn Theorie im Sinne Gilles Deleuze' selbst als die Produktion von Konzepten und somit als gestalterisch oder kreativ verstanden wird.[6] Medienpraxislehre kann in diesem Sinn aus medientheoretischer Reflexion mit wenig Nähe zu technischen Medien und ihren Praktiken bestehen, was die Differenz zwischen Theorie und Praxis wieder aufruft. Gleichzeitig öffnet sich die Medienpraxislehre hier sozialen, politischen und ökonomischen Fragestellungen sowie einer bestimmten gestalterischen Haltung, was durchaus eine Bereicherung der Medienpraxislehre in ihrer Vielfalt darstellt. Hier besteht das Potenzial, dass Medienpraxislehre und Medientheorie sich enger miteinander verzahnen, aber auch die Gefahr, dass Medienpraxislehre sich von Medientechniken entfernt.

Wissenspraktiken

Viertens brachten unsere Gespräche Versuche zum Vorschein, Medienpraxis und ihre Lehre als Wissenspraxis zu begreifen, sie somit aufzuwerten und in die Praxis des wissenschaftlichen Alltags zu integrieren. «Wir produzieren unsagbar viel Wissen im Üben», war eine für diesen Ansatz beispielhafte Aussage. Als Vorbild dienten hier teilweise die Science and Technology Studies, insbesondere deren Verständnis der Integration von Theorie und Praxis in Wissenschaft und Technik sowie die Aufwertung gestalterischer und schaffender Arbeit. Aufgegriffen wird solch ein Verständnis z. B. in den Digital Humanities oder auch den Applied Media Studies;[7] praktiziert wird es etwa in verschiedenen Labs, in der deutschsprachigen Medienwissenschaft z. B. im Berliner Signallabor, im Baseler Critical Media Lab oder im Bochumer Virtual Humanities Lab. Ein Labor dient dabei nicht nur als Ort der Forschung oder der Gestaltung, sondern auch als Ort der Lehre, die eng mit den anderen wissenschaftlichen Praktiken verknüpft ist. Auch das Experimentieren und Scheitern steht hier mehr als in den anderen Ansätzen im Vordergrund, ebenso wie das Gestalten im Gegensatz zum Verstehen oder Nutzen. Das Labor bietet eine «spielerische und experimentelle Nähe von Praxis und Theorie».[8]

Auch Ansätze der «poor media» nach Johanna Drucker, die nach dem Motto «Wir machen das jetzt einfach mal» verfahren, könnten hier eingeordnet werden:[9] Der Ausgangspunkt, dass für die medienpraktische Arbeit und in ihr alle technischen Medien, wie z. B. Plattformen für Bildsammlungen, selbst kreiert werden können und müssen, stellt einen konkreten Zugang zum medienpraktischen Arbeiten mit Medien dar. Durch die Integration von Medienpraxislehre in medienwissenschaftliche Praxis wird so das Verhältnis von Medientheorie und -praxis ‹gepflegt›.

Welche Pflege?

Medienpraxislehre, so kann ein vorläufiges Fazit unserer Befragungen und Recherchen lauten, ist eine vernachlässigte Praxis. Insofern bestätigen unsere Ergebnisse in vielerlei Hinsicht die Intuitionen einer ‹ungepflegten› Relation. Gleichzeitig ergibt sich ein durchaus differenziertes Bild, in dem sich auf vielfältige Weise um Medienpraxislehre gesorgt wird. Die strukturelle und inhaltliche Ausrichtung der medienwissenschaftlichen BA-Studiengänge im deutschsprachigen Raum kann hier auch als ein Symptom gelesen werden: eines der Aufwertung von Theorie gegenüber Praxis im Fach, der eingeforderten Berufsorientierung, die das Fach oft nicht ernst nimmt und auf die es mit der Verschiebung von Arbeit und Verantwortung vom Professorium hin zum Mittelbau und den Lehrbeauftragten antwortet. Um diesen Zustand zu ändern, wären also weitreichendere Veränderungen notwendig, die nicht nur die Medienpraxislehre, sondern auch grundsätzlich Hochschulstrukturen betreffen, z. B. die Arbeitsverhältnisse und Bewertungsmechanismen.

Gravierender scheint uns allerdings, dass das Fach nur selten eingehend auf die externen Anforderungen an die Medienpraxislehre reagiert. Die Pragmatik, mit der Medienpraxislehre an vielen Standorten umgesetzt wird, soll nicht unterschätzt werden; trotzdem ist es verwunderlich, dass nur selten konkrete Konzepte vorliegen, in denen Medienpraxislehre systematisch und konsequent durchdacht, geplant und damit praktiziert wird. In den Interviews wurde deutlich, dass sowohl auf institutioneller Ebene (Institute, Seminare) als auch auf fachlicher Ebene (z. B.

in der Gesellschaft für Medienwissenschaft) ein Austausch nötig ist, der Medienpraxislehre in ihren Transformationen begleitet und sich nicht auf eine unbestimmte Differenz von Theorie und Praxis versteift. Dies stünde im Kontrast zur informell geführten Debatte um den «Etikettenschwindel» der Studiengänge, die weiterhin eine Berufsausbildung – mit mehr oder weniger expliziten Einschränkungen – versprechen, ohne den so geweckten Erwartungen gerecht werden zu können.

Die verschiedenen grob skizzierten Herangehensweisen bieten jeweils Ansätze für solch eine Debatte. Sie verhandeln das Selbstverständnis des Fachs in Relation zur Berufswelt und zu einer sich ständig wechselnden Medienlandschaft. Während die Berufsfeldlehre fachlich umstritten, aber pragmatisch am weitesten verbreitet ist, bietet die medientechnische Ausbildung einen ersten Ausblick darauf, wie externe Anforderungen zur Berufsorientierung mit fachlichen Anforderungen in Einklang gebracht werden könnten. Medienpraxislehre mit dem Ziel der Medienreflexivität oder sogar als integraler Bestandteil einer Wissenspraxis eröffnet weitere Perspektiven, wie das Verhältnis von Theorie und Praxis auf verschiedene Weisen ‹gepflegt› werden könnte. Alle Herangehensweisen bieten in ihren jeweiligen lokalen Umsetzungen, die wir aus der Distanz beobachten konnten, ihre eigenen Widersprüche und Grenzen, die zu diskutieren sind. Unsere Interviews dienten als erste Einladung zu einem Gespräch über Medienpraxislehre, das in dieser Debatte hoffentlich fortgesetzt werden wird.

—

1 Die Visualisierung ist online aufrufbar unter medienpraxiswissen.rub.de/ifm; die Daten und den Code stellen wir über GitHub zur Weiterverwendung zur Verfügung.

2 Z. B. gibt es viele Module für Medienanalyse, die man durchaus als medienpraktische Module begreifen und auch so lehren kann, die in der Regel in den Curricula allerdings von anderen Praxismodulen differenziert und getrennt sind.

3 Claus Pias: Was waren Medien-Wissenschaften?, in: ders. (Hg.): *Was waren Medien?*, Zürich 2011, 7–30, hier 16.

4 Christopher M. Kelty: *Two bits: The cultural significance of free software*, Durham 2008, hier 27–30.

5 Philip E. Agre: Toward a Critical Technical Practice: Lessons Learned Trying to Reform AI, in: Geoffrey C. Bowker u. a. (Hg.): *Social Science, Technical Systems, and Cooperative Work: Beyond the Great Divide*, Mahwah 1997, 131–157.

6 Vgl. beispielhaft Erin Manning: Propositions for a Radical Pedagogy, or How to Rethink Value, in: Kevin Leander, Christian Ehret (Hg.): *Affect in Literacy Learning and Teaching*, New York 2019, 43–49.

7 Vgl. Kirsten Ostherr (Hg.): *Applied Media Studies: Theory and Practice*, New York 2017, doi.org/10.4324/9781315473857.

8 Shintaro Miyazaki, Claudia Mareis: Critical Media Lab Basel, in: *Interactions*, Bd. 26, Nr. 1, 2018, 16–19, hier 17, doi.org/10.1145/3292017, eigene Übersetzung.

9 Johanna Drucker, Annika Haas: Digital Humanities als epistemische Praxis, in: *Zeitschrift für Medienwissenschaft*, Jg. 9, Nr. 16 (2/2017): *Celebrity Cultures*, 114–124, doi.org/10.25969/mediarep/2080.

WERKZEUGE

Abb. 1 Alan Erdahl, Chris Wylie und Gordon Romney im University of Utah Graphics Lab mit Bildschirmfoto-Vorrichtung, 1968

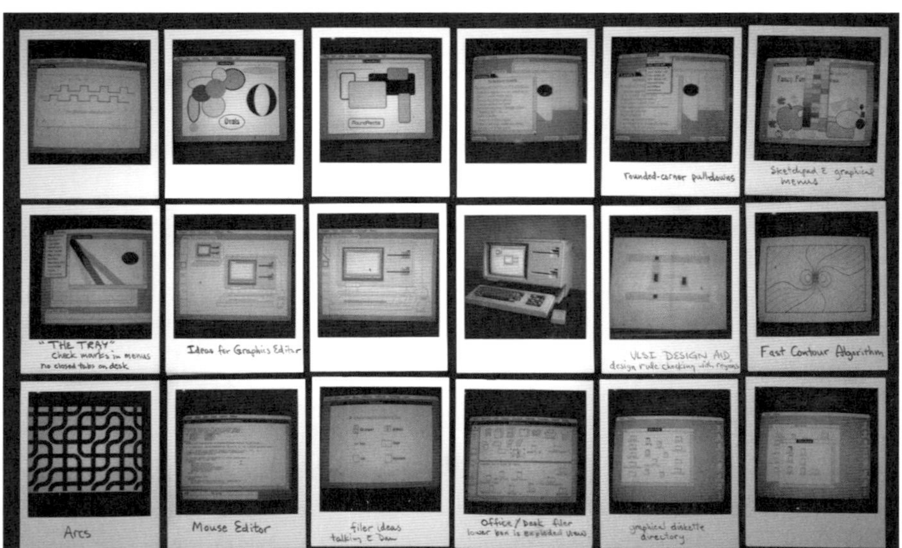

Abb. 2 Bill Atkinson: Polaroids der Lisa-Interface-Entwicklung bei Apple, ca. 1979

BILDSCHIRMBILDER

Screenshots als Werkzeuge der Wissenschaft

von WINFRIED GERLING und SEBASTIAN MÖRING

Während eines Konferenzvortrags fix die Folie der Rednerin mit der interessanten Literaturangabe abfotografieren. Schnell den Screenshot einer Website für die eigenen Vortragsfolien anfertigen. Einen Film oder ein Game ‹screenshotten› für die Monografie oder den Artikel im Sammelband. Mit einem Screenshot den Besuch einer virtuellen Ausstellung festhalten. In den Bibliotheksregalen mit dem Screenshot des OPACs nach einem Buch suchen, Social-Media-Einträge dokumentieren, Teilnehmer*innen einer Videokonferenz festhalten, Zitate aus Google Books fixieren, nicht-downloadbare Bilder aufnehmen …

Die Anlässe in der (Medien-)Wissenschaft, Screenshots anzufertigen, sind so vielfältig, dass wir diese Aufzählung endlos fortführen könnten. Mit der zunehmenden Bildschirmarbeit und der stetig wachsenden Verschränkung des (Arbeits-)Lebens mit Bildschirmmedien befinden wir uns ständig in Situationen, in denen wir Bilder von Bildschirmen machen. Nichts anderes sind Screenshots: Bildschirmbilder. Screenshots beruhen nicht nur auf Funktionen von Computerbetriebssystemen. Auch das Abfotografieren von Handys, Projektionen, Displays usw. erzeugt Screenshots. Die Bewegtbildversion des Screenshots ist der Screencast. Er wird zu vergleichbaren Zwecken eingesetzt und unterscheidet sich vom Screenshot darin, dass er aus bewegten Bildschirmbildern besteht.

Bildschirmbilder sind weit verbreitete, aber wenig erforschte Bildpraktiken. Die Untersuchung ihres Einflusses auf Forschung und Lehre ist ein Desiderat. Obwohl omnipräsent in einer durch Bildmedien vermittelten Wissenschaftskultur, werden Screenshots als Gegenstand der (Medien-)Wissenschaft bisher selten betrachtet. Dabei sind Screenshots weder eine neue noch eine vorübergehende Erscheinung. Schon ihre Genese fand in Forschungs- und Entwicklungsumgebungen statt. Wer einen Screenshot macht, will ein bewegliches und sich schnell veränderndes (Bild-)Schirmbild unmittelbar festhalten. Damit steht der Screenshot der Fotografie als Praxis des Aufzeichnens sehr nah. Möglicherweise ist die Fotografie sogar aus einem ähnlichen Anliegen entstanden: ein Bild festhalten zu können, das vor der Aufnahme auf der Mattscheibe (Screen) der Camera obscura schon ein Bild ist.

Die Geschichte des Bildschirmbildes beginnt mit dem Festhalten von sogenannten «Schirmbildern» und einem Sparzwang.[1] Im Rahmen von Tuberkulose-Reihenuntersuchungen 1936 in Brasilien entwickelte der Arzt Manuel Dias de Abreu ein standardisiertes und kostengünstiges Verfahren, mit dem der Leuchtschirm eines Röntgengerätes mittels abschirmender Haube und integrierter Kleinbildkamera direkt abfotografiert werden konnte. Diese Bilder kosteten nur ca. ein Hundertstel des viel größeren Röntgenfilms und lösten diesen ab.

Die ‹Schirmbildfotografie› wurde für verschiedene wissenschaftliche Darstellungsverfahren weiterentwickelt, etwa als Aufzeichnung von Bildern der Kathodenstrahlbildschirme (CRT), von Oszilloskopen oder Computermonitoren. Dies geschah mit eigens konzipierten Kameratypen und Vorrichtungen, die seit den 1950er Jahren das Polaroid-Verfahren nutzten. So konnten unmittelbar Aufzeichnungen von Messwerten archiviert werden, die anders nicht festzuhalten waren.

Mit der Verbreitung und Erforschung des Computers um 1960 veränderten sich die Bilder des Bildschirms. Neben der Aufzeichnung von Datenbildern ging es mit Fotografien von Menschen vor dem Computer in erster Linie darum, ihn als wichtigen neuen wissenschaftlichen Arbeitsplatz zu kommunizieren und zu etablieren. Hier manifestiert sich das Genre des Fotos vom arbeitenden Menschen vor dem Bildschirm,[2] aber auch das Genre des Bildschirmfotos als vorbereitende Konventionalisierung des Screenshots (Abb. 1).[3]

Noch bei der Gestaltung des Lisa-Interfaces, dem paradigmatischen Design von Apple, nahm Bill Atkinson – einer der Entwickler dort – Bilder des Screens mit einer gewöhnlichen Polaroid-Kamera auf. Während der Entwicklung des Systems war der Screenshot als Funktion des Computers noch nicht implementiert (Abb. 2).

Erst 1984 wird der Screenshot mit dem Macintosh als Tastenkombination Teil des Betriebssystems (cmd+shift+3), auf IBM-kompatiblen PCs wird die Funktion auf die ursprünglich für den Papierausdruck gedachte Print-Screen-Taste (PrtScr) gelegt. Dort ist sie oft bis heute erhalten.

Anders als fotografische (Bild-)Schirmbilder ist der Screenshot einer Kopie ähnlicher als einer Fotografie und gehört damit aus unserer Sicht in die Nähe der kameralosen Fotografie. Schon Joseph Niépce und William Talbot experimentierten in den Anfängen der Fotografie mit Direktkopien von Grafiken und Texten. Der Maßstab 1:1 ist im digitalen Screenshot erhalten, denn er ist eine pixelgenaue positive Rastergrafik-Kopie der Konstellation von Programmfenstern, die sich im Moment des Screenshots auf dem jeweiligen Bildschirm befunden haben.

1 Für eine umfangreiche Geschichte der Schirmbildfotografie vgl. etwa Winfried Gerling: Photography in the Digital: Screenshot and In-Game Photography, in: *photographies*, Bd. 11, Nr. 2–3, 2018, 149–167; ders., Sebastian Möring, Marco De Mutiis: Introduction, in: dies. (Hg.): *Screen Images. In-Game Photography, Screenshot, Screencast*, Berlin 2023, 11–42, doi.org/10.55309/c3ie61k5.

2 Vgl. Winfried Gerling: In-Front-of-the-Screen Images – A Photo Essay, in: Gerling, Möring, De Mutiis, *Screen Images*, Berlin 2023, 93–136, doi.org/10.55309/c3ie61k5.

3 Vgl. Matthew Allen: Representing Computer-Aided Design: Screenshots and the Interactive Computer circa 1960, in: *Perspectives on Science*, Bd. 24, Nr. 6, 2016, 637–668.

Abb. 3 Lorna Ruth Galloway: *Limited Gasoline, Grove Street, Davis*, 2016

Screenshots fungieren als Notizzettel, Beleg, Beweis, Dokumentation, und werden in der Medienkunst, im Seminar und in der Wissenschaftskommunikation verwendet. Sie sind für die Medienwissenschaft ein vielfältiges Tool, das Film-Stills, Interfaces, Social-Media-Postings etc. festhalten kann. Auf allgemeinerer Ebene wird die Verwendung von Screenshots in wissenschaftlichen Publikationen in der Regel nur dann ausdrücklich erwähnt, wenn deutlich werden soll, dass es sich um Bilder einer Interaktion mit dem Computer handelt. Beispielsweise wird der Screenshot eines Films häufig zum ‹Film-Still›, als sei nicht relevant, was die mediale Quelle dieses Bildes ist. Das Erstaunliche ist die Transparenz des Mediums Screenshot, wir sehen eher durch ihn als auf ihn.[4] Das mag auch daran liegen, dass Screenshots im Gebrauch mit dem zu verwechseln sind, was sie zeigen. Ein Screenshot auf dem Display eines Smartphones lässt sich nicht bedienen, es ist ein Freeze des Systems. Der Index zeigt nicht mehr auf die Operativität des Systems, sondern auf den festgehaltenen Gebrauch des Computers. In der Tat ist es möglich, dass der Screenshot das einzige Bild ist, das zumindest kurzzeitig mit seinem Gegenstand verwechselt werden kann.

Zudem hat sich das ‹Screenshotten› als eigenständige kritische Ästhetik entwickelt. Die Arbeit *Google Hands* von Benjamin Shaykin macht beispielsweise die Hände prekär Arbeitender sichtbar, die unzählige Bücher auf ihre Digitalisierung vorbereiten, während des Scanvorgangs die Seiten umblättern, und so gelegentlich im Scan sichtbar bleiben.[5] Ulrike Bergermann fragt zu Recht, wer diejenigen sind, denen diese Hände gehören, und unter welchen Bedingungen diese Menschen arbeiten.[6] Rund um das Computerspiel ist die In-Game-Fotografie aus dem Screenshot entstanden und zu einer populären und zuweilen reflexiven ästhetischen Praxis geworden.[7] Populär ist beispielsweise die Reinszenierung bekannter Fotografien, wie etwa Lorna Ruth Galloways *Twenty Six Gasoline Stations*. In *Grand Theft Auto V* interpretiert Galloway Ed Ruschas berühmtes Künstlerbuch *Twentysix Gasoline Stations* neu, indem sie Screenshots von Tankstellen in Los Santos, der Welt des Blockbuster-Spiels, sammelt und diese dann im Sinne einer ökologischen Kritik als Holzkohle-Siebdrucke ausstellt.[8] An dokumentarische Praktiken der Fotografie angelehnt macht Alan Butler im selben Spiel unter dem Titel *Down and Out in Los Santos* Aufnahmen von Obdachlosen und unternimmt so eine Reflexion der Rolle von NPCs (Nichtspielercharakteren) und ihres Bezugs zu Spielentwicklung und Wirklichkeit (Abb. 3).[9]

Der Screen ist Aushandlungsort von Öffentlichem und Privatem. Hier kollidieren die beiden Welten auf intensive Weise, und so kann beispielsweise ein Screenshot vom Desktop eines*r Wissenschaftler*in auch unbeabsichtigt Persönliches preisgeben. Ein nicht geschlossener Tab eines Browsers mag bestimmte Interessen oder Vorlieben zeigen, so wie der räumliche Hintergrund in der Videokonferenz den Wohnraum für die Öffentlichkeit einsehbar macht.

4 Vgl. Paul Frosh: *The Poetics of Digital Media*, Medford 2019, 62.

5 Vgl. Benjamin Shaykin, Ulrike Bergermann: Google Hands, in: *Zeitschrift für Medienwissenschaft*, Jg. 8, Nr. 15 (2/2016): *Technik | Intimität*, 96–104, doi.org/10.25969/mediarep/1908.

6 Vgl. ebd.

7 Vgl. Cindy Poremba: Point and Shoot: Remediating Photography in Gamespace, in: *Games and Culture*, Bd. 2, Nr. 1, 2007, 49–58; Sebastian Möring, Marco De Mutiis: Camera Ludica: Reflections on Photography in Video Games, in: Michael Fuchs, Jeff Thoss (Hg.): *Intermedia Games – Games Inter Media. Video Games and Intermediality*, New York 2019, 69–94, doi.org/10.5040/9781501330520.ch-003.

8 Vgl. Lorna Ruth Galloways Serie *Twenty Six Gasoline Stations in Grand Theft Auto V*, Holzkohle-Siebdrucke, 2016; vgl. dazu Giulia Bernardi, Matteo Bittanti, Marco De Mutiis (Hg.): *How To Win At Photography*, Winterthur 2021, sowie *Grand Theft Auto V*, Rockstar North, Rockstar Games, USA 2013; Ed Ruscha: *Twentysix Gasoline Stations*, Fotografie-Serie in s/w, 1963.

9 Vgl. Alan Butler: *Down and Out in Los Santos*, Serie virtueller Fotografien, 2015–heute.

Screenshots sind seltsame Zeugnisse, denn anders als herkömmliche digitale Fotografien, die beispielsweise Autor*in, Blende, Belichtungszeit, GPS-Daten etc. festhalten, enthalten die Metadaten eines Screenshots nur Verweise auf das System, auf dem das Bild erzeugt wurde. Sie können nur unzureichend als Hinweise auf das möglicherweise vorrangig verfolgte Ziel gelesen werden, den Beleg eines Ereignisses außerhalb des eigenen Rechners zu erzeugen.

So wie heute in der Forschung auf die Materialität von Fotografie großer Wert gelegt wird, verdient es die besondere Konstellation des Screenshots – besser: des Bildschirmbildes –, dass Medienwissenschaftler*innen ihr mehr Aufmerksamkeit schenken und z. B. bei der nächsten Konferenz die fotografische Aufnahme einer Präsentation als eigenes Bildschirmbild-Format erkennen.

BESPRECHUNGEN

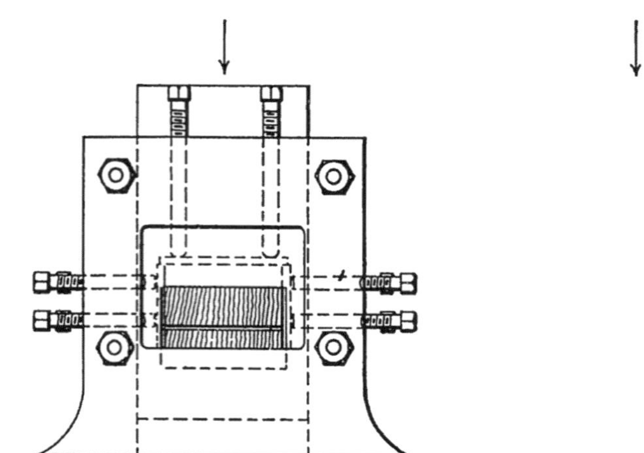

MECHANICAL BRO, HOTMESSAGE UND MSUNDERSTAND MEDIA
«Weiße» Flecken der Medienwissenschaft

von NOAM GRAMLICH

Sarah Sharma/Rianka Singh (Hg.): *Re-Understanding Media. Feminist Extensions of Marshall McLuhan*, Durham, London (Duke University Press) 2022

Ginger Nolan: *The Neocolonialism of the Global Village*, Minneapolis (University of Minnesota Press) 2018

Armond R. Towns: *On Black Media Philosophy*, Berkeley (University of California Press) 2022

In der ZfM-Ausgabe X|*Kein Lagebericht* (1/2022) schreiben Marie Eloundou, Lisa Karst und Dulguun Shirchinbal: «In guter alter Tradition schreibt [die Medienwissenschaft] koloniale Denkmuster und Narrative fort, behauptet aber einen ‹Beitrag zum Verständnis von Geschichte, Kultur und Gesellschaft› leisten zu können.»[1] In dieser Sammelrezension geht es um drei Veröffentlichungen, in denen Formen des Wiederverstehens (*re-understanding*), Aufgebens und Erweiterns *weißer*[2] Denktraditionen in der Medienwissenschaft verhandelt werden. Konkret steht das Denken von Marshall McLuhan im Fokus, der oft als Vater der Medientheorie bezeichnet wird. Seine Arbeiten sind von rassistischen, kolonialen, cis- und heteronormativen, misogynen, christlichen, bürgerlichen, universalistischen und linearen Argumentationen durchzogen. Darüber hinaus entstanden sie nicht zufällig gleichzeitig mit afrikanischen Dekolonisierungskämpfen und der US-amerikanischen Bürgerrechtsbewegung.

Dass eine feministische und rassismuskritische Beschäftigung mit einer so gewichtigen Figur wie McLuhan auf Abwehr stößt, macht Sarah Sharma, ehemalige Direktorin des McLuhan Centre in ihrem Prolog zu *Re-Understanding Media. Feminist Extensions of Marshall McLuhan* (2022) deutlich.[3] Dabei ist es, wie Sharma in dem von ihr und Rianka Singh herausgegebenen Sammelband schreibt, nicht ihr Ziel, McLuhans Arbeiten ad acta zu legen. Vielmehr steht McLuhan aus Sicht der in dem Band versammelten Autor*innen für ein Denken, dass Medien nicht auf Inhalte reduziert, sondern einen materiell-infrastrukturellen Blick eröffnet, der für antirassistisch-feministische Analysen diesseits von Repräsentationskritik wertvoll ist.[4] Wenn Sharma schreibt, «we must accept that race, class, gender, and sexuality cannot be understood outside of their intersection with the technological» (S. 7), interveniert sie auch in das Feld des *weißen* Techno-Feminismus, als dessen bedeutende Vertreterin Donna J. Haraway mehrmals exemplarisch genannt wird (S. 182, 202). Mit Verweis auf Kimberlé Crenshaws Intersektionalitätskonzept nennt Sharma Technologie als eine weitere Straße an der Wegkreuzung in der Analyse von Macht und erweitert damit ein Denken über Technologie, das lange *weißen* Feminist*innen vorbehalten war (S. 189).

Den Auftakt zur Anthologie macht Armond R. Towns, der sich dafür ausspricht, McLuhan zwar zu lesen – wenn auch mit Vorsicht (S. 24) –, die Lektüre jedoch mit den

Arbeiten insbesondere von Schwarzen feministischen Denkerinnen wie Katherine McKittrick und Hortense Spillers zu verbinden. Im Anschluss an McLuhans materiellen Medienbegriff argumentiert der Medienwissenschaftler, dass es erst Medien des Transports wie das Schiff waren, die aus afrikanischen Menschen Sklav*innen machten. Mit McKittricks Denken von Blackness,[5] Raum und Geschlecht wird auch der Blick frei auf Medien Schwarzer Menschen. Anhand der Geschichte von Linda Brent, für die ein Dachboden während ihrer Flucht vor der Versklavung zu einer Schwarzen Geografie wurde, argumentiert Towns für im *weißen* Medienverständnis bisher wenig beachtete Medien. Diese werden dann erkennbar, wenn Schwarze Feminist*innen als Medientheoretiker*innen begriffen werden.

Einen ähnlichen Zugriff auf McLuhans Materialismus bei gleichzeitiger dekolonialer Erweiterung verfolgt Ganaele Langlois in ihrem Artikel über ein Textil namens *kené* der Indigenen Amazonas-Gruppe Shipibo-Conibo. Die von Frauen hergestellten Textilien stehen in der Kosmologie der Shipibo-Conibo für «transformation because they are the pathways to different worlds, different realities» (S. 72). *Kené* ist kein Handwerk, wie es von *Weißen* oft missverstanden wird, sondern ein Medium, in dem sich nicht-westliche Subjektvorstellungen und damit andere Weltzugänge materialisieren. Über die ökonomische Aneignung von *kené* durch Online-Verkaufsplattformen wie Etsy schreibt Langlois, dass sich darin eine Nichtvereinbarkeit von zwei Welten ausdrückt, während Indigene Gruppen durch diesen Warenfetischismus ihres geistigen Eigentums beraubt werden. Dennoch heißt Indigenität nicht ahistorische Authentizität, die sich in einem unveränderbaren Design von *kené* zeigen würde. Für *kené* sind vielmehr gestalterische Verspieltheit (*playfulness*) und rituelle Veränderung charakteristisch. Langlois endet damit, dass eine Kommodifizierung des Indigenen Wissens von *kené* im Zuge der Einspeisung in die Universität nur dadurch umgangen werden kann, wenn sie als *uneasy media* dafür sorgen, grundlegende Zweifel im oft als universell verstandenen *weißen* westlichen Medienverständnis zu säen (S. 82).

Nach den Interventionen im ersten Buchteil, in denen sich dafür ausgesprochen wird, McLuhan wiederzulesen bzw. zu erweitern, widmet sich der zweite Teil analogen Medien, vorwiegend Container-Technologien[6] wie dem Inkubator, Tupperware oder Aktenschränken. Verhandelt werden die Schnittstellen von Vergeschlechtlichung und Mutterschaft sowie Büro- und Reproduktionsarbeit *weißer*, heterosexueller Frauen. Besonders Rianka Singhs und Sarah Banet-Weisers Beitrag zeigt, wie McLuhans Materialitätsdenken helfen kann, um Forderungen des Plattform-Feminismus, etwa von #MeToo, zu hinterfragen. Plattformen, die Sichtbarkeit versprechen, aber Logiken der Kommodifizierung perpetuieren und zur Steigerung von Vulnerabilität führen, verorten die beiden Autorinnen in einer materiellen Genealogie von Plattformen, zu denen sie z. B. die öffentlichen Hinrichtungen von Hexen oder die Versteigerungsbörsen für aus Afrika verschleppte Menschen zählen. Mit Bezug auf McLuhans *The Mechanical Bride* (1951) zeigen die Autorinnen hinter dem Versprechen von Selbstermächtigung durch den Plattform-Feminismus eine machtdynamische Verschränkung von Sex, Gender und Technologie.

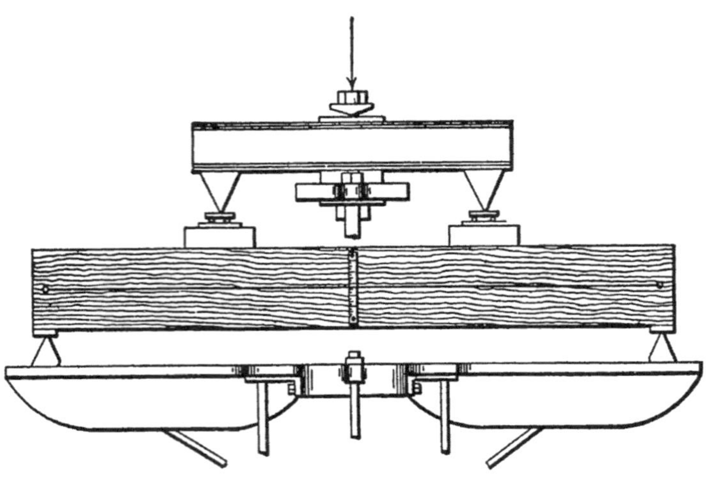

Der dritte Buchteil besteht aus Interviews mit Wissenschaftler*innen und Künstler*innen, die aus Indigener, Schwarzer oder anderer Perspektive of Color über ihre Arbeit und Erfahrung mit digitalen Technologien sprechen. Im Interview mit Nasma Ahmed und Ladan Siad wird deutlich, dass wie und was über Technologie gedacht wird, wesentlich mit Positionalitäten zusammenhängt. Aus einer Schwarzen Perspektive über

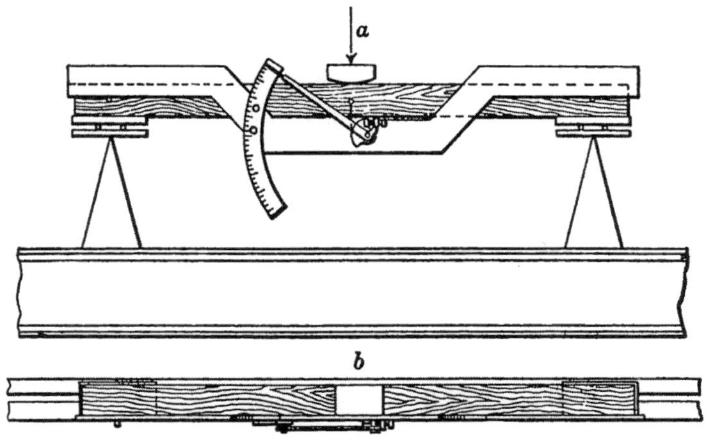

Technologie zu sprechen, so Siad, basiert auf Wissen, das *Weißen* verborgen bleibt (S. 188). Dadurch, dass Schwarze Menschen durch die Versklavung buchstäblich zur Technologie für die Entwicklung globaler Industriestaaten wurden – was sich im Gefängnis-Industrie-Komplex und digitalen Kolonialismus bis heute fortsetzt –, haben Afro-Amerikaner*innen einen anderen Zugang *zu* und damit ein anderes Wissen *über* Technologie. Hier setzt der Sammelband zentrale Impulse, anhand derer die Spannung zwischen «resurgence and refusal» (S. 210) von Technologie verhandelt wird. Beispielsweise wird die Künstlerin Morehshin Allahyari interviewt, die den aus Militär und Gaming-Industrie stammenden 3D-Druck verwendet, um von der IS zerstörte Objekte irakischer Kultur zu reproduzieren. Allahyaris Arbeit ist ein Beispiel dafür, inwiefern sich Technologie im Hinblick auf Sorge und eine poetische Praxis umdeuten lässt (S. 199). Ähnlich agiert auch Jennifer Wemigwans, wenn die Medienproduzentin und Professorin mit Website-Interfaces arbeitet. Mit McLuhan versteht Wemigwans Websites als taktile Medien und nutzt sie, um die Komplexität Indigener Kosmologien zu vermitteln. Die von ihr co-produzierte Seite *Fourdirectionsteachings.com* stellt keine folkloristische Erzählung, sondern ein *digital bundle* dar, also eine vernetzte Form von Wissen, durch die Indigene Protokolle respektiert werden. Mit Wemigwans Indigenem Verständnis des Internets erscheint dieses als intertemporales Wissensbündel und nicht als bloßes Repositorium von vergangenem Wissen. In Wemigwans und Allahyaris Projekten liegt, wie es mit Wendy Hui Kyong Chuns Worten aus der Zusammenfassung des Buchs gesagt werden kann, «[an] escape from an apocalyptic future» (S. 229). Durch die Aufnahme und Erweiterung von McLuhan, wie es die Beitragenden des Bands vorschlagen, kann auch eine andere Zukunft (von Medien) imaginiert werden. Dieser Ansatz macht das Buch produktiv für eine kritische und visionäre Beschäftigung mit Medien(-wissenschaft).

Einen eher wissenschaftshistorischen Ansatz verfolgt Ginger Nolan in ihrem Essay *The Neocolonialism of the Global Village* (2018). Was seit McLuhans *The Gutenberg Galaxy. The Making of Typographic Man* (1962) als Utopie einer globalen Verbindung durch elektronische Medien rezipiert wurde, entstand, so Nolans Ausgangspunkt, als eine koloniale Verwaltungstechnik der britischen Regierung, die im Kenia der 1950er Jahre zu massiven Landenteignungen führte. Der Widerstand der Kikuyu, Embu und Meru gegen den Landraub und ihr Kampf um das Recht auf Literalität gipfelte in dem sogenannten Mau-Mau-Krieg, in dessen Folge die britische Regierung tausende Menschen aus ihren Streusiedlungen riss und in Camps umsiedelte. Der Ethnopsychiater John Colin Carothers lieferte hierfür im Jahr 1954 mit dem Konzept des Globales Dorfs einen ideologischen Euphemismus für gewaltvolle (post-)koloniale Integrations- und Partizipationstechniken. McLuhan, der sich mehrfach auf Carothers Arbeiten bezog, erbte auch dessen binär-koloniales Denken von Stammeskulturen vs. Zivilisationsgesellschaften und Oralität vs. Schriftkulturen. In 13 kurzen Kapiteln macht die Stadt- und Architekturforscherin Nolan deutlich, dass das Globale Dorf ein quasi-urbanes Mittel ist, um auf semiotische und räumliche Weise die Existenz von vorkapitalistischen afrikanischen Agrargesellschaften zu verhindern und sie gewaltvoll in ein globales Weltsystem einzugliedern (S. 6). Insbesondere das Radio spielte hier eine Schlüsselrolle. Carothers beschrieb eine angebliche magische Semiose zwischen auditiven Medien und dem «afrikanischen Geist» – eine Analogie, die freilich nur erfunden wurde, um den europäischen Einfluss nach der formellen Dekolonisierung Kenias aufrechtzuerhalten (S. 44). Nolans Essay ist dicht an Beispielen dieser frappierenden

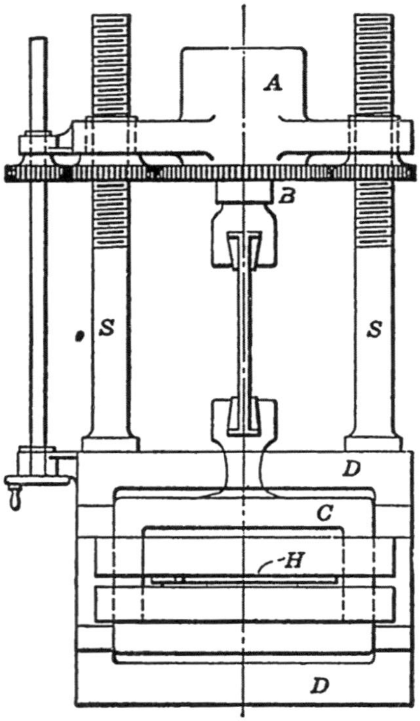

Widersprüchlichkeit – etwa auch an dem der britischen Instrumentalisierung der Beichte bei gleichzeitiger Abwertung oraler Kulturen (S. 39–45), in der nicht nur ‹der Afrikaner› und ‹das Globale Dorf› gebildet wurden, sondern auch ‹der typographische *weiße* Mann›.

Aufgrund der Verbindungen zwischen (Post-)Kolonialismus in Kenia und McLuhan'scher Medientheorie zählt *The Neocolonialism of the Global Village* sicher zu einer wichtigen Lektüre. Wie bereits bei Sharmas und Singhs Lesart von McLuhan liegt auch Nolans zentraler Fokus auf materiellen Effekten von Macht, also auf Siedlungskolonialismus, *weißem* Besitzrecht, Reorganisation und ‹Kultivierung› von Land. Gleichzeitig sind die zahlreich vorgeschlagenen Begriffe wie ‹Nootechnologie›, ‹Terra-Power› und ‹semiotische Armut› semantisch stark verdichtet. Dies wirft die Frage auf, ob es gelingt, eine argumentative Tiefe zu erreichen, die notwendig wäre, um hartnäckige Vorstellungen von medientechnologischer Linearität oder afrikanischem Tribalismus zu denaturalisieren. Es ist auch fragwürdig, ob ein kolonialkritisches Gegenlesen von McLuhan mit *weißen* Autoren wie Agamben, Deleuze oder Foucault, auf die sich Nolan ausnahmslos bezieht, funktionieren kann. Wo sind die Referenzen auf antikoloniale Autor*innen, wie den Philosophen Ngũgĩ wa Thiong'o, wenn es um Fragen von semiotischer Macht geht? Wieso ist es möglich, dass, wenn es um agrikulturelle Gewalt auf dem afrikanischen Kontinent geht, Amílcar Cabral nicht zu Wort kommt? Insgesamt bleibt nicht nur die verwendete Literatur, sondern auch Nolans eigene Positionalität unmarkiert, was es erschwert, ihren politischen Einsatz zu erfassen, und die Möglichkeit verpasst, eine epistemische Kritik an die eigene Praxis zu richten.

Den theoretisch visionärsten Ansatz unter den hier besprochenen Veröffentlichungen verfolgt vermutlich Armond R. Towns in seiner Monografie *On Black Media Philosophy* (2022). Während McLuhans Denken um den *weißen*, heterosexuellen, cisgeschlechtlichen, abelisierten, bürgerlichen, westlichen Mann kreist – ohne es freilich so zu benennen –, stellt Towns Blackness ins Zentrum seiner materiell-marxistischen Medienphilosophie. In vier Kapiteln werden die (Un-)Tiefen der epistemologischen Beziehungen zwischen Black Studies, Areal and Communication Studies, Sozialdarwinismus, Black-Panther-Bewegung, Kaltem Krieg, elektronischem Kapitalismus und McLuhans Medientheorie sichtbar. McLuhan ist insofern nützlich, schreibt Towns, um zu begreifen, «how Western man built Western theory» (S. 26).

Im ersten Kapitel macht Towns ein bestechendes und auch schmerzvolles Argument, wenn er darstellt, wie Schwarze Menschen der (frühen) Medienwissenschaft als Medium für Vorstellungen von Zivilisation dienen. Auf Basis von sozialdarwinistischen Theorien, die McLuhan stark beeinflussten, argumentiert Towns: «[T]he Negro was a medium, or in McLuhan's terms, an extention, of Darwin's self-being and knowing» (S. 31). Einer der Hauptthesen, dass ‹der N.› als argumentative Ressource für Anliegen *weißer* Vorherrschaft eingesetzt wird, greift Towns im vierten Kapitel über die digitale Ökonomie von YouTube-Animationen der Ermordung von Michael Brown durch den *weißen* Polizisten Darren Wilson im Jahr 2014 auf (S. 117–148). Mit Referenz auf die medienwissenschaftlichen Arbeiten von Simone Brown und Ruha Benjamin schlussfolgert Towns, dass digitaler Extraktivismus Schwarze Menschen mehrfach betrifft: durch die materielle Ausbeutung ihrer Körper, die zu ihrem Tod führen kann, sowie durch die ständige Reproduktion ihrer visuellen Ausbeutung in einer vermeintlich unsichtbaren Cloud.

Auffällig ist, und das nicht nur an dieser Stelle, dass Towns insbesondere auf cismännliche Protagonisten, neben Michael Brown auch auf Gil Scott-Heron, Malcolm X oder Frantz Fanon referiert. Auch wenn Towns *race* mehrfach in der Intersektion zu Sexualität und Gender benennt, verpasst er es, sein Argument der Kommodifizierung und Entmenschlichung aus intersektionaler Sicht z. B. auf die Lebensrealität Schwarzer Trans* Frauen zu beziehen.

Wenn der Schwarze Körper ein Medium für *weiße* westliche Theorie und kapitalistische Medienökonomie ist, was stellt dann seinen Inhalt dar, fragt Towns und gibt die Antwort: «[It] is Western Nature.» (S. 39) Eine *Black media philosophy* adressiert konsequenterweise *weiße* westliche Konzeptionen von Natur und Rohstoffen, die immer eine epistemische Nähe zu rassifizierten Subjekten hatten und auf denen Kapitalismus basiert, wie Towns mehrfach betont (S. 40–53, 89, 114, 149). Towns' Umgang mit McLuhans (kolonialem und rassistischem) Denken ist beeindruckend, da er weit darüber hinausgeht, dessen *weiße* Ignoranz aufzuzeigen,[7] und vielmehr McLuhan gegen sich selbst wendet. Mag McLuhan noch einer der Ausgangpunkte gewesen sein, schrumpft er im sukzessiven Hineinschreiben von Blackness zu einer Nebenfigur der Medientheorie. Denn mit dem Akt des Hineinschreibens kann Towns zeigen, dass Blackness im Grunde schon immer zentraler Teil von Medientheorie war.

So nimmt der promovierte Aktivist und Mitgründer der Black Panther Party Huey P. Newton für Towns eine Schlüsselrolle ein, um die oft wenig gesehenen Beziehungen zwischen Media Studies und Black Studies zu benennen. Newtons Konzept eines revolutionären Interkommunalismus kritisiert das *weiß*-zentristische Globale Dorf, weil es dem technokratischen Mann eine elektronische, d. h. körperlose Kontrolle in den Ghettos der USA und in den ehemaligen kolonisierten Gebieten ermöglicht. «[The global village] was a supporter of the demands of racial capitalism» (S. 96). Die Medienökonomie des Fernsehens führte, so erörtert Towns mit Newton, ab 1960 zur ideologischen Distanz zwischen *weißer* Mittelklasse und verarmten Schwarzen Communitys. Empathie wurde dabei verunmöglicht. Mit Newton vollzieht Towns eine zentrale Bedeutungsverschiebung von Blackness. Weder ist Blackness auf Kolonialismus und Versklavung reduzierbar noch ausschließlich auf den US-amerikanischen Kontext beschränkt. Überschneidungen zu antikolonialen Kämpfen in Algerien, Nordkorea und Nordvietnam waren zentral für die Anfänge der Black Studies (S. 108). Black Studies liegt das Denken einer weltweiten (Schwarzen) Community zugrunde – «[a] new mode of comradery throughout the world» (S. 106). Ähnlich wie das Globale Dorf kann diese anti-imperiale Ökonomie durch Medien entstehen, wie Towns am Film *The Battle of Algiers* (Regie: Gillo Pontecorvo, ITA/ALG 1966) skizziert. Blackness steht hier, kurz gesagt, für eine nicht-kapitalistische Form von Menschsein, die die *weiße* westliche Welt nur schwer versteht.

Towns' *Black media philosophy* beschäftigt sich auf radikale Weise mit der Frage, inwiefern sich Rassifizierung und Kommodifizierung in die Medienwissenschaft eingeschrieben haben. Wenn nach Blackness in der westlichen Konzeption von Medien gefragt wird, kommen die materiellen und zutiefst kapitalistischen Bedingungen von Medien zum Vorschein. An diesem letzteren Punkt verbinden sich die drei besprochenen Veröffentlichungen. Black (Media) Studies ist nicht nur eine Einladung für Schwarze Menschen, sondern auch für andere Forscher*innen of Color und *weiße* Forscher*innen – aus *weißer* Position ist auch diese Rezension geschrieben. Mit Towns kann *Black media philosophy* als praktisch-epistemologisches Schlüsselelement verstanden werden, das es ermöglicht, nicht nur *weiße* Flecken und die tiefe Verschränkung von Kapitalismus und Medien zu erkennen, sondern auch darüber hinauszugehen. Etwas, wozu *weiße* Medientheorie – also auch McLuhans Denken – nicht in der Lage ist, sondern nur Black Studies als «[a] full intellectual, epistemological shift in knowledge, one directly articulated to the materialist demands for liberation worldwide» (S. 16).

1 Marie Eloundou, Lisa Karst, Dulguun Shirchinbal: Dear white professors, warum sind alle «Klassiker» ‹weiß›? Eine Einladung zur Diskussion, in: *Zeitschrift für Medienwissenschaft*, Jg. 14, Nr. 26 (1/2022): X | *Kein Lagebericht*, 172–179, hier 179, doi.org/10.25969/mediarep/18120.

2 «*Weiß*» ist ein analytischer Begriff, der die rassistische Architektur der Moderne markiert. Rachel Ricketts fasst die kulturellen Charakteristika von *weißer* Vorherrschaft wie folgt zusammen: Individualismus und Perfektion, Glaube an Objektivität, Hortung von Macht, ein Denken von falsch vs. richtig, Anbetung des geschriebenen Worts, Abwehrhaltung, Paternalismus und Dringlichkeit, ein Quantität über Qualität stellendes Denken, Konfliktscheue, Recht auf Komfort, Binarität (inklusive Geschlechterbinarität), Anspruch auf Besitzrecht und Wachstum von Reichtum sowie Diskriminierungen über Othering-Prozesse. Um *Weißsein* zu bekämpfen, reicht es jedoch nicht, nur diese Eigenschaften ‹abzulegen›, sondern antirassistische und antikoloniale Gerechtigkeit müssen aktiv eingesetzt werden, vgl. Rachel Ricketts: *Do Better. Spiritual Activism for Fighting and Healing from White Supremacy*, New York 2021, 72.

3 Von Sarah Sharma stammen auch die Begriffe für den Rezensionstitel, vgl. Sarah Sharma: Preface, in: dies., Rianka Singh (Hg.): *Re-Understanding Media. Feminist Extensions of Marshall*, Durham, London 2022, vii–xiii, hier xi.

4 Im Interview mit Johannes Bruder und Nelly Y. Pinkrah sagt Sarah Sharma: «Für mich sind Kittler und McLuhan daher Theoretiker von Geschlecht, sie sind auch Theoretiker von *race* – nur nicht in der Art und Weise, wie wir uns das wünschen würden. Aber ihre Texte enthalten Vorstellungen von *white supremacy*, vermittelt durch eine Vorstellung der Funktion von Technologie, in der all unsere Medien nicht einfach nur Erweiterungen des Menschen sind, sondern technologische Manifestationen der maskulinen Vorstellung von Dienstbarkeit und Nützlichkeit.» Sarah Sharma, Johannes Bruder, Nelly Y. Pinkrah: McLuhan unter Palmen. Über Orte des Denkens, Sprechens und Handelns, in: *Zeitschrift für Medienwissenschaft*, Jg. 14, Nr. 26 (1/2022): X | *Kein Lagebericht*, 25–139, hier 126, doi.org/10.25969/mediarep/18116.

5 Da die Publikationen im US-amerikanischen Kontext verortet sind, werden hier Begriffe wie *race* und Blackness als englische Begriffe wiedergegeben.

6 Vgl. Marie-Luise Angerer u. a. (Hg.): *Technologies of Containment. Holding, Filtering, Leaking*, Lüneburg 2023 (im Erscheinen).

7 Vgl. für den Begriff der *weißen* Ignoranz in der Medienwissenschaft auch Noam Gramlich: Unwahrnehmbare Ökolonialität, in: *Zeitschrift für Kulturwissenschaften*, Nr. 2, 2022: Radikale Imagination, 109–126, doi.org/10.14361/zfk-2022-160208.

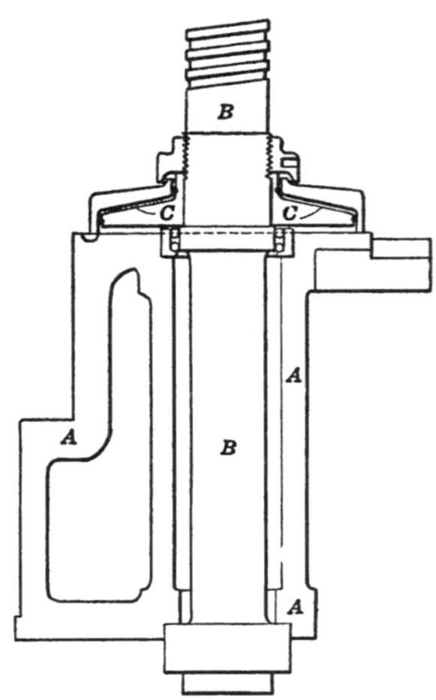

«CUTTING TOGETHER-APART?»
Feministische Doppelspaltexperimente, trans-baradianische Apparate und gouvernementale Materialitäten

von FEDORA HARTMANN und CAROLYN AMANN

Alisa Kronberger: *Diffraktionsereignisse der Gegenwart. Feministische Medienkunst trifft Neuen Materialismus*, Bielefeld (transcript) 2022

Thomas Nyckel: *Der agentielle Realismus Karen Barads. Eine medienwissenschaftliche Relektüre und ihre Anwendung auf das Digitale*, Bielefeld (transcript) 2022

Thomas Lemke: *The Government of Things. Foucault and the New Materialism*, New York (New York University Press) 2021

«Entanglements are not unities. They do not erase differences; on the contrary, entanglings entail differentiatings, differentiatings entail entanglings. One move – *cutting together-apart*.»[1] Ausgehend von diesem Gedanken Karen Barads wollen wir Thomas Lemkes *The Government of Things*, Alisa Kronbergers *Diffraktionsereignisse der Gegenwart* und Thomas Nyckels *Der agentielle Realismus Karen Barads* mit dem Blick auf das *doing* der Autor*innen in diesem Beitrag aufeinandertreffen lassen. Dazu bedienen wir uns ganz konkret des *cutting together-apart*, eines Zusammen-auseinander-Schneidens, das als (kritische) Praktik zentrale Konzepte der Autor*innen aufnimmt, nach Interferenzen zwischen ihnen sucht und sie an ihren Schnittstellen neu in Relation setzt. Die drei Bücher werden daher auch nicht in separaten Blöcken besprochen, sondern an den vier thematischen Knotenpunkten – *Doppelspaltexperimente, Diffraktionsereignisse, Schnitte und Apparate* sowie *(neue) Materialitäten?* – in einer Hin-und-Her-Bewegung miteinander ins Gespräch gebracht. Von einem Denken mit Barad und anderen feministischen Theoretiker*innen im Feld vergangener und gegenwärtiger Medienkunst (Kronberger) über eine kritische Auseinandersetzung mit Barads agentiell-realistischer Kritik an Michel Foucault und den Möglichkeiten einer Entgegnung im Konzept eines *government of things* (Lemke) bis zu einer akribischen Relektüre des agentiellen Realismus in seinen quantenphysikalischen Bezügen und digitalen Fluchtlinien (Nyckel). Denn was passiert, wenn diese je verschiedenen Umarbeitungen von, mit und über Barads «diffractive materialism» (Lemke, S. 193) hinaus, zusammen-auseinandergeschnitten werden? Welche Interferenzen, welche «feinen Details» (Nyckel, S. 118), welche Leerstellen und welche «Diffraktionsereignisse» (Kronberger, S. 26) werden dadurch in Gang gesetzt?

Doppelspaltexperimente

Im quantenphysikalischen Doppelspaltexperiment werden physikalische Objekte innerhalb einer Apparatur durch zwei Spalten geschickt und bilden beim Austreten ein spezifisches Muster, das auf ihre Teilchen- oder Welleneigenschaften schließen lässt. Der damit einhergehende Welle-Teilchen-Dualismus rahmt Barads

Untersuchungen zu Niels Bohrs Philosophie-Physik, deren Umarbeitung sowohl Barads agentiellen Realismus als auch das für Kronenbergers Arbeit wichtigere Konzept der Diffraktion durchzieht, das im nächsten Abschnitt näher besprochen wird. Thomas Nyckel zeichnet das aus der Bohr'schen Philosophie-Physik stammende Doppelspaltexperiment detailliert nach und macht Barads Umarbeitung derselben zum Ausgangspunkt seiner Relektüre. Anhand der Heisenberg'schen Unschärferelation und der von Barad titulierten Bohr'schen Unbestimmtheitsrelation markiert Nyckel die Entwicklung von Bohrs Komplementaritätsprinzip und fasst schließlich Barads Verständnis der Philosophie-Physik Bohrs über einen *epistemischen* und einen *ontischen Pol* zusammen (vgl. S. 82–84). Im *epistemischen Pol* werden durch Apparate Begriffe (I) in ihrem semantischen Verständnis hervorgebracht sowie die Grenzen (II) zwischen Objekt und beobachtenden Agenzien gezogen. Demgegenüber sieht Nyckel Barads Umarbeitung als *ontischen Pol*, der durch den agentiellen Schnitt, neben Begriffen (I) und Grenzen (II), auch Eigenschaften (III) hervorbringt und den er als Ontologisierung von Bohrs Philosophie-Physik kennzeichnet.

Kronbergers Situierung des Doppelspaltexperiments führt weniger in die Tiefen der Bohr'schen Philosophie-Physik, sondern schärft den Blick für spezifische Überlagerungseffekte – sogenannte Diffraktionsmuster –, indem sie gegenwärtige feministische Medienkunst durch einen katalysatorischen Doppelspalt von neomaterialistischen Denkmodellen und feministischer Videokunst der 1970er Jahren schickt (vgl. S. 20). In Anlehnung an Iris van der Tuins kartografische Methode des «jumping generations» (S. 25) etabliert Kronberger eine Praxis des Schnitts, des Grenzen-Ziehens, die sich als konsequente «Durchquerung [...] modernistische[r] Dualismen» (S. 53), wie etwa jener von privat/öffentlich, Subjekt/Objekt, Körper/Geist oder Repräsentation/Affekt, im «Dazwischen» (S. 14) ihrer Kapitel ereignet.

Diffraktionsereignisse

Doppelspaltexperimente öffnen in der Regel das Feld für das Phänomen der Diffraktion, das, wie schon vielfach angedeutet, nicht nur in der (Quanten-)Physik für Unruhe sorgt, sondern auch in den Theorie-Entwürfen neomaterialistischer und queerfeministischer Denker*innen. Nicht umsonst stellt Thomas Lemke Barad unter dem Begriff des «diffractive materialism» (S. 193) als Vertreter*in des von ihm weit gesteckten Feldes des New Materialism vor, das er von Graham Harmans *object-oriented ontology* bis hin zu Jane Bennets vitalem Materialismus spannt. Lemke wie auch Nyckel fächern Barads Diffraktionsbegriff in drei Konfigurationen auf: in Anlehnung an Donna J. Haraway als optische Metapher, als (quanten-) physikalisches Phänomen und als Methode des «durch-einander-hindurch-Lesen[s]» (Nyckel, S. 117) verschiedener Theoriestränge. Ganz im Sinne seiner Auslegung des agentiellen Realismus als Ontologisierungsbewegung der Bohr'schen Philosophie-Physik macht Nyckel bei Barad gegenüber Haraway eine «De-Metaphorisierung» des Diffraktionsbegriffs aus (S. 106). Für ihn geht es Barad in erster Linie nicht mehr um eine Gegenbewegung zu den auf Reflexion beruhenden Praktiken der Wissensproduktion, sondern um eine grundsätzliche

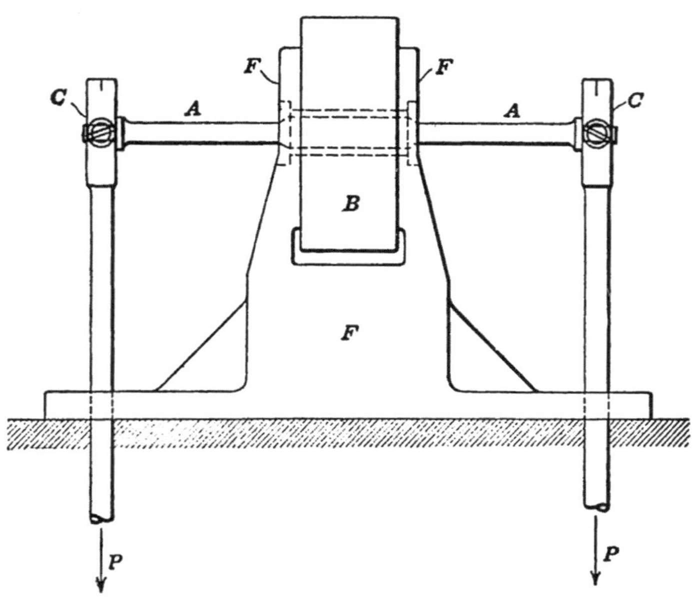

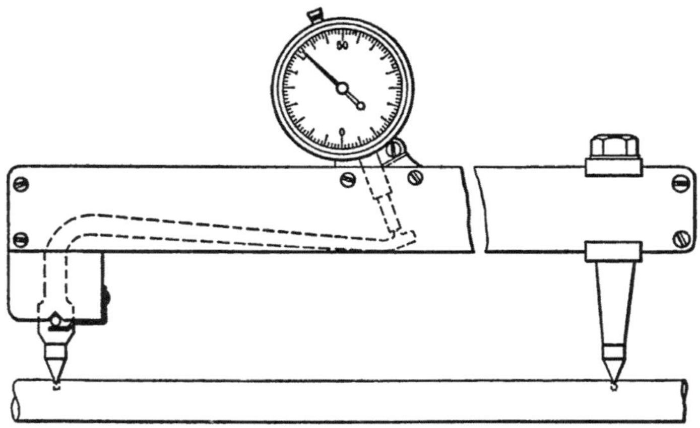

ontologische Unbestimmtheit in der Materialisierung von Welt, die zentral für die von ihm entwickelte trans-baradianische Analyse ist, in welcher er sich zwischen epistemischem und ontischem Pol hin- und herbewegt. Dennoch: Wenn er von einer De-Metaphorisierung als «*ontologische[r] Wendung*» spricht (S. 113), wirft das die Frage auf, ob hier nicht zu nah an Dualismen wie «words and things» operiert wird,[2] deren entscheidende Umarbeitung Barad in *Meeting the Universe Halfway* vornimmt. Was verloren geht, ist die wichtige Einsicht Barads, dass Fragen des *mattering* («what matters and what is excluded from mattering»)[3] ontologisch, epistemologisch, aber eben auch ethisch von Gewicht sind.

Weniger im Modus einer Relektüre denn in dem einer kritischen Auseinandersetzung setzt Lemke im Anschluss an Barads Kritik an Foucaults Theoriegerüst selbst zu einem «‹diffractive reading› […] of Foucault's idea of a government of things as a way of taking up and adding constructively to new materialist concerns» an (S. 77). Er orientiert sich an drei zentralen Konzepten Foucaults (das Milieu, das Dispositiv und die Technologien), mit denen er Barads Kritik an Foucault zu begegnen versucht, die sich auf Foucaults Privilegierung des Sozialen, den Vorwurf einer beständig humanistischen bzw. anthropozentrischen Färbung in der Verhandlung von menschlicher bzw. nicht-menschlicher Agency und auf die Verbindung von diskursiven Praktiken und materiellen Phänomenen bezieht (vgl. S. 10).

Anders als bei Lemke bewegen sich Kronbergers titelgebende Diffraktionsereignisse im Dazwischen, im Beugen und Halten von Metapher, Methode und Phänomen. In Rückbezug auf Arjun Appadurais *mediant assembly theory* (MAT) und Lisa Handels Ontomedialitätsbegriff (vgl. S. 72) eröffnet Kronberger Medialität und Materialität als wechselseitiges konstitutives Zusammenspiel, in welchem Medien Effekte und Modi von Materialitäten darstellen. Daran anschließend und im Rahmen einer Analyse früher feministischer *closed-circuit*-Videoarbeiten und der Verwendung von Close-ups in gegenwärtiger Medienkunst schlägt Kronberger vor, Video als diffraktives Medium zu fassen: Indem sich Repräsentation und Affekt im Sinne einer reflexiven Medienästhetik und affektiven Materialität überlagern und ineinandergreifen, produziert der Künstler*innenkörper im diffraktiven Medium Video Medialität und Materialität als Teil des Haraway'schen *worlding*, wo «Diskurse, Medien und Materie daran teil[haben], wie sich Welt als intra-aktives Diffraktionsmuster hervorbringt» (S. 72). In genau diesem Spannungsfeld von Repräsentation/Affekt und jenem von Subjekt/Objekt schließt Kronberger eine diffraktiv-affektive Umarbeitung von Maskerade, Blick und Bild als etablierte Begriffe der (feministischen) Medien- und Kunstwissenschaft an. Im intra-aktiven Schnitt von Bild/Betrachtung, in dem sich ein Tätig-Sein von Bildern und «der sinnlich ergriffene, situierte Betrachter*innen-Körper» (S. 297) in einem unaufhörlichen Werden gleichwertig hervorbringen, falten und beugen sich Kronbergers kapitelleitende Durchquerungen zusammen-auseinander: Hier lösen sich Differenzen und Spannungen von Repräsentation/Affekt oder Subjekt/Objekt nicht auf, sondern ereignen sich stetig in ihrem Dazwischen – als Diffraktionsereignisse.

Schnitte und Apparate

In einer anders gelagerten Verbindung von agentiellem Realismus und Medialität wendet sich Nyckel abschließend dem Digitalen zu, das er mit seinem Konzept der trans-baradianischen Analyse und einem agentiell-realistischen Verständnis von Apparaten und Schnitten verknüpft. Barads Benennung des Bohr'schen Schnitts und die Einführung des agientiellen Schnitts fasst Nyckel als

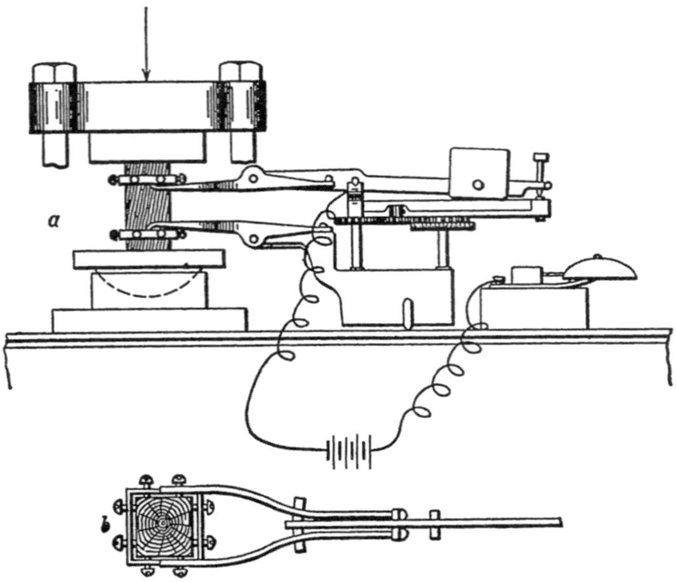

Verweis auf ein diffraktives ‹Sowohl-als-auch›, das sich für ihn aus dem Changieren zwischen *epistemischem Pol* und *ontischem Pol* bildet. Da Barads agienteller Schnitt physisch-begriffliche Auswirkungen auf den Apparat selbst hat, der zugleich physisch-begriffliche Wirkungen entfaltet, versteht Nyckel den Apparat des *ontischen Pols* als materiell-diskursives Phänomen mit potenziell offenen Grenzen, das dem geschlossenen Apparat des *epistemischen Pols* gegenübersteht (vgl. S. 248, 254). Nyckel legt dabei den Fokus auf den von Barad eigentlich umgearbeiteten *epistemischen Pol*, den er hervorhebt und zum Ausgangspunkt seiner trans-baradianischen Analyse macht. Auf Grundlage der nach Bohr formulierten Objektivitätskriterien fasst Nyckels trans-baradianischen Analyse des Digitalen die konstitutiven Merkmale des geschlossenen digitalen Apparates als durch 0 und 1 symbolisierbare Zustände (vgl. S. 293). Nyckel zeigt auf, wie in der Erzeugung digitaler Zustände eine «intrinsische Exaktheit» generiert wird (S. 284), die alle individuellen Zustände zuvor negiert und performativ eine Reproduzierbarkeit herstellt, die keines Außen bedarf. Das verweist auf eine Medialität, die sich aus den Apparaten heraus und in Intra-Aktion mit denselben materialisiert. Die in Barads agentiellem Realismus entwickelten offenen Apparate entziehen sich in Nyckels Perspektive aufgrund ihrer Vielzahl und Heterogenität dem Anspruch gemeinsamer Merkmale, wodurch bei ihm eine genauere Untersuchung dieser ausbleibt.

Auch für Lemke stellen Barads Apparate einen wichtigen Bezugspunkt dar, «in order to address the problem of ‹ontological politics›, paving the way for a more materialist approach to government» (S. 102). So denkt Lemke Barads Apparate mit dem Konzept des Dispositivs zusammen und entwirft in seiner Erarbeitung eines *government of things* Werkzeuge, die eine Untersuchung des Politischen innerhalb des Relationalen durchaus griffig und überzeugend ermöglichen können. Das Dispositiv eröffnet als Analyserahmen den Blick auf Stabilisierungsprozesse und Widerstände, wodurch es materiell-diskursive Verschränkungen um eine strategische Komponente erweitert. Der darin eingebettete Milieu-Begriff, als Zirkulation menschlicher und mehr-als-menschlicher Agenzien, schafft gleichfalls Ursache und Wirkung erst aus den darin wirkenden Relationen heraus, als «the material condition and the technical medium of government» (S. 132). Zugleich etabliert Lemke die *environmentality* als Regierungsform, innerhalb derer kapitalistische Vereinnahmungen menschlicher und nicht-menschlicher Agenzien kritisch untersucht und, durch die Weiterentwicklung von Foucaults Biopolitik-Begriff, nach den Schnitten gefragt werden kann, die darüber entscheiden, welches Leben von *Gewicht* ist. In diesem Konzept findet sich Erich Hörls Ökologie-Begriff wieder, der die Grenzen zwischen Natur und Technik als *technosphere* erschüttert, indem Technologie selbst als Naturgewalt gefasst wird, (vgl. S. 244) und anhand von environmentaler Medien-Technologien wie Sensoren und Algorithmen eine Regierung bis in die Affekte hinein eröffnet (vgl. S. 177).

(Neue) Materialitäten?

Noch einmal zurück zum Anfang: «Matter and materiality matter.»[4] Indem Kronberger ihr Buch mit dem Zitat der Kunst- und Kulturhistorikerin Mieke Bal eröffnet, stellt sie nicht nur «die Bedeutsamkeit der Materie […]

an den Anfang» (S. 11), sondern hebt auch das Ineinandergreifen von neomaterialistischen Theorien und feministischer Medienkunst der Gegenwart (und der Vergangenheit) hervor (vgl. S. 15). Dieses Ineinandergreifen nimmt die agentiell-realistische Umarbeitung von Materialität im Sinne eines Tätig- und Verschränkt-Seins von Materie und Diskurs ernst und wird in Kronbergers Arbeit für medientheoretische wie medienpraktische Überlegungen zum Verhältnis von Medialität und Materialität fruchtbar gemacht.

Für Lemke kommt das heterogene Feld des New Materialism unter dem Anspruch eines «novel concept of matter» zusammen (S. 2), in dem er aber die Gefahr einer fortschrittslogischen Geste des ‹Neuen› sieht, die er mit einer doppelten Kritik von «scientific positivism» und «political reductionism» verknüpft (S. 195). Der Bezug zu naturwissenschaftlichen Auffassungen von Materialität wird Lemke zufolge als neu und innovativ dargestellt, während Auffassungen aus den Geistes- und Kulturwissenschaften als traditionell oder unzeitgemäß vernachlässigt werden. Damit einher geht für Lemke der Verlust eines kritischen Bezugs zur politischen Dimension materieller Machtverhältnisse, die zugunsten einer Betonung von «ethical concerns» als «understanding politics as the direct outcome and immediate effect of epistemo-ontological configurations» zu kurz kommen (S. 209, 198). Vor dem Hintergrund, dass Lemkes eigener Ausgangspunkt Barads Auseinandersetzung mit Foucault ist, die zwar kritisch ist, aber neben Judith Butlers Performativitätsbegriff einen wichtigen (kulturwissenschaftlichen) Bezugspunkt für Barads diffraktive Methodik wie auch Materialitätskonzept darstellt, erstaunt diese doppelte Kritik. Zudem verwischt Lemkes Kritik an spezifischen Varianten neomaterialistischer Theorien teilweise zu einer Kritik am New Materialism im Allgemeinen bzw. in all seinen Varianten, was die Entfernung zwischen Barads relationaler (Ethico-)Onto-Epistemologie und seinem Vorschlag eines relationalen Materialismus («taking relations to be primary and originary forces instead of secondary or derivate processes», S. 142) größer erscheinen lässt, als sie sein müsste.

Bei Kronberger nimmt das Verhältnis von Ontologie, Ethik und Politik in der fortlaufenden Rückkopplung neomaterialistischer Denkmodelle, (queer-)feministischer und medienkünstlerischer Diskurse der Gegenwart und Vergangenheit gerade in Bezug auf ein agentielles Verständnis von (Medien-)Materialitäten eine andere Gestalt an. Sie zeigt, wie im Ernstnehmen des Tätig-Seins von Materie nicht nur die Theorien und Praktiken poststrukturalistischer und feministischer Denker*innen eine wichtige Rolle spielen, sondern wie darin eine Umarbeitung von Ontologie vorgenommen wird, die Ontologie nicht als Ursache oder Grundlage von Ethik oder Politik, sondern selbst als ethisch-politische Angelegenheit versteht. Vor dem Hintergrund von Überlegungen um die Situierung von Körpern, die Materialisierung von Geschlechtsidentität oder Fragen von (sexueller) Differenz lässt sich eine Trennung von Politik/Kritik und Ethik – die Lemke in seinem Vorwurf des politischen Reduktionismus durchaus einzieht – nicht ohne Weiteres aufrechterhalten: Ontologie ebenso wie Ethik sind in (queer-)feministischen Diskursen niemals unpolitisch gewesen.

Daran schließt sich die Frage an, welche Unterschiede – oder mit Kronberger und Kathrin Thiele

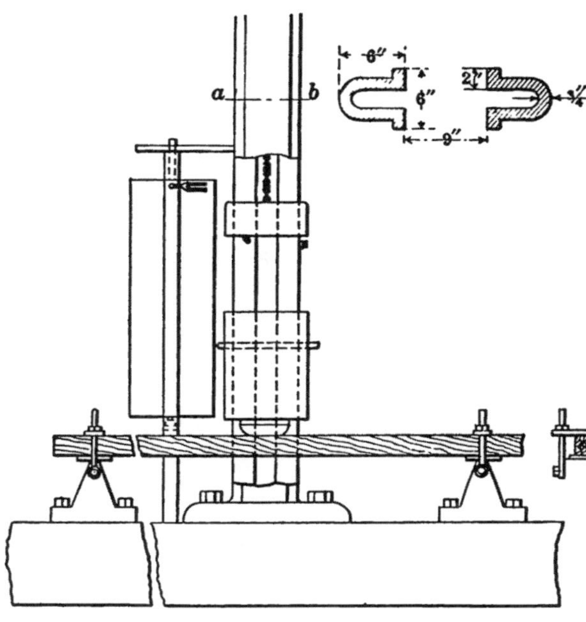

gesprochen «different difference[s]» (S. 51) – es macht, ‹neue› Materialitäten in welchen Bezügen und mit welchen Denker*innen, Theorien und Artefakten immer wieder aufs Neue zusammen-auseinander zu denken. Die vielfältigen, sich überlagernden und zum Teil gegeneinanderstehenden Antworten, die in den drei besprochenen Monografien gegeben werden, konnten in diesem Beitrag nur angeschnitten werden, lassen aber die Frage «What is new about new materialism?»[5] vielleicht in einem anderen Licht erscheinen: ‹neu› nicht im Sinne eines schöpferischen Aktes aus dem Nichts, sondern als eine Re-Konfiguration politisch-ethischer wie onto-epistemologischer Grenz(be)ziehungen, die nicht abgeschlossen ist, sondern sich in ihren Verbindungen und Verbindlichkeiten fortlaufend ereignet.

1 Karen Barad: Diffracting Diffraction: Cutting Together-Apart, in: *Parallax*, Bd. 20, Nr. 3, 2014, 168–187, hier 176, doi.org/10.1080/13534645.2014.927623.

2 Karen Barad: *Meeting the Universe Halfway*, Durham, London, 2007, 137.

3 Ebd., 148.

4 Mieke Bal: *Fragments of Matter. Jeannette Christensen*, Bergen 2009, 4.

5 Karen Barad: Diffracting Diffraction, 168.

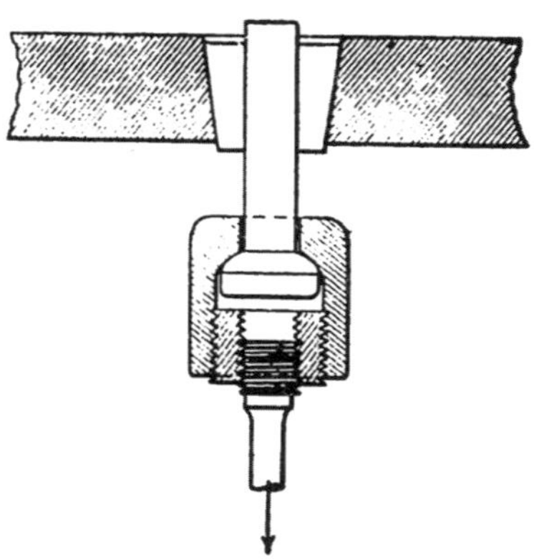

AUTOR*INNEN

Carolyn Amann ist freischaffende Dramatikerin und Dissertantin an der Kunstuniversität Linz. Ihre Arbeitsschwerpunkte sind (queer-feministischer) Neuer Materialismus, Science and Technology Studies und Poetic Research. In ihrer Dissertation befasst sie sich mit multimodalen Wearable-Technologien, Affective Computing und Well-Being-Konzepten. Mehr Informationen: *www.carolynamann.at*

Armin Beverungen ist Juniorprofessor für Organisation in Digitalen Kulturen an der Leuphana Universität Lüneburg. Von 2022 bis 2023 war er Gastprofessor am Institut für Medienwissenschaft der Ruhr-Universität Bochum im Rahmen des Projekts «Medienpraxiswissen». Er arbeitet aktuell an zwei Forschungsprojekten: «Automating the Logistical City: Space, Algorithms, Speculation» (mit Ilia Antenucci und Maja-Lee Voigt, *https://logistical.city*) sowie «Smartness as Wealth» (mit Liza Cirolia, Orit Halpern, Anindita Nag und Marc Steinberg).

Christoph Borbach ist wissenschaftlicher Mitarbeiter am Lehrstuhl für Science, Technology and Media Studies an der Universität Siegen. Er forscht zu Medienpraxeologien des Messens, zur Medientheorie der Stimme sowie zur historischen Epistemologie des Digitalen. Letzte Veröffentlichungen: An interlude in navigation: Submarine signaling as a sonic geomedia infrastructure, in: *New Media & Society*, Bd. 24, Nr. 11, 2022, 2493–2513, doi.org/10.1177/14614448221122240; Videochat-Kultur. Corona, Zoom und Paul Virilios «Terminal-Bürger», in: Peter Klimczak et al. (Hg.): *Corona und die ‹anderen› Wissenschaften*, Wiesbaden (Springer VS) 2022, 1–14, doi.org/10.1007/978-3-658-36903-3_1.

David Bucheli ist seit 2022 Doktorand bei eikones – Zentrum für die Theorie und Geschichte des Bildes an der Universität Basel. Er hat Germanistik, Medienwissenschaft und Wissenschaftsforschung in Basel und Luzern studiert und leitete zwischen 2018 und 2022 das interdisziplinäre Forschungsprojekt «Kinematografie in der Schweiz 1896–1900», gefördert durch die Gebert Rüf Stiftung. David Bucheli forscht zu Filmgeschichte, Medien der Psychologie, Geschichte der Camouflage und Post-Cinema. Zuletzt erschien: *Digitale Camouflage. Geschichte eines Phantasmas*, Berlin 2021 (*#Sonderdruck*, Nr. 8).

Winfried Gerling ist Professor für Konzeption und Ästhetik der Neuen Medien an der Fachhochschule Potsdam/Fachbereich Design im Kooperationsstudiengang Europäische Medienwissenschaft der Universität Potsdam und der Fachhochschule Potsdam. Mehr Informationen: *http://gerling.emw-potsdam.de*

Carolin Gerlitz ist Professorin für Digital Media and Methods an der Universität Siegen sowie Mitglied der Digital Methods Initiative und des Public Data Labs. Sie hat am Goldsmiths, University of London promoviert und an der Universität Amsterdam gearbeitet. Zu ihren Forschungsinteressen gehören: digitale und Sensormedien, Platform Studies, Critical Data Studies, digitale Methoden, soziale Medien, Quantifizierung und Inventive Methodologies. Sie ist derzeit Sprecherin des DFG-Sonderforschungsbereichs «Medien der Kooperation» und Teilprojektleiterin im DFG-SFB «Transformationen des Populären».

Sebastian Gießmann ist Gastprofessor für Kulturtechniken und Wissensgeschichte am Institut für Kulturwissenschaft der Humboldt-Universität zu Berlin. Er leitet das Teilprojekt «Digital vernetzte Medien zwischen Spezialisierung und Universalisierung» im Siegener SFB «Medien der Kooperation». Kommende Veröffentlichungen u.a.: *Das Kreditkarten-Buch. Geschichte und Theorie des digitalen Bezahlens*, Berlin (Kadmos), im Erscheinen; *The Connectivity of Things: Network Cultures Since 1832*, Cambridge (MA), London (MIT Press), im Erscheinen; zus. m. Tobias Röhl, Ronja Trischler, Martin Zillinger (Hg.): *Materiality of Cooperation*, Wiesbaden (Springer VS), 2023. Mehr Informationen: *netzeundnetzwerke.de*

Noam Gramlich ist wissenschaftliche*r Mitarbeiter*in am Lehrstuhl für Medienwissenschaft/Medientheorie an der Universität Potsdam und promovierte mit einer Arbeit zu Kolonialität, Mediengeologie und situierten Ansätzen am Beispiel der Kupfermine in Tsumeb (Namibia). Mitherausgabe des Sammelbands *Feministisches Spekulieren. Genealogien, Narrationen, Zeitlichkeiten*, Berlin (Kadmos) 2020. Zahlreiche Artikelveröffentlichungen, z.B. Mediengeologisches Sorgen. Mit Otobong Nkanga gegen Ökolonialität, in: *Zeitschrift für Medienwissenschaft*, Jg. 13, Nr. 24 (1/2021): *Medien der Sorge*, 65–76, *doi.org/10.25969/mediarep/15776* (ausgezeichnet vom Best Publication Award Gender und Medien der Gesellschaft für Medienwissenschaft).

Fedora Hartmann ist Promotionsstudentin der Medienkulturwissenschaft an der Heinrich-Heine-Universität Düsseldorf. Sie forscht im Bereich queer-feministischer Wissenschaftsforschung, zu Theorien und Praktiken des Neuen Materialismus und neuerdings zu (queeren) Figurationen des Berührens sowie der Materialität des in/human. Zuletzt hat sie zusammen mit der Rheinischen Sektion der Kompostistischen Internationalen den Sammelband *Queerfeministische Kompostierungen des Anthropozäns*, Wiesbaden (Springer VS) 2022, herausgegeben, in dem auch ihr Beitrag «Für eine verantwortende Wissenschaft des Herumtappens» (69–82) erschienen ist.

Paul Heinicker ist Designforscher und arbeitete von 2022 bis 2023 als Koordinator für das Projekt «Medienpraxiswissen» am Institut for Medienwissenschaft der Ruhr-Universität Bochum. Er promovierte in Medienwissenschaft an der Universität Potsdam und hat einen interdisziplinären Hintergrund in Medieninformatik und Interfacedesign. Seine Forschung befragt theoretisch wie gestalterisch die Kultur und Politik von Diagrammen und Datenvisualisierungen.

Paul Leon Hoffstiepel studiert Medienwissenschaft und Biologie im Zwei-Fach-Bachelor an der Ruhr-Universität Bochum. Vor seiner Tätigkeit als studentische Hilfskraft im Projekt «Medienpraxiswissen» führte er zusammen mit Janou Feikens im WiSe 2021/22 das Seminar «We are VR» durch. Hierfür erhielten beide den Förderpreis 5x5000 des Zentrums für Wissenschaftsdidaktik an der Ruhr-Universität Bochum.

Daniela Holzer, Studien in Theater-, Film- und Medienwissenschaft an der Universität Wien; zuvor tätig in der Webentwicklung und im Bereich Medien und Design in Wien/London und Graz. Im Rahmen ihres derzeitigen Forschungsprojektes untersucht sie die Verbindung zwischen Feuer und Kino.

Martin Kanzler hat Internationale Betriebswirtschaft und Fernseh- und Filmproduktion studiert. Er arbeitet seit 2007 beim European Audiovisual Observatory und ist dort seit 2019 stellvertretender Leiter der Abteilung für Marktinformationen.

Judith Keilbach ist Associate Professor am Institut für Medien und Kultur an der Universität Utrecht. Forschungsschwerpunkte: Fernsehwissenschaft, transnationale Infrastrukturen, Medien und Geschichte, Nachhaltigkeit und Medien. Letzte Publikation: zus. m. Marek Jancovic: Streaming against the Environment. Digital Infrastructures, Video Compression, and the Environmental Footprint of Video Streaming, in: Karin van Es, Nanna Verhoeff (Hg.): *Situating Data. Inquiries in Algorithmic Culture*, Amsterdam 2023, 85–102, *doi.org/10.5117/9789463722971*.

Florian Krautkrämer ist Professor an der Hochschule Luzern Design & Kunst, wo er Film- und Medientheorie und -geschichte unterrichtet. Forschungsschwerpunkte sind u. a. Dokumentarfilm und Filmtechnik. Letzte Publikationen: zus. m. Winfried Gerling (Hg.): *Versatile Camcorders. Looking at the GoPro-Movement*, Berlin (Kadmos) 2021; Mobilizing the Undead: Zombie Films and the Discourse of Otherness from the 1930s to Post-Millenial Cinema, in: *Atlantic Studies*, Jg. 20, Nr. 1, 2023, doi.org/10.1080/14788810.2022.2125248.

Daphné Nan Le Sergent, geboren in Südkorea und adoptiert in Frankreich, arbeitet an territorialen Problematiken und geopolitischen Streitfragen, v. a. aber darüber, wie sich diese in Individuen körperlich einschreiben. Ein geteiltes Territorium korrespondiert manchmal mit einem Riss, mit aufgespaltener Subjektivität. Durch zerteilte Bilder und Diptychen bringt Daphné Nan Le Sergent dieses «schize», diese interne Zerschneidung, zum Widerhallen. Stück für Stück wird das Bild-Territorium (die Video/Foto-Zeichnung) zum Ort, durch welchen die Gesten des *gaze*, ihre Bahnen und Furchen visueller Materie, all unsere Körpertechniken und den kulturellen Habitus wie ein Echo zurückwerfen. Daphné Le Sergent ist Assistant Professor an der Universität Paris VIII und AICA-Mitglied.

Noortje Marres ist Professorin für Science, Technology and Society am Centre for Interdisciplinary Methodology an der Universität Warwick (UK) und Gastprofessorin am SFB «Medien der Kooperation» an der Universität Siegen. Zu ihren Veröffentlichungen gehören *Material Participation*, Basingstoke u. a. (Palgrave Macmillan) 2012 und *Digital Sociology*, Oxford (Polity Press) 2017. Sie ist Forschungsleiterin (PI) des internationalen ORA-Projekts «Shaping 21st Century AI: Controversy and Closure in Research, Policy and Media» und erhielt das Leverhulme Fellowship für das Projekt «Beyond the Lab: An empirical philosophy of intelligent vehicle testing in the UK». Mehr Informationen: noortjemarres.net/index.php/research-projects.

Harun Maye verwaltet die Professur für Medienwissenschaft im Fachbereich Medienwissenschaft der Philosophisch-Historischen Fakultät der Universität Basel. Seine Forschungsschwerpunkte sind die deutsche Literaturgeschichte seit dem 18. Jahrhundert, Geschichte des Lesens und der Lesung, Theorie und Geschichte der Medien, Kulturtechnikforschung, Medien und Politik, Game Studies und Medienkompetenz. Ausgewählte Veröffentlichungen: *Blättern/Zapping. Studien zur Kulturtechnik der Stellenlektüre seit dem 18. Jahrhundert*, Zürich (diaphanes) 2019; zus. m. Matthias Bickenbach: *Metapher Internet. Literarische Bildung und Surfen*, Berlin (Kadmos) 2009; zus. m. Lutz Ellrich und Arno Meteling: *Die Unsichtbarkeit des Politischen. Theorie und Geschichte medialer Latenz*, Bielefeld (transcript) 2009.

Sebastian Möring ist akademischer Mitarbeiter im Kooperationsstudiengang Europäische Medienwissenschaft der Universität Potsdam und der Fachhochschule Potsdam und leitender Koordinator des DIGAREC (Zentrum für Computerspielforschung der Universität Potsdam). Mehr Informationen: https://sebastianmoering.com.

Susanne Nikoltchev ist Juristin in den Bereichen Medien, Telekommunikation, internationales Handelsrecht und EU-Wettbewerbsrecht und seit 2013 geschäftsführende Direktorin des European Audiovisual Observatory.

Christopher A. Nixon ist Philosoph, Komparatist und Kurator. Er ist Vertretungsprofessor für Soziale Ungleichheit und Sozialpolitik am Fachbereich Sozialwesen der Hochschule RheinMain in Wiesbaden. 2022 arbeitete er als wissenschaftlicher Mitarbeiter am Lehrstuhl für Politische Theorie und Ideengeschichte der Technischen Universität Dresden. 2020–2021 war er als Kurator für koloniale Vergangenheit und postkoloniale Gegenwart bei der Stiftung Historische Museen Hamburg tätig und kuratierte dort in Co-Projektleitung eine Ausstellung zur kolonialen Verflechtung der hamburgischen Industrie. 2013–2019 lehrte und forschte er an der Johannes Gutenberg-Universität Mainz. Forschungsschwerpunkte: Postkoloniale, Kritische und Politische Theorie, Ästhetik und Sozialphilosophie. Zuletzt erschien sein Buch *Den Blick erwidern. Epiphanie und Ästhetik postkolonial*, Wien (Passagen Verlag) 2023.

Mace Ojala forscht in den Software Studies zu den individuellen und geteilten Bedeutungen von Software und digitalen Objekten. Bevor er von 2022 bis 2023 am Projekt «Medienpraxiswissen» an der Ruhr-Universität Bochum arbeitete, konzentrierte er sich auf die Wartung und Pflege von Software. Maces Forschung beschäftigt sich mit dem promiskuitiven, gequälten und unbeholfenen sozialen Leben von PDF, mit dem Klang, der digitalen Ästhetik und so weiter und so fort.

Johannes Paßmann ist Juniorprofessor für Geschichte und Theorie Sozialer Medien und Plattformen an der Ruhr-Universität Bochum und Teilprojektleiter im SFB «Transformationen des Populären» an der Universität Siegen. Jüngste Veröffentlichungen: zus. m. Anne Helmond und Robert Jansma: From Healthy Communities to Toxic Debates: Disqus' Changing Ideas about Comment Moderation», in: *Internet Histories*, Bd. 7, Nr. 1, 2022, 6–26, doi.org/10.1080/24701475.2022.2105123; zus. m. Cornelius Schubert: Technografie als Methode der Social-Media-Forschung, in: Eva Gredel (Hg.): *Diskurse – Digital. Theorien, Methoden, Anwendungen*, Boston, Berlin (De Gruyter) 2022, 283–300, doi.org/10.1515/9783110721447-015.

Stefan Rieger, Studium der Germanistik und Philosophie. Promotion über barocke Datenverarbeitung und Mnemotechnik, Habilitationsschrift zum Verhältnis von Medien und Anthropologie (*Die Individualität der Medien. Eine Geschichte der Wissenschaften vom Menschen*, Frankfurt/M. 2001). Seit 2007 Professor für Mediengeschichte an der Ruhr-Universität Bochum. Sprecher des SFB 1567 «Virtuelle Lebenswelten». Letzte Buchveröffentlichungen: *Die Enden des Körpers. Versuch einer negativen Prothetik*, Wiesbaden (Springer) 2018; *Reduktion und Teilhabe. Kollaborationen in Mixed Societies*, Berlin (Matthes & Seitz) 2022.

Gabriele Schabacher ist Professorin für Medienkulturwissenschaft am Institut für Film-, Theater-, Medien- und Kulturwissenschaft (FTMK) der Johannes Gutenberg-Universität Mainz und stellvertretende Sprecherin des SFB 1482 «Humandifferenzierung». Sie leitet das Teilprojekt «Urbane Kontrollregime. Bahnhöfe als Infrastrukturen der Humandifferenzierung». Zu ihren Forschungsschwerpunkten zählen die Mediengeschichte von Verkehr, Mobilität und Infrastruktur, Kulturtechniken des Reparierens, urbane Überwachungsregime sowie Serialitätsforschung. Aktuelle Buchpublikation: *Infrastruktur-Arbeit. Kulturtechniken und Zeitlichkeit der Erhaltung*, Berlin (Kadmos) 2022.

Philippe Sormani ist Senior Researcher und Co-Direktor am Science and Technology Studies Lab an der Universität Lausanne. In Rückgriff wie auch Weiterentwicklung der Ethnomethodologie hat er über das Experimentieren in und quer durch verschiedene Aktivitätsfelder publiziert, von der Experimentalphysik (in *Respecifying Lab Ethnography*, London [Routledge] 2014) bis hin zu künstlerischen Experimenten (in *Practicing Art/Science*, hg. zus. m. Guelfo Carbone und Priska Gisler, New York [Routledge] 2019). Zurzeit experimentiert er mit ‹DIY KI›, Bildungstechnologie und Medienwissenschaften.

Sophie Spallinger ist wissenschaftliche Mitarbeiterin im medienkulturwissenschaftlichen Teilprojekt «Urbane Kontrollregime. Bahnhöfe als Infrastrukturen der Humandifferenzierung» des SFB 1482 «Humandifferenzierung» an der Johannes Gutenberg-Universität Mainz. Sie promoviert zu Überwachungsregimen unter Testbedingungen und zur Medialität der Bahnhofsinfrastruktur. Zu ihren Forschungsschwerpunkten gehören u.a. Medien und Praktiken der Überwachung (Surveillance Studies), die Kulturtechnik des Testens und die Zeugenschaft von Bewegtbildern.

Florian Sprenger ist Professor für Virtual Humanities an der Ruhr-Universität Bochum. Forschungsschwerpunkte: Virtuelle Lebenswelten, künstliche Environments im 20. Jahrhundert, Genealogie der Situiertheit.

Antonia Wulff studiert seit 2020 Medienwissenschaft und Theaterwissenschaft im Zwei-Fach-Bachelor an der Ruhr-Universität Bochum. Im Projekt «Medienpraxiswissen» war sie von 2022 bis 2023 als studentische Hilfskraft tätig.

BILDNACHWEISE

S. 9, 13, 18 Fotografien von Oliver Heise aus der Reihe *symptom*, Folkwang Universität der Künste, September 2022. Mit freundlicher Genehmigung des Künstlers, alle Rechte vorbehalten. Mehr Informationen: *oliverheise.com*

S. 21, 24, 33 Screenshots aus *The Dark Mirror* (Regie: Robert Siodmak, USA 1946), entnommen aus Blu-ray-Sammeledition *Film Noir Classics – Die pechschwarze Serie* von Koch Media, 2014

S. 25 Umschlagrückseite von Ruth McEnery Stuart, Albert Bigelow Paine: *Gobolinks or Shadow Pictures for Young and Old*, New York 1896, *hdl.loc.gov/loc.rbc/juv.17793* (18.5.2023)

S. 31 Fahnenabzug von Tafel IV des Rorschachtests mit Korrekturen von Hermann Rorschach, 1920. Digitalisat zur Verfügung gestellt durch das Archiv Hermann Rorschach, Institut für Medizingeschichte der Uni Bern (dort archiviert als Rorsch HR 3:3:7_IV)

S. 32 Darstellung eines Gruppen-Rorschachtests aus dem Artikel o. A.: Personality Tests. Ink blots are used to learn how people's minds work, in: *Life*, Bd. 21, Nr. 15, 7.10.1946, 55–60, hier 55. Fotograf: Cornell Capa. Mit freundlicher Genehmigung von *The Life Picture Collection*

S. 38 Nachgebaute Grafik, Original in der Pressemeldung der DB Mobility Logistics AG: Themendienst. DB testet Innovationen an 16 Zukunftsbahnhöfen. Kunden entscheiden mit, 14.8.2020, hier 10, *deutschebahn.com/resource/blob/5547096/fa4fa9aaf6395e3fb839c753162fbee5/2020_077_TD_Kunst_am_Bahnhof-data.pdf* (6.3.2023). © DB AG

S. 39, 46 Fotografien © Sophie Spallinger 2022

S. 42 Fotografie einer Anzeigetafel, aus dem Tweet von project-mo.de @project_mo_de, *Twitter*, 15.6.2021, *twitter.com/project_mo_de/status/1404781712488517637* (6.3.2023), Orig. i. Farbe. © Julian Schwarze

S. 43 Fotografie eines Werbebanners am Bahnhof Münster, aus der Newsmeldung: «So ist es live vor Ort», 24.9.2020, *gobeta.de/projekte/blick-nach-muenster* (6.3.2023), Orig. i. Farbe. © DB AG

S. 44 Nachgebaute Grafik, Original im Bericht des Bundesrechnungshofs nach § 99 BHO zur Dauerkrise der Deutschen Bahn AG. Hinweise für eine strukturelle Weiterentwicklung, *Bundesrechnungshof.de*, 15.3.2023, hier 10, *bundesrechnungshof.de/SharedDocs/Downloads/DE/Berichte/2023/db-dauerkrise-volltext.pdf?__blob=publicationFile&v=5* (13.05.2023)

S. 60 Screenshot der YouTube-Realityshow *7 vs. Wild*, S1 E8, 2021 (Orig. i. Farbe), hochgeladen von Account Fritz Meinecke, 1.12.2021, *youtu.be/HzZfH4UNr6I* (16.5.2023)

S. 77–80, 83 Fotografien entnommen aus dem Artikel o. A.: Radar: A Story in Pictures, in: *Bell Telephone Magazine*, Bd. 24, Winter 1945/46, 257–282, hier 263, 270, 276, 278

S. 87 Screenshot des Tweets von Emily Bender @emilymbender: #AIhype scavenger hunt. Which company is making this claim, with this specific font & wording choice?, *Twitter*, 13.9.2022, *twitter.com/emilymbender/status/1569795060425981952* (20.4.2023)

S. 91 Bild aus dem Dokumentarfilm *AlphaGo* (Regie: Greg Kohs, USA 2017), entnommen aus der Pressemappe, *alphagomovie.com/contact* (20.4.2021)

S. 94 Screenshots verschiedener Live-Videoaufnahmen des *Coventry Telegraph* vom 15.11.2017. Abb. 3 aus dem Artikel von Annette Belcher: Were driverless cars on the streets of the city centre today?, in: *Coventry Telegraph*, 15.11.2017, *coventrytelegraph.net/news/coventry-news/driverless-cars-13906343* (19.6.2023); Abb. 4 aus dem Video der *Coventry Telegraph*-Facebook-Seite *Coventry Live*: We're live in the city centre as driverless cars are tested in Coventry, 15.11.2017, *facebook.com/livecoventry/videos/1638060592917755* (29.5.2023)

S. 105–112 © Daphné le Sergent. Mit freundlicher Genehmigung der Künstlerin, alle Rechte vorbehalten. Mehr Informationen: *daphnelesergent.com*

S. 130/131 Fotografien von Eric Gyamfi: (1) *Nana and Razak*, (2) *Ama and Shana at lunch*, (3) *Kwasi and Annertey*, 2016. Mit freundlicher Genehmigung des Künstlers, alle Rechte vorbehalten. Mehr Informationen: *gyamfieric.tumblr.com*

S. 132 Fotografie von Paul Mpagi Sepuya, *Mirror Study (0X5A1317)*, 2017, Orig. i. Farbe. Bortolami (New York), DOCUMENT (Chicago), Peter Kilchmann (Paris & Zürich) und Vielmetter (Los Angeles). Mit freundlicher Genehmigung des Künstlers, alle Rechte vorbehalten. Mehr Informationen: *paulsepuya.com*

S. 136 Fotografie von Christian Werner: *Remote Control*, 2023. Mit freundlicher Genehmigung des Künstlers, alle Rechte vorbehalten. Mehr Informationen: *christianwerner.org*

S. 143, 154 © Paul Heinicker

S. 160 oben Fotografie, zeigt Alan Erdahl, Chris Wylie und Gordon Romney im University of Utah Graphics Lab, 1968, Fotograf*in unbekannt. Abdruck mit freundlicher Genehmigung des © Special Collections Department, J. Willard Marriott Library, University of Utah. **unten** Bildcollage von Polaroids der Lisa-Interface-Entwicklung bei Apple, mit freundlicher Genehmigung © Bill Atkinson

S. 163 Holzkohle-Siebdruck von Lorna Ruth Galloway: *Limited Gasoline, Grove Street, Davis*, 2016. Mit freundlicher Genehmigung der Künstlerin, alle Rechte vorbehalten. Mehr Informationen: *lornaruthgalloway.com*

S. 166–178 Grafiken von Laborequipment, entnommen aus William Kendrick Hatt, Herbert Henry Scofield: *Laboratory Manual of Testing Materials*, London 1913, *archive.org/details/laboratorymanua02scofgoog/page/n38/mode/2up* (30.6.2023)

Falls trotz intensiver Nachforschungen Rechteinhaber*innen nicht berücksichtigt worden sind, bittet die Redaktion um eine Nachricht.

IMPRESSUM

Herausgeberin Gesellschaft für Medienwissenschaft e.V.
c/o Prof. Dr. Jiré Emine Gözen, University of Europe for Applied Sciences, Campus Hamburg, Museumstraße 39, 22765 Hamburg, info@gfmedienwissenschaft.de, *www.gfmedienwissenschaft.de*

Redaktion Maja Figge (Mainz), Maren Haffke (Lüneburg), Till A. Heilmann (Bochum), Katrin Köppert (Leipzig), Florian Krautkrämer (Luzern), Elisa Linseisen (Hamburg), Jana Mangold (Erfurt), Gloria Meynen (Linz), Maja-Lisa Müller (Bielefeld), Birgit Schneider (Potsdam), Stephan Trinkaus (Wien), Thomas Waitz (Wien)

Redaktionsanschrift: Zeitschrift für Medienwissenschaft c/o Prof. Dr. Birgit Schneider, Institut für Künste und Medien, Europäische Medienwissenschaft, Universität Potsdam, Am Neuen Palais 10, D-14469 Potsdam, info@zfmedienwissenschaft.de, *www.zfmedienwissenschaft.de*

Schwerpunktredaktion Heft 29
Sebastian Gießmann, Carolin Gerlitz

Redaktionsassistenz
Noam Gramlich, Mirjam Kappes, Julius Lange, Alicja Schindler

Lektorat
Ulf Heidel

Beirat Marie-Luise Angerer (Potsdam), Ulrike Bergermann (Braunschweig), Cornelius Borck (Lübeck), Philippe Despoix (Montréal), Mary Ann Doane (Berkeley), Lorenz Engell (Weimar), Vinzenz Hediger (Frankfurt/M.), Ute Holl (Basel), Gertrud Koch (Berlin), Petra Löffler (Oldenburg), Kathrin Peters (Berlin), Antonio Somaini (Paris), Martin Warnke (Lüneburg), Geoffrey Winthrop-Young (Vancouver)

Grafische Konzeption
Lena Appenzeller, Stephan Fiedler

Layout, Bildbearbeitung und Satz
Lena Appenzeller

Druck und buchbinderische Weiterverarbeitung
Friedrich Pustet GmbH & Co. KG, Regensburg

Die **Zeitschrift für Medienwissenschaft** erscheint zweimal im Jahr.

Die digitale Version ist ab Herbst 2023 als Open-Access-Version verfügbar.

Weitere Infos (u. a. auch zum Abonnement) finden Sie unter: *www.transcript-verlag.de/zeitschriften/zfm-zeitschrift-fuer-medienwissenschaft/*

Mitglieder der Gesellschaft für Medienwissenschaft erhalten die *Zeitschrift für Medienwissenschaft* kostenlos.

Verlag transcript Verlag, Hermannstraße 26, 33602 Bielefeld, *www.transcript-verlag.de*

Bestellung: vertrieb@transcript-verlag.de
Telefon: +49 (521) 39 37 97 0

Bibliografische Information der Deutschen Nationalbibliothek: Die Deutsche Nationalbibliothek verzeichnet diese Publikation in der Deutschen Nationalbibliografie; detaillierte bibliografische Daten sind im Internet über *http://dnb.d-nb.de* abrufbar.

Die Open-Access-Veröffentlichung erfolgt unter der Creative-Commons-Lizenz CC-BY-NC-ND 4.0 DE (Attribution, Non-Commercial, No Derivates). Diese Lizenz erlaubt die private Nutzung, gestattet aber keine Bearbeitung und keine kommerzielle Nutzung (Lizenztext: *https://creativecommons.org/licenses/by-nc-nd/4.0/deed.de*).

Veröffentlicht **2023** durch den transcript Verlag
© bei den Autor*innen

Printed in the Federal Republic of Germany
Gedruckt auf alterungsbeständigem Papier

ISSN 1869-1722
eISSN 2296-4126

Print-ISBN 978-3-8376-6362-4
PDF-ISBN 978-3-8394-6362-8
EPUB-ISBN 978-3-7328-6362-4